Günter Schenk

„Mainz, wie es singt und lacht"

Fastnacht im Fernsehen - Karneval für Millionen

© Leinpfad Verlag
November 2004

Alle Rechte, auch diejenigen der Übersetzung, vorbehalten. Kein Teil dieses Buches darf in irgendeiner Form (Druck, Fotokopie, Mikrofilm oder ein anderes Verfahren) ohne die schriftliche Genehmigung des Leinpfad Verlages reproduziert oder unter Verwendung elektronischer Systeme verarbeitet, vervielfältigt oder verbreitet werden.

Abbildungen:
Bachmann: 159
Bonewitz: 20
Dietrich: 36, 78, 79, 88, 171, 182
Edition Narrhalla: 15, 38, 70, 77, 119, 142, 149
Eckert: 49
Höpfner/Bischoff: 194
Leinpfad Verlag: 148
MCV-Archiv: 23
ZDF (Georg Meyer-Hanno): 10, 26, 31, 39, 44, 50, 51, 60, 61, 68, 120, 121, 122, 126, 129
ZDF (Nico Rossival): 103, 133
ZDF: 42, 43, 45, 46, 55, 57, 58, 59, 66, 72, 83, 90, 97, 102, 118, 134/5, 176, 198
Der Mainzer: 204
Alle übrigen Illustrationen und Abbildungen stammen vom Autor

Umschlag: kosa-design, Ingelheim
Satz: LEINPFAD Verlag
Druck: Druckerei Wolf, Ingelheim

Leinpfad Verlag, Leinpfad 5, 55218 Ingelheim,
Tel. 06132/8369, Fax: 896951
E-Mail: info@leinpfadverlag.de
www.leinpfad-verlag.de

ISBN 3-937782-08-7

Inhalt

Vorwort	6
Es darf gelacht werden. Karneval, Kabarett und Comedy	8
Unterhaltung für Millionen. Fastnacht im Radio	14
Mainz hat Bildschirmpremiere. Aus den Kindertagen der Fernsehfastnacht	18
1955: "Mainz, wie es singt und lacht"	19
1956: "Was könnte man den Russen bieten ..."	22
1957: Österreich schaltet sich zu	22
1958: "Ich komme direkt aus der Bonn-des-Hauptstadt"	24
1959: "Wir sind ein Bollwerk gegen Osten"	25
Mainz als Muster. Wie die Fernsehsitzung die Fastnacht veränderte	26
1960: "1,2,3 – wer hat den Ball?"	32
1961: "Jede Sekunde ein Hering"	32
1962: "Oh, glaubt nicht, daß uns das nicht rührt"	33
1963: "Mir habbe des Auto uns selbst finanziert ..."	35
"Mainz, wie es singt und lacht" bekommt Konkurrenz	36
1964 (ARD): Humba, Humba, Humba, Tätärää	37
1964 (ZDF): "Mainzelmännchens Lachparade"	38
1965 (ZDF): Premiere für "Mainz bleibt Mainz"	39
1965 (ARD): "Fest gespült hat nie Bayreuth"	40
Kokolores im Zweiten – Politik im Ersten	42
1966 (ZDF): "Als geheilt entlassen"	44
1966 (ARD): " ... sondern mal kürzer treten tät."	45
1967 (ZDF): Bayern-Show in Sepplhosen	46
1967 (ARD): "Unser Hofballett ... so knackig ..."	47
1968 (ZDF): Die Fastnacht wird farbig	48
1968 (ARD): Elferrat im Pop-Kostüm	49
1969 (ZDF): Umzug in die Rheingoldhalle	50
1969 (ARD): "Ui-jui-jui-jui-jui-jui-jui-au-au-au-au-au"	51
1970 (ZDF): "Tusch, Begrüßung: Auf zum Feste!"	53
1970 (ARD): "Gegenwärtig ist es eben chic, links zu sein"	53
Mainz im Umbruch. Die Vorortfastnacht wird salonfähig	54
Leser schreiben zur Fernsehfastnacht	56

Fernsehfastnacht in der Krise	**58**
1971 (ZDF): "Jugend in die Bütt"	59
1971 (ARD): "Opas Karneval"	60
1972 (ZDF): Bordfest mit den Kreiselspatzen	61
1972 (ARD): Pfiffe für die Fernsehfastnacht	62
Kohl und Fuchs als Krisenmanager	**64**
1973 (ZDF): "Rucki, Zucki"	65
1974 (ARD): „Die Mainzer Fernsehfastnacht lebt"	67
1975 (ZDF): Wie der Bayernkurier sauer wurde	69
Die "Christkarnevalisten" werden geboren	**70**
1976 (ARD): Pause für die "Gonsbachlerchen"	71
1977 (ZDF): "Mir schaffe nix"	73
1978 (ARD): "Babberlababberlababb"	74
1979 (ZDF): Negers Abschied	**76**
1980 (ARD): Dem Nachwuchs eine Chance	77
1981 (ZDF): "Was wir machen, hat ja mit Humor nichts zu tun"	78
1982 (ARD): "Amanda"	79
1983 (ZDF): "Der alte Schwung ist hin"	80
Die Privaten kommen	**81**
1984 (ARD): Scheu-Comeback	81
1985 (ZDF): "Erich zur Sonne, 's gibt Freibier"	82
1986 (ARD): "Was will der Till mit Tennisschläger?"	84
1987 (ZDF): "Ääner geht noch"	86
1988 (ARD): Schmonzesbabbler und Quasselmatadore	87
1989 (ZDF): Ein Präsident geht	88
1990 (ARD): Narren feiern deutsche Einheit	89
Karneval auf allen Kanälen	**91**
1992 (ZDF): Abschiedsgala der "Gonsbachlerchen"	91
1993 (ARD): Mainz gegen Köln	92
1994 (ZDF): Die Spaß-Generation kommt	93
1995 (ARD): Narren überholen Gottschalk	94
1996 (ZDF): " ‚Keine Experimente' als Konzept ..."	95
1997 (ARD): Aus für "Apollonia"	96

Lachen am laufenden Band	98
1998 (ZDF): "Ha-He-Hi-Helau"	100
1999 (ARD): "Helau in alle Welt, Lachen kost' kein Geld ..."	101
2000 (ZDF): "Gedrucktes Wort zur rechten Zeit, enthüllt Beschiss der Obrigkeit"	103
2001 (ARD): Jauch siegt	104
2002 (ZDF): "Ich hab immer noch die gleich ..."	105
2003 (ARD): "Schnabel und Schwänzje, das Heilegänsje"	106
2004 (ZDF): Umbau nach der Generalprobe	107
Wie kommt man ins Fernsehen? Über den Eingang ins Tele-Reich	110
Fastnacht für Senioren. Die Zuschauer der Fernsehfastnacht	112
Das Zünglein an der Waage. Mainz entscheidet über Marktanteile	116
Wenig Chancen für Neulinge. Frauen und Männer auf der Fernsehbühne	119
Conferencier und Strippenzieher. Zur Rolle des Sitzungspräsidenten	124
Jahrmarkt der Eitelkeiten. Die Redner und ihr "Publi-Kummer"	126
"Allen wohl und niemand weh" ??? Zum Selbstverständnis des Narren	136
Karneval für das Auge. Mit dem Fernsehen gewann die Fastnacht an Tempo	142
"Um Gottes Willen nichts Ernstes!" Wie politisch ist die Fastnacht?	145
Zur Ehre der Stadt und zur Freude des Handels. Fernsehfastnacht als Wirtschaftsfaktor	153
Zwischen Quote und Qualität. Wie geht's weiter?	156
Anhang: Acht Interviews	
Hildegard Bachmann: Die Type aus Drais	158
Hans-Peter Betz: Vom "Porschefahrer" zum "Gutenberg"	165
Herbert Bonewitz: Zwischen allen Stilen	170
Rolf Braun: Vom Büttenredner zum Sitzungspräsidenten	176
Wolfgang Brobeil: Der Mann mit der Stoppuhr	181
Jürgen Dietz: "Der Bote vom Bundestag"	187
Otto Höpfner: Der Buhmann der Fernsehfastnacht	193
Willi Scheu: Der "Bajazz mit der Laterne"	199
Ausgewählte Literatur	203
Der Autor	204
Register	205

Vorwort

"Mainz bleibt Mainz, wie es singt und lacht" heißt der Fernsehklassiker, der die Stadt bundesweit bekannt gemacht hat. Seit einem halben Jahrhundert zeigen sich die Mainzer Narren inzwischen Jahr für Jahr einem Millionenpublikum. Zwar ist die Sendung heute kein Straßenfeger mehr, noch immer aber gilt sie als erfolgreichstes deutsches Karnevalsprogramm, als Marktführer in einem umkämpften Bereich der Unterhaltung, der sein Angebot in den letzten Jahren deutlich ausgeweitet hat.

Die Live-Sitzung aus dem Kurfürstlichen Schloss, zu der sich vier große Mainzer Karnevalsgesellschaften als Ausrichter zusammengefunden haben, prägt das Image der Stadt bis heute. Mehr als Gutenberg, Dom und Rhein zusammen hat die Fernsehfastnacht der Stadt ihren Stempel aufgedrückt. Ernst Neger oder Margit Sponheimer wurden zu Aushängeschildern Mainzer Lebensfreude, die "Hofsänger" zu dem deutschen Fastnachtschor. "Till" und "Bajazz" stehen heute für die Freiheit des Narren, der "Bote vom Bundestag" und andere Büttenredner für das politische Wort aus Narrenmund. Neidlos erkennt das auch die Konkurrenz an. "Der Mainzer Karneval", meinte der Kölner Humorist Jürgen Becker unlängst augenzwinkernd in einem Interview, "ist besser als der Kölner. Mainz ist viel politischer. Die Sendungen aus Mainz schau ich mir gern an. In Köln herrscht Planwirtschaft. Das ist wie früher im Osten. Da musste man auf einen Trabi 3 Jahre warten. Auf 'nen neuen Witz im Kölner Karneval muss man 15 warten ..."

"Mainz bleibt Mainz, wie es singt und lacht" ist ein Markenartikel, Fernsehfastnacht mit Gütesiegel. Ein Produkt aber auch, das immer mehr Mitbewerber findet. Wenn das Fernsehen in Deutschland eines Tages ganz digitalisiert ist, kann theoretisch jeder jeden Abend auf einer anderen TV-Sitzung zu Gast sein. Service-Kanäle liefern künftig alles ins Haus, was gefragt ist. In diesem Umfeld müssen sich die Mainzer künftig beweisen, im bewährten Spagat zwischen Qualität und Quote.

Vorbei sind die Zeiten, als Teens und Twens im elterlichen Wohnzimmer zur Fernsehfastnacht rekrutiert wurden. Heute verfügen viele Haushalte über ein Zweit- oder gar Drittgerät, ist das Programm der Kinder nicht zwangsläufig das der Eltern. So verwundert es niemand, dass die Mehrheit der Fastnachtszuschauer inzwischen im Pensionsalter ist. Das gilt übrigens nicht nur für Mainz, mehr noch für die Übertragungen aus den anderen närrischen Hochburgen Köln, Düsseldorf oder Aachen. Zu großer Sorge ist das kein Anlass, erreichen die Mainzer, verglichen mit allen großen Fernsehsitzungen im öffentlich-rechtlichen Fernsehen, doch immer noch das jüngste Publikum.

Geschichte sind die Zeiten, als fast alle deutschen TV-Geräte zu Fastnacht auf Mainz eingestellt waren. Ein fast paradiesischer Zustand, der mit der Einrichtung des Zweiten Deutschen Fernsehens erstmals dem Wettbewerb unterworfen wurde. Mit der Gründung privater Sender verschärfte der sich schließlich weiter. Nicht ohne Einfluss blieb auch die Erfindung der Fernbedienung, die es dem Zuschauer erlaubte, mit einem Knopfdruck vom Stuhl, Bett, Sofa oder Sessel aus das Programm zu wechseln.

50 Jahre ist die Mainzer Fernsehfastnacht inzwischen alt. Zeit also, ihr Werden und Wirken in einem Buch festzuhalten, einen Blick hinter ihre Kulissen zu werfen und in die Zukunft zu schauen. "Mainz funkt Humor" hieß meine erste Bilanz der Fernsehfastnacht 1984. Ein inzwischen vergriffenes Werk, das die ersten drei Jahrzehnte bilanzierte. Seitdem hat sich die Medienlandschaft stärker verändert als in allen Jahren zuvor, scheint sich die Fastnacht noch mehr dem Zeitgeist angepasst zu haben. Lauter auch ist die Kritik am Saalpublikum geworden, an der lebenden Kulisse von "Mainz bleibt Mainz, wie es singt und lacht". Das nämlich singt und lacht längst nicht mehr so, wie es die auf der Bühne verdient hätten, vor allem aber auch die Millionen vor dem Bildschirm.

Fast jedes Jahr auch stellt sich neu das alte Problem, wie politisch die Fernsehfastnacht sein muss oder darf, ob Klamauk und Kokolores wichtiger als Traditionen sind. Schließlich gehört zur Mainzer Fastnacht auch das freie Wort des Narren. Und natürlich geht es auch immer wieder um die Frage: Macht das Fernsehen die Fastnacht kaputt? Natürlich ist diese nur theoretisch, denn auch tausend Programme und hundert Sender werden dies nicht schaffen. Mainzer Fastnacht nämlich ist mehr als ein Medienereignis. Das, was das Fernsehen zeigt, ist nur ein Abbild dessen, was den Karneval ausmacht, die Exportvariante des größten Mainzer Volksfestes sozusagen.

So ist dieses Buch die Standortbestimmung eines Festes, das im populärsten aller Massenmedien zu einer eigenständigen Form gefunden hat. Aktiven soll es helfen, das Medium Fernsehen besser zu verstehen, seine Chancen und Risiken genauer einzuschätzen. Die Programmgestalter soll es ermuntern, auf dem Hintergrund von 50 Jahren Fernsehfastnacht die Sendung zukunftsfähig zu machen. Allen, die mich bei meiner Arbeit unterstützt haben, sei auf diesem Weg noch einmal herzlich gedankt. Vor allem auch dem Ingelheimer Leinpfad Verlag, der dieses Buch erst möglich gemacht hat.

Mainz, am Martinstag 2004
Günter Schenk

Es darf gelacht werden. Karneval, Kabarett und Comedy

Fastnachtssonntag 2004, kein gewöhnlicher Fernsehnachmittag. Beim Streifzug durch die närrische Republik hilft die Fernbedienung. Braunschweigs Karnevalszug überträgt der Norddeutsche Rundfunk. Frankens Narren schaut der Bayrische Rundfunk in Würzburg über die Schultern. Bei den "Schull- und Veedelszög", dem traditionellen Kölner Straßenkarneval, ist der Westdeutsche Rundfunk mit seinen Kameras zu Gast. Das närrische Treiben in Frankfurt hält der Hessische Rundfunk fest, das in Mannheim der Südwestrundfunk. Selbst beim Karnevalszug in Cottbus sind die Reporter des Regionalfernsehens im Einsatz.

Auch am Abend sind die Narren los. Das ZDF zeigt "Typisch Kölsch", drei Stunden Kölner Traditionsfastnacht. Die abendfüllende Prunksitzung der badisch-pfälzischen Karnevalsvereine gibt es im dritten Programm. Ebenso die Ordensverleihung "Wider den Tierischen Ernst", eine Wiederholung aus Aachen, der die Sitzung des "Kölsch Hännesche Theaters" und eine jecke Casting-Show folgen: "Ab in die Bütt?!" Auf anderen Kanälen lacht Hessen zur Fassenacht, steppt in Brandenburg mal nicht der Bär, sondern der Adler.

Aus dem lokalen Volksfest Fastnacht, einst an die tollen Tage vor Aschermittwoch gebunden, hat das Massenmedium Fernsehen längst einen wochenlangen Karneval gemacht. Fastnacht ist ein gefragter Markenartikel, dem vor allem die Regionalsender mit immer mehr Übertragungen Rechnung tragen. 192 größere närrische Sendungen wollen Beobachter 2003 im Deutschen Fernsehen gezählt haben, 238 anno 2004. Fast scheint es, als gehöre neben Fußball und Nachrichten auch der Karneval zur öffentlich-rechtlichen Grundversorgung. Mit Marktanteilen zwischen 15 und 30 Prozent haben die zehn erfolgreichsten Fastnachtssendungen im Fernsehen, die närrische Top-Ten, zuletzt knapp 60 Millionen Zuschauer gebunden. Die meisten vereinte "Mainz bleibt Mainz, wie es singt und lacht", das närrische Flaggschiff.

Gut 8 Millionen Zuschauer durchschnittlich waren am Fastnachtsfreitag bei der Mainzer Gemeinschaftssitzung mit dabei, elf Millionen in der Spitze. Aber nicht nur im ZDF, das 2004 für die Übertragung verantwortlich zeichnete, durfte an diesem Abend gelacht werden. Auch bei den Privatsendern mühte sich ein Heer von Frohsinnsaposteln um die Zuschauer, um Millionen junger Vergnügungssüchtiger, für die SAT1, RTL und Pro7 ihre bewährten Comedy-Programme aufgelegt hatten. Während in Mainz die "Hofsänger" wie jedes Jahr den wunderschönen Tag lobten, der nie zu Ende gehen dürfe, kalauerte sich Deutschlands Spaß-Guerilla durch die Nacht.

Comedy gegen Karneval hieß das Fernsehduell, Privatfunk gegen öffentlich-rechtliches Fernsehen. Rein rechnerisch hatten die Fastnachter die Nase vorn, konnten sie doch mehr Zuschauer mobilisieren als die Comedians in den Kommerzkanälen. Bei "Mainz bleibt Mainz, wie es singt und lacht" aber saßen meist Frauen und Männer über 65 Jahren vor dem Bildschirm, Rentner und Seniorinnen, die mit den Lebenswelten der Teens und Twens wenig gemein haben. Umgekehrt hat die Jugend mit den Gewohnheiten der Alten ihre Schwierigkeiten. Gerade 2 von 100 Zuschauern der Mainzer Traditionssitzung waren zuletzt noch im Jugendalter, das heißt unter 30 Jahren.

* * *

Mehr als 30 Millionen deutsche Haushalte haben inzwischen einen Fernsehanschluss, den neun von zehn auch regelmäßig nutzen, im Osten intensiver als im Westen. Rund zwei Dutzend Programme kann der Zuschauer gewöhnlich empfangen, private und öffentlich-rechtliche, dazu oft weitere Dutzend über Kabel oder Satellit.

Was aber suchen die Leute im Fernsehen? Soll das populärste Massenmedium von den Alltagssorgen ablenken oder einfach nur gute Laune verbreiten? Treibt den Zuschauer, wie die zunehmende Nutzung von Informationssendungen zeigt, die Suche nach aktueller Orientierung um, nach einem Wegweiser durch eine immer komplizierter werdende Welt? Oder ist das Fernsehprogramm gar Kompass auf der Suche nach eigener Identität?

Mit Interesse registriert die Forschung, dass immer mehr Menschen in Daily Soaps, Talkshows und anderen TV-Formaten Modelle zur eigenen Lebensbewältigung entdecken. So haben die meisten der täglichen Unterhaltungsserien für einen Großteil ihrer jüngeren Zuschauer inzwischen Funktionen sozialer Orientierung übernommen. Ähnliches gilt auch für das sogenannten Reality-TV und tägliche Talkshows, die bei der Alltagsbewältigung helfen können. Mit zunehmender Lebenserfahrung freilich sind diese Formate weniger gefragt. Für die älteren Zuschauer spiegeln sie eine Welt, die mit ihrer eigenen Lebenswirklichkeit in der Regel nichts zu tun hat. Während sich die Identitäten der Fernsehhelden in den Soaps und Daily Talks oft erst im Lauf der Serie formen, haben sie ihre soziale Rolle längst gefunden.

So wie die Teens und Twens im Fernsehen nach Bestätigung ihrer Lebenswelt suchen, erwarten auch die Senioren und Seniorinnen vom Fernsehen, dass es ihre Normen spiegelt, ihre Einstellungen zu Alltag, Staat und Gesellschaft, die sich in vielem von denen der Jugend unterscheidet. Hinzu kommt, dass die Toleranz der Alten dort ihre Grenzen findet, wo ihr eigenes Selbstverständnis attakkiert wird, wo andere an ihrem Profil kratzen, ihren Ruf beschädigen oder sich an ihren Privilegien bereichern wollen.

Natürlich waren die Welten zwischen Jung und Alt schon immer verschieden, nahm sich die Jugend das Recht, ihren eigenen Weg zu gehen. Noch nie aber war der so breit, ausgebaut für Geschwindigkeiten, auf denen früheren Generatio-

Finale "Mainz, bleibt Mainz" (1969)

nen Hören und Sehen vergangen wäre. Noch nie war das Medienangebot so groß, die Mobilität so umfassend. Atemberaubend der technische Fortschritt, gewaltig das in Datenbanken gespeicherte Wissen.

Was aber heißt das für die Fernsehfastnacht? Können Büttenredner, Sangeskünstler und andere Frohsinnsapostel auf Dauer den Ansprüchen der Jugend und den Anforderungen der Alten genügen? Fastnachtssendungen, weiß die Fernsehforschung aus vielen Untersuchungen, nutzen vor allem ältere Zuschauer. Das gilt nicht nur für Sitzungen, sondern auch für die Übertragung von Umzügen oder närrischen Wettbewerben, ja sogar für informative Programme zur Geschichte des Karnevals.

Wo aber bleiben die jungen Zuschauer, die Stammseher der Privatsender? Wenn die Zeichen nicht trügen, hat der Sitzungskarneval in der Comedy sein zeitgemäßes Pendant gefunden. Was heute unter diesem Markennamen reüssiert, scheint der modernste Ableger jener Form närrischer Unterhaltung zu sein, die das klassische Bildungsbürgertum 1823 erstmals in Köln erprobte. Auch der Sitzungskarneval des Vormärz artikulierte Zeitkritik, und die Büttenrede von damals spießte menschliche Fehler und Schwächen ebenso auf wie die Stand-Up-Comedy von heute. Mit der Saalfastnacht, der närrischen Generalversammlung, etablierte sich im Biedermeier eine Form geselliger Unterhaltung, die Ende des 19. Jahrhunderts mit dem französisch beeinflussten Kabarett Konkurrenz erhielt, heute mit der amerikanisch gefärbten Comedy.

Sind die Comedians also die neuen närrischen Helden, die Karnevalisten der Spaßgeneration? "Die Comedians im Fernsehen", sieht es Herbert Bonewitz, der große Mainzer Wortakrobat, "bewegen sich heute dort, wo sich früher die Fastnachter auf Herrensitzungen bewegt haben" (siehe Interview Seite 174). Auf alle Fälle bieten sie ein den Lebenswelten ihres Publikums angepasstes Programm, das prägende Erfahrungen älterer Menschen wie Krieg und Hunger weitgehend ausklammert. Viele ihrer Darbietungen kratzen an Tabus, tun so, als hätte es nie eine sexuelle Revolution gegeben, nie eine Diskussion um Political Correctness, um guten und schlechten Geschmack. Genau betrachtet lebt in den Comedians und den für sie maßgeschneiderten TV-Formaten der alte Stammtisch neu auf, findet die Boulevardisierung des Alltags ihren sicht- und hörbaren Ausdruck.

"Ich dachte, das alles wäre durch Emanzipation und sexuelle Aufklärung überholt", glaubt Herbert Bonewitz, der als Karnevalist und Kabarettist Bühnenerfahrung gesammelt hat. "Was viele Comedians machen – Ingo Appelt ist da ja ein Paradebeispiel – bewegt sich meist unterhalb der Gürtellinie. Da hört man Ausdrücke, die man an Fastnacht noch nie gehört hat und auch nie hören wird. Das ist der einzige Unterschied heute zwischen Fastnacht und Comedy. Die einen bewegen sich oberhalb, die anderen unterhalb der Gürtellinie."

Sicher gibt es noch andere Unterschiede, auf alle Fälle aber ist die Comedy Ausdruck einer Spaßgeneration, die Freude mit Amüsement gleichsetzt. In den Texten der Comedians lebt die Ellenbogengesellschaft, finden kirchliche und weltliche Autoritäten keine Gnade. Statt an Herz und Hirn richten die modernen Spaßapostel ihre Botschaften an den Bauch und benachbarte Regionen. Was zählt ist der schnelle Lacher, für den kein Witz zu alt, keine Pointe zu verdorben ist. Das Tempo der Gags gleicht Salven aus einem Gewehr, fürs Nachdenken lassen die Schüsse aufs Zwerchfell keine Zeit.

Noch ist es im Karneval nicht ganz so weit, verändert eine neue Generation von Spaßmachern aber auch hier die Einstellungen. Männer und Frauen, die auf der Kleinkunstbühne ebenso zuhause sind wie auf der närrischen Rostra. Akteure wie Lars Reichow, Bernd Stelter oder Tobias Mann. Profis allesamt, die mit ihrem Publikum umzugehen wissen, die Hand- und Mundwerk verstehen. Aber auch Büttenrednern wie Hildegard Bachmann oder Thomas Klumb ist es mittlerweile gleich, wie sie etikettiert werden, erreichen als Kabarettisten ebenso ihr Publikum wie als Fastnachter.

Vor allem in den Medien verwischt die Professionalisierung der Lachkultur die Grenzen zwischen Karneval und Comedy weiter. Ob sie eines Tages ganz verschwinden, hängt vor allem vom närrischen Selbstverständnis ab. Die Fastnacht nämlich kündet von der Endlichkeit der Lust, die für den gläubigen Menschen am Aschermittwoch endet. Die Comedy aber macht da weiter.

Im modernen Unterhaltungsgeschäft geht es um Perfektion, um Formate, die

Zwischen Karneval und Comedy: Aca & Pella (2004)

gepflegt werden, erst dann um Inhalte. Fastnacht aber ist mehr als Form, sperrt sich gegen jeden Versuch der Reduzierung. Wenn der Narr die Welt auf den Kopf stellt, ist das mehr als ein Kraftakt. Das Wesen des Narren wurzelt tief in seiner Psyche. "Kein anderes Fest", hat es der Kölner Psychotherapeut und Karnevalskenner Wolfgang Oelsner kürzlich in einem Buch auf den Punkt gebracht, "befriedigt so zahlreiche und so widersprüchliche Sehnsüchte wie der Karneval ... Wohl dosiert erfüllt er Sehnsüchte, fördert die seelische Gesundheit und lässt noch einmal ins Paradies der Kindheit eintauchen. Bei Missbrauch verkommt das Fest. Ausgelassenheit schlägt um in Maßlosigkeit, Melancholie in Kitsch. Rausch wird Suff und vom Sehnen bleibt nur noch die Sucht". So betrachtet entzieht sich die Fastnacht allen medialen Domestizierungen, bietet das Fernsehen eigentlich nur ein Zerrbild. Was "Mainz bleibt Mainz, wie es singt und lacht" vermittelt, ist die Exportvariante eines regionalen Festes, die fernsehdramaturgische Aufbereitung lokaler Kultur. Wer die Seele der Fastnacht sucht, muss sich fallen lassen. Eintauchen in eine Welt, die sich rationaler Logik entzieht.

Unterhaltung für Millionen
Fastnacht im Radio

Als die Kölner 1823 den Karneval reformierten, ahnte keiner, wie schnell aus der lokalen Neugestaltung eines Festes ein überregionaler Volksbrauch werden sollte. Nicht einmal die Lokalzeitungen nahmen damals vom ersten Rosenmontagszug und den ihm vorausgehenden Generalversammlungen groß Notiz. Schon eine Generation später aber hatten sich nach Kölner Vorbild überall in Deutschland närrische Gesellschaften gegründet. Clubs und Vereine, die mit der Saalfastnacht eine neue Form bürgerlicher Geselligkeit schufen. Eine Plattform gesellschaftlicher Auseinandersetzungen auch, in der das freie Narrenwort dem Obrigkeitsstaat gegenüberstand.

Der reformierte Karneval wurde schnell zu einem der wichtigsten Unterhaltungsforen des Biedermeier. Auch zum Wirtschaftsfaktor, auf den sich Eisenbahn- und Dampfschiffgesellschaften ebenso einstellten wie Handel und Handwerk. Eine Entwicklung, die nicht immer nur Wohlwollen fand. "Der Karneval, der sich nicht mehr Selbstzweck ist, der als seine Hauptaufgabe betrachtet, Fremde auf zwei, drei Tage in die Stadt zu ziehen und ihnen das Geld abzunehmen, der ist ja schließlich nichts anderes als eine im großen Stil und auf spaßige Weise betriebene Bauernfängerei, und eben durch die Rücksichtnahme auf den Fremdenzufluss streift er sein lokales Colorit ab, verliert sich in Allgemeinheiten und sucht dann durch äußere Prachtentfaltung zu ersetzen, was ihm an ursprünglichem Mutterwitz abgeht", schimpfte 1894 ein Mainzer Stadtrat.

Wander- und Berufsredner hatten schon im 19. Jahrhundert Konjunktur. Närrische Alleinunterhalter, die kreuz und quer durch die Republik reisten, um ihr Publikum zu unterhalten. Ausführliche Reportagen in Deutschlands größten Zeitungen und Illustrierten verschafften der Fastnacht schon früh jene Kunden, die in Sonderzügen und -schiffen zum Karneval am Rhein reisten und ihn so zu einem "Event" machten. Aber erst mit dem Hörfunk, dem ersten großen Massenmedium, fand das Fest sein Millionenpublikum.

***

29. Oktober 1923, Premiere für den Deutschen Rundfunk. Nur ein paar hundert Hörer waren bei der Erstsendung dabei, doch die Freunde des neuen Mediums wurden rasch mehr. Zu ihrer Versorgung errichtete die 1925 gegründete Reichs-Rundfunk-Gesellschaft überall im Land neue Sender, deren Programme belehrend, unterhaltend, auf keinen Fall aber parteipolitisch sein sollten. Bei allen großen Ereignissen war der Rundfunk live dabei. Auch bei der Mainzer

Fastnacht, die Mitte der 20er Jahre ihre Radiopremiere hatte.

Fast vom einen zum anderen Tag hatte sich für die Sänger und Redner das Publikum verändert. Jetzt hatten sie nicht mehr nur die Menschen im Saal vor sich, sondern auch viele tausend Hörer draußen vor den Rundfunkempfängern. Rasch aber passten sich die Narren dem neuen Medium an, stellten ihr Programm auf die neue Zielgruppe ab – so wie Seppel Glückert, einer der großen Mainzer Büttenredner. *"Wenn ich bedenke, daß jetzt man mich uff de ganz Welt höre kann, muß, im Bewußtsein meiner Größe, ich vor mir selbst mein Haupt entblöße. Und so als echtes Mainzer Söhnche, hab ich die Ehr', vor'm Mikrophönche nach alter Narrhallesensitte mein Narrenherz heut auszuschütte ...",* begann er 1927 seinen ersten Auftritt vor den Rundfunk-Mikrophonen.

Seppel Glückert: "Ich sende frohe Grüße Euch, hier aus Narrhallas buntem Reich"

Statt die Narren im Saal begrüßte er zunächst die Hörer vor den Rundfunkgeräten: *"Nach Osten, Westen, Norden, Süden, der Narrheit Gruß darf ich entbieten euch allen, die ihr drahtlos heut' mit Mainz am Rhein verbunden seid. Ich sende frohe Grüße euch, hier aus Narrhallas buntem Reich, der Stätte heiterer Gesellen, die froh umspielt des Rheinstroms Wellen ..."*

Noch mehr Anklang fand das Radio schließlich durch den Volksempfänger, der 1933 auf den Markt kam. Ein preiswertes Hörfunkgerät, das sich schließlich auch das Reichs-Propagandaministerium zunutze machte. *"Der Rundfunk ist vielleicht das Mittel, das am entschiedensten das Volk beeinflußt"*, erläuterte Propagandachef Joseph Goebbels 1933 in einer Rede vor den Reichsrundfunkwarten der NSDAP die Rolle des Mediums. *"Und wenn es uns gelingt, ihm einen modernen Hauch einzuatmen, ein modernes Tempo und einen modernen Impuls zu geben, dann können wir an Aufgaben herangehen, wie es sie im natio-*

nalsozialistischen Deutschland zu erfüllen gibt".

Sänger, Humoristen und andere Spaßmacher hatten jetzt die Aufgabe, die Freizeit der Menschen zu verschönern, sie vom politischen Alltag abzulenken. So gab es für die mittlerweile fast fünf Millionen Rundfunkhörer das ganze Jahr über "Lustige Abende" und "Frohe Samstagnachmittage", sorgten bekannte Stimmungsmacher für gute Laune. Aus allen großen deutschen Hallen kamen die Übertragungen, auch aus der Mainzer Stadthalle, wo altgediente Fastnachter wie Seppel Glückert oder Philipp Lehmann zu den Publikumslieblingen gehörten. In den Tagen vor Aschermittwoch sendete der Reichsrundfunk statt bunter Abende Karnevalssitzungen, aus Mainz Fremden- und Hauben-Sitzungen, aus Köln die Veranstaltung "Kölle Alaaf".

Nicht alle Karnevalisten aber funktionierten so, wie es die braunen Machthaber gern gesehen hätten. Vor allem in Mainz waren immer wieder Zwischentöne aus der Bütt zu hören. Als Seppel Glückert 1938 auf einer vom Reichssender Frankfurt übertragenen Damensitzung das Konzentrationslager Dachau beim Namen nannte, blendete sich der Sender aus der Live-Übertragung aus und sendete statt dessen Karnevalsschlager. Später wurde der Eingriff in die Sendung mit technischen Störungen entschuldigt. Es war die letzte große Karnevalssendung aus Mainz. Politisch-literarische Vorträge, wie sie die Mainzer Fastnacht damals von anderen Karnevalsveranstaltungen unterschieden, fanden im Funk kein Gehör mehr. Erst recht nicht, als der Krieg begonnen hatte.

***

1945 drehten russische Soldaten den Ton des Reichssenders ab. Nazi-Deutschland verstummte. Schnell aber richteten die alliierten Siegermächte neue Rundfunkanstalten ein. Am Main etablierten die Amerikaner Radio Frankfurt, in Köln installierten die Briten einen neuen Sender. Und in Baden-Baden, auf halbem Weg zwischen den ehemaligen Reichssendern Saarbrücken und Stuttgart, machten die Franzosen Programm. Schon bald aber übergaben die Besatzungsmächte ihre Sendeanlagen den neu errichteten öffentlich-rechtlichen Rundfunkanstalten Deutschlands.

Damit war wieder Platz für närrische Sendungen. In der Karnevalsmetropole Köln half man sich, wie Zeitgenossen berichteten, zunächst mit einem Griff ins Archiv, wo viele Dutzend Ostermann-Lieder und Funkenmärsche aller Art lagerten. Mancherorts gab sich der Rundfunk als karnevalistischer Mäzen. In Koblenz organisierte der örtliche Sender unter dem Motto „Kopp huh" eine Studio-Sitzung mit bewährten Karnevalisten. Überall an Rhein und Ruhr halfen Radio-Reporter den Narren bei ihren ersten Gehversuchen. Nicht alles freilich, was sie mit ihren Mikrophonen einfingen, wurde auch gesendet. Vor allem Büttenrednern gegenüber war man vorsichtig. Statt närrischer Reden empfahlen die Programmverantwortlichen deshalb ihren Redakteuren, "gemeinsam gesungene Lieder" zu senden. Schließlich wollten die neuen Rundfunkanstalten bei den Besatzungsmächten nicht anecken, deren Aufseher in vielen närrischen Versammlungen saßen und fast alle Reden zensierten (siehe Interview Höpfner Seite 195).

Doch mit wachsendem Selbstbewusstsein verschwanden auch diese Hürden. 1950 rückte der Nordwestdeutsche Rundfunk wieder die beliebte Sendung "Kölle Alaaf" ins Programm, die über Deutschlandfunk und Deutsche Welle weltweit exportiert wurde. Aber nicht nur Köln profitierte vom närrischen Aufschwung. Düsseldorf, Münster und Aachen wurden gleiche Chancen eingeräumt. Die neuen närrischen Programme fanden schnell auch das Wohlwollen der Schallplattenindustrie. Für die Texter und Komponisten der Karnevalslieder, die jede Saison neue Titel schrieben, waren die Rundfunksendungen beste Werbung. Fastnachtsschlager wie "Schnaps, das war sein letztes Wort", "Wir kommen alle, alle, alle in den Himmel" oder "Wer soll das bezahlen?" verdankten ihre Popularität in erster Linie dem Radio.

Neben den Narrensendungen aus Köln gab es in den 50er Jahren auch einen karnevalistischen Dauerbrenner aus Aachen, die Ordensverleihung "Wider den tierischen Ernst", die erst Jahrzehnte später den Sprung ins Fernsehen schaffen sollte. Beim Hessischen Rundfunk und dem Südwestfunk wurden die Mainzer Prunkfremdensitzungen zum Radio-Bestseller. Denn genauer als die anderen Narren trafen die Mainzer mit ihren Liedern und Reden die Stimmung der Nachkriegsgeneration.

Mainz hat Bildschirmpremiere
Aus den Kindertagen der Fernsehfastnacht

Lieferte den Sendungstitel: Martin Mundos Buch "Mainz, wie es singt und lacht"

Am 1. November 1954 schlug die Geburtsstunde des Deutschen Fernsehens, hatten sich die einzelnen Rundfunkanstalten zu einem gemeinschaftlichen Programm zusammengefunden. Gut 4 000 Haushalte waren die ersten Nutzer des neuen Gemeinschaftsprogramms, das die Prinzenproklamation in Köln, die öffentliche Präsentation der drei Traditionsfiguren Prinz, Bauer und Jungfrau, als erste närrische Großveranstaltung präsentierte. Mit dabei waren damals auch Gäste aus Mainz, die mit ihrem Gastspiel einen Besuch der Kölner aus dem Jahr 1938 zum 100sten Geburtstag der Mainzer Fastnacht erwiderten. Prinz Alexander, der Mainzer Fastnachtsprinz, führte die Delegation, zu der unter anderem die "Hofsänger" gehörten. An diesem Abend im Kölner Williams-Bau stahlen sie allen anderen die Schau. Krönung ihres rund vierzigminütigen Auftritts war ihr mittlerweile legendärer Ohrwurm "So ein Tag, so wunderschön wie heute". Ein Lied aus dem Film "Geld aus der Luft", das Lothar Olias geschrieben hatte, einer der erfolgreichsten Schlagerkomponisten der Nachkriegszeit. Begeisterte Zuschauer, erinnerten sich Augenzeugen, rissen damals die Blumendekoration vom Bühnenrand und warfen sie den Sängern zu, die immer neue Zugaben geben mussten, bis sie schließlich in einem Meer von Nelken und Flieder versanken.

1955: "Mainz, wie es singt und lacht"

Die telegene Mainz-Werbung der "Hofsänger" in Köln war der beste Einstand für eine Sendung, die wenig später über den Bildschirm gehen sollte. Am 17. Februar 1955, dem Donnerstag vor Fastnacht, gab es die erste große Bewährungsprobe für das neue Fernseh-Gemeinschaftsprogramm, eine Konferenzschaltung in die närrischen Hochburgen. Zu verdanken hatten die Mainzer ihre Fernsehpremiere dem Südwestfunk, der seit Anfang der 50er Jahre immer wieder Ausschnitte aus Mainzer Fastnachtssitzungen im Radio vorgestellt hatte. Mitverantwortlich für diese Übertragungen war der Chef des Zeitfunks, Wolfgang Brobeil, der fest davon überzeugt war, mit den Karnevalssitzungen auch ein Fernsehpublikum ansprechen zu können.

Seine Vorstellungen erörterte Brobeil im Spätjahr 1954 zunächst mit dem Präsidenten des Mainzer Carneval-Clubs (MCC), Jakob Wucher, der wiederum die Südwestfunk-Pläne mit dem Chef des Mainzer Carneval-Vereins (MCV), Karl Moerlé, besprach. Beiden war klar, dass ein Verein allein kaum über genügend närrische Akteure verfügt, um langfristig eine ganze Republik bei Laune zu halten. Schließlich einigten sich die beiden Präsidenten auf eine Gemeinschaftssitzung, auf "Mainz, wie es singt und lacht". Das Motto entnahmen die Programmgestalter einem Vortrag des Büttenredners Martin Mundo, dessen Sammlung von Liedern und Vorträgen 1954 neu erschienen war (siehe Seite 18).

Zuvor aber galt es, einige Hürden aus dem Weg zu räumen. Bis dahin nämlich verstanden sich die beiden großen Mainzer Vereine als karnevalistische Konkurrenten. Da war es gut, die neue Zusammenarbeit öffentlich zu

DONNERSTAG

15.30–16.15 Dia mit Meßton und Musik

16.30–17.30 *Vom Sender Freies Berlin:*
16.30 Jugendstunde mit Wilhelm Peters: ›Mummenschanz und Maskentanz‹. Lustiges Maskenbauen zum Fasching
17.00 Wir helfen suchen Vermißtensuchdienst des Deutschen Roten Kreuzes
17.10 Für die Frau. ›Unsere Kinder zwischen Berufswahl und Begabung‹. Eignungsuntersuchungen im Rahmen der Berufsberatung, mit Elisabeth Leithäuser
Leitung: Eva Baier-Post
Anschließend: Vorschau auf das Abendprogramm

20.00–21.00 *Vom NWDR:*
Blauweiß — Rotweiß
Die Düsseldorfer Prinzengarden eröffnen die drei tollen Tage
Übertragung einer Karnevalssitzung aus der Rheinhalle in Düsseldorf
21.00 Umschaltung

21.05 bis ca. **22.20** *Vom Südwestfunk, Baden-Baden:*
21.05 Die Narrenstadt. Ein Filmbericht von der schwäbisch-alemannischen Fastnacht
21.20 Mainz — wie es singt und lacht. Übertragung der ersten Gemeinschaftssitzung des MCV und des MCC aus der ›Narrhalla‹ in Mainz

Programmankündigung der ersten TV-Sitzung ("HÖRZU" Februar 1955)

dokumentieren. Das "Friedensangebot" des MCC überreichte so ein als Engel verkleidetes Komitee-Mitglied bei der närrischen Generalversammlung im November. Neben einer Friedenspalme brachte der Bote auch ein großes Bügeleisen zur Glättung künftiger Knitter mit. Der MCV revanchierte sich beim Club mit einer "Friedenstaube", die – so Augenzeugen – "in ihrem Henkelkorb einer Mastgans nicht unähnlich war". Damit waren die Weichen für die Fernsehfastnacht gestellt.

Mindestens einhunderttausend Fernsehgeräte waren eingeschaltet, als "Mainz, wie es singt und lacht" Premiere hatte. Das von Jakob Wucher und Werner Mundo gemeinsam moderierte Programm war abwechslungsreich und unterhaltsam. Es präsentierte einen bestens aufgelegten Herbert Bonewitz (siehe Foto Seite 20), der damals zusammen mit den "Dippel-Brüdern" auf der Bühne stand, Ernst Neger und das "Putzfrauenduo" Otto Dürr und Georg Berresheim, die als "Frau Babbisch und Frau Struwwelich" auch in den Folgejahren von sich reden machen sollten. Dazu eine Reihe heute kaum noch bekannter Akteure nebst einem Prinzen in Festlaune.

Den Ton der Zeit traf der "Bajazz" beim "Jahrmarktsbummel" auf der Schlossbühne. *"Den Menschen heute fehlt die Seele, ihr ganzes Dasein ist nur Hatz. Das Leben ist die Parallele zu einem großen Rummelplatz"* Den Schlusspunkt freilich setzte einer, der damals schon lange auf der närrischen Bühne stand, Rolf Braun als "Bundescampingnese": *"Von der Maas bis an die Memel ziehe ich mit Zelt unn Schemel, mit Luftmatratz unn Gummikisse, durch Tulpe, Rose und Narzisse ..."*

"Es war das bedeutendste, beglückendste Ereignis der Nachkriegskampagnen", frohlockte die Lokalzeitung nach der gelungenen Bildschirmpremiere. "Nichts gab es, das in den fünf Stunden den fidelen Höhenflug hätte bremsen können." Die Fernsehsitzung war die beste Werbung für die Stadt. Sangen, lachten und schunkelten die vielen Menschen im Kurfürstlichen Schloss doch so herzlich, dass sich Mainz im Rahmen der Konferenzschaltung als die wahre Hochburg des Frohsinns zeigte.

Fast überschwänglich feierten die Chronisten den Auftakt. Dabei bot die Fernsehsitzung kaum mehr als die Radiositzungen vorher. Büttenredner brachten Verse zu Gehör. Andere sangen und musizierten und dazwischen tanzte das Ballett. Der Reiz des neuen Mediums aber hatte dies alles vergessen lassen. "Noch wird dieser Tag in den deutschen Kalendern nicht rot angestrichen, aber in Mainz soll er zu einem ständigen kleinen Festtag werden", freuten sich die Zeitungen.

linke Seite:
Fernsehpremiere für Herbert Bonewitz (1955)

1956: "Was könnte man den Russen bieten ..."

Was so erfolgreich begonnen hatte, erlebte ein Jahr später seine Fortsetzung. Die größte Vorfreude hatte der Rundfunkhandel, der unter Hinweis auf die Fernsehsitzung kräftig die Werbetrommel gerührt hatte und innerhalb weniger Wochen viele tausend neue Fernsehgeräte an den Mann brachte. Die Idee einer weiteren Konferenzschaltung aber hatte man inzwischen aufgegeben, so dass "Mainz, wie es singt und lacht" 1956 zum abendfüllenden Programm wurde. Von nun an bestimmte Mainz den närrischen Kurs der Republik.

Ganz so wie die meisten Sitzungen noch heute eröffnet werden, begann auch das Fernsehen damals seine Übertragung aus dem Kurfürstlichen Schloss, zeigten sich die Narren im Saal schon beim glanzvollen Einmarsch der Garden bestens gelaunt. Kurz bevor die Kameras eingeschaltet wurden, hatte der Sitzungspräsident die Gäste im Saal noch einmal ermuntert, mit Beifall nicht zu geizen, herzhaft zu lachen und zu schunkeln, "damit die Leute am Fernsehschirm draußen sehen können, wie lustig wir sind".

Neuer Stern am Narrenhimmel waren die "Gonsbachlerchen", Joe Ludwig, ihr Leiter und Texter, gerade 23 Jahre alt. Erstmals mit dabei waren auch die "Hofsänger" und der über 80-jährige Josef Brückner als "Done von de Vilzbach". Wieder war das Echo auf die Fernsehsitzung groß, lobten die Zuschauer in Briefen die Mainzer Fastnacht, die sie bis dahin nur aus dem Radio gekannt hatten. Zahllosen Menschen, vom Krieg aus der Heimat vertrieben und jetzt mitten im Wiederaufbau steckend, machten die Übertragungen Mut und Hoffnung. Denn der Ton, den die Narren damals in ihren Reden und Liedern anschlugen, die Art und Weise, wie sie ihre Verse an den Mann brachten, traf genau ihre Stimmungslage. So wie der "Bajazz", der sich seine weltpolitischen Gedanken machte: *"Was könnte man den Russen bieten als uns'rem größten Sorgenkind? Womit wird Appetit vermieden, weil sie so schrecklich gierig sind? Sie konnten wählen und bekamen ein echtes indisch Reisgericht, garniert mit Sonnenblumensamen, nur Königsberger Klopse nicht! Und würden sie auch köstlich schmecken, vertragt Ihr sie auf Dauer nicht. Sie bleiben Euch im Halse stecken, weil sie ein deutsches Leibgericht ..."*

1957: Österreich schaltet sich zu

1957 war "Mainz, wie es singt und lacht" erstmals im Ausland zu sehen. Per Eurovision war das Österreichische Fernsehen zugeschaltet. Damit gaben die Wiener Programmgestalter ihre Bildschirme für die Mainzer Fastnacht frei. Eine

Entscheidung, deren Folgen erst Jahre später sichtbar werden sollten. Ganz langsam nämlich verdrängte der rheinische Karneval gewachsenes Brauchtum in der Alpenrepublik. Vor allem in Kärnten wurden zahlreiche Faschingsgesellschaften gegründet, die nach Mainzer Muster Sitzungen organisierten. Figuren wie der "Till" oder der "Bajazz" tönten plötzlich auch am Wörthersee. Diese beiden waren es nämlich, die den ersten Fernsehsitzungen ihren Stempel aufdrückten, den politisch-literarischen Ruf der Mainzer Fastnacht festigten.

Schätzungsweise sieben Millionen Zuschauer saßen damals vor den rund 800 000 Fernsehgeräten in Deutschland und Österreich, sahen die bewährte Doppelmoderation von Werner Mundo und Jakob Wucher, "Gonsbachlerchen" und "Hofsänger", dazu Ernst Neger, der erstmals mit seinem Songschreiber Toni Hämmerle gemeinsam auf der Fernsehbühne stand. Wieder gab es nach der Sendung eine Brief- und Telegrammflut, schickten viele ihre Glückwünsche. Ausdruck des großen Zuschauerechos war zudem ein Fernsehpreis. So zeichnete die "Gesellschaft der Freunde des Fernsehens" im August die Sendung "Mainz, wie es singt und lacht" als bestes Unterhaltungsprogramm der Jahre 1956/57 aus. Eine Anerkennung, die Ansporn werden sollte.

Mainzer "Hofsänger" 1956

1958: "Ich komme direkt aus der Bonn-des-Hauptstadt"

1958 waren über die Eurovision nicht nur Österreich, sondern auch die Schweiz und das deutschsprachige Belgien mit dabei. "Kein Bildempfänger blieb an diesem Abend ausgeschaltet", freute sich die Lokalzeitung im Jahr der Fußballweltmeisterschaft. "Was sonst nur König Fußball zuwege bringt, schafften "Bajazz" und "Till" mit spielender Hand". Zur Einstimmung hatten die Fernsehmacher einen Bericht über das Mainzer Gardeleben vorgeschaltet, eine Reportage, die Lust auf mehr machte. Auf die Sänger und Sangesgruppen, die wie die "Gonsbachlerchen" inzwischen mit akrobatischen Einlagen glänzten. So sauste Herbert Bonewitz als "Raketen-Weltraumfahrer" an einem Seil über die Schlossbühne.

"Ich komme direkt aus der Bonn-des-Hauptstadt ..." Heinz Heuzeroth kam erstmals mit einem seiner stilbildenden Typenvorträge als "Schuster aus Bonn", zog gegen Politik und Politiker vom Leder. Und als "Götze Mammon" hatte Dieter Brandt TV-Premiere, der als "Till" später Fastnachtsgeschichte schreiben sollte. Seinen ersten Fernsehvortrag begann er Hochdeutsch, um Määnzerisch fortzufahren: *"Heute sind viele unterdesse wie vom Modewahn besesse. Doch hawwe se nit mehr am Leib, als damals so ein Steinzeitweib: Röckcher, möglichst eng, wonn's geht – Ei, wonn die Naht nur platze däht!? Auch der Pulli sitzt recht streng, eins zwei Nummern meist zu eng; Stöckelschühcher an de Haxe – macht nix, wenn se mal "verknaxe" – Nylonstrimpcher an den Beinen lassen "scheppe" grad erscheinen, Pelzmantel, Monroefigur, kohlkopfähnliche Frisur. Und das Ganze ist, wen wundert's? Die Frau des 20. Jahrhunderts!"*

Fast 2 000 Briefe und über 400 Glückwunschtelegramme waren die Resonanz auf die Sendung, die auch im Ausland gut ankam. "Es war ein Genuß, aus Eurer Küche einen solch guten Schmaus vorgesetzt zu bekommen", schrieb ein Zuschauer aus Luzern. Und Jim Wright aus Wiesbaden telegrafierte. "We say to you now Dreifach kräftig Helau". Einhellig wie das Zuschauerecho war auch die Reaktion der Fernsehkritiker. "Von allen Narrensendungen, die wir in den letzten Wochen sahen, war die vom Karneval in Mainz die gelungenste: Die Reden in der Bütt und vom Präsidentenstuhl hatten Witz und Schlagfertigkeit; die Vorführungen waren sauber und nett anzusehen. Die Lieder waren eingängig und melodiös, ihrer Texte braucht man sich auch im nüchternen Zustand nicht zu schämen, sie schlugen den Funken zum Zuschauer, und mancher wird hinter seiner Bowle mitgesungen haben", erkannte die "TV-Fernseh-Woche".

1959: "Wir sind ein Bollwerk gegen Osten"

"Einen der anmutigsten Bildschirmabende des Jahres", feierte "Die Welt" 1959, "die Festsitzung der Mainzer Karnevalsgesellschaften...Was die Mainzer Bürger und Karnevalisten, Amateure durch die Bank, ...zeigten, das strotzte von originellen Einfällen, von übermütigem Humor, das zeugte vom Spaß am Vergnügen, das hatte Pfiff und Schwung und Witz. Publikum, Elferrat, Prinzenpaar, Büttenredner – da gab es keinen falschen Ton, keine Sollerfüllung der Vergnügungsindustrie, sondern nur das große Vergnügen freier Bürger, eingebettet in eine spürbar lebendige Tradition".

Dreieinhalb Stunden hatten die Narren aus Mainz die Nation mit ihrer Mischung aus Politik und Klamauk an den Bildschirm gefesselt. Alles beherrschendes Thema war die Lage um Berlin, das die Sowjetunion damals aus dem westlichen Bündnis ausklammern wollte. *"Laßt in Not uns und Gefahr hier zusammenstehn, dann wird auch Berlin fürwahr niemals untergehn"*, sangen die Mainzer "Hofsänger" lautstark. *"Wir sind ein Bollwerk gegen Osten"*, drohte der "Bajazz" den Sowjets. *"Ihr wollt uns dieses Kind entführen, Berlin, die alte Reichshauptstadt. Man kann ein Kind nicht adoptieren, das noch die rechten Eltern hat. Und wenn die Eltern sich vertragen und die Parteien einig sind in Existenz- und Lebensfragen, dann wird auch was aus diesem Kind."*

"Wir haben es gezählt, achtmal haben die Herren Narren und das verehrte, begeistert applaudierende Publikum an uns Berliner gedacht, wobei Kunst und Schalk, meisterhaft gemischt, wie Öl auf unsere in den letzten Wochen wunde Seele gewirkt haben", registrierte die "Illustrierte Berliner Zeitschrift" die Sympathiebeweise vom Rhein. Das fast pathetische Bekenntnis zu Berlin aber fand nicht nur Zustimmung. Im fünften Jahr der Fernsehfastnacht stieß die Telesitzung erstmals auf öffentliche Kritik.

Als Sündenbock hatte Martin Morlock, der Fernsehkritiker der "Süddeutschen Zeitung", den "Bajazz" ausgemacht. "Den satirischen Höhepunkt bildete, wie jedes Jahr, die Regierungstreuekundgebung eines ortsansässigen Zahnarztes, der in seiner Eigenschaft als "Bajas mit der Laterne" Unmengen gereimten Wellblechs von sich gab" Und weiter: "Daß es in Mainz zwei Karnevalsvereine gibt, die sich für äußerst humorig halten und diesen Aberglauben in dichtgefüllten Festsälen zelebrieren, ist Sache der Mainzer. Aber ist es Sache des Fernsehens, 8 bis 10 Millionen Zuschauer mit dem närrischen Bürgerehrgeiz einer 120 000-Einwohnerstadt zu behelligen? Einen ganzen Abend lang?" Auch wenn diese kritische Stimme im sonst weitgehend einhelligen Lob unterging, kündete sie doch von einem neuen Abschnitt in der Mainzer Fastnachtsgeschichte, von einem Jahrzehnt des närrischen Umbruchs.

Fastnachtssymbol, der "Till", Dieter Brandt

Mainz als Muster. Wie die Fernsehsitzung die Fastnacht veränderte

In den späten 50er Jahren festigte Mainz seinen Ruf als deutsche Karnevalsmetropole. Die Breitenwirkung der Sendung "Mainz, wie es singt und lacht" war unübertroffen, die Auswirkungen der Telefastnacht überall spürbar. So regte das Mainzer Muster, Sitzungen mit Rednern, Sängern und Ballettgruppen, immer mehr Bürger an, selbst Karneval zu feiern. Vor allem in Regionen, wo die organisierte Fastnacht bis dahin nie zu Hause war, gründeten sich neue Vereine. Im Norden und Osten der Bundesrepublik, aber auch in der DDR, wo mancher Jahr für Jahr voller Freude nach Mainz blickte. Die "Hofsänger" wurden zum Vorbild vieler Neugründungen, und auch der "Bajazz mit der Laterne" verleitete manchen Narren, es ihm nachzutun. Selbst als Kirmesgestalten kamen Mainzer Fastnachtsfiguren zu neuem Leben.

Auf der anderen Seite war die Sendung auch häufig Anlass, fastnachtliche Veranstaltungen aufzugeben. Vor allem in Süddeutschland, wo die Saal- und Straßenfastnacht am Donnerstag vor Fastnacht gewöhnlich ihren ersten Höhepunkt errreicht, war die Konkurrenz aus dem Norden gefürchtet. Mit Rücksicht auf die Mainzer Übertragungen sagten Schwaben und Alemannen deshalb immer mehr Abendveranstaltungen ab.

Spätestens Anfang der 60er Jahre hatten die Bundesbürger gemerkt, wie das Fernsehen ihre Lebensgewohnheiten langsam veränderte. "Man feiert die Feste nicht mehr, wie sie fallen und im Kalender stehen, sondern wie sie vom Bildschirm verbreitet werden. Rosenmontag und Fastnachtsdienstag sind im Begriff abzudanken. Der Tag der Übertragung der Mainzer Fastnachtssitzung tritt an ihre Stelle. Die Fernsehleute haben ihn längst rot gedruckt, und ihr Publikum folgt ihnen nach. Mainz hat sich in den Ruf gebracht, zum Karneval die fälligen Bundeswitze zu liefern, wie Köln den jeweiligen Schlager", schrieb damals die "Frankfurter Allgemeine Zeitung".

Die Fernsehfastnacht mobilisierte die Massen. Weil Fernsehapparate anfangs noch selten waren, verfolgten die Menschen die Auftritte der Narren meist in kleinen, geselligen Runden. Überall fanden sich Hausgemeinschaften zusammen, schauten Großfamilien gemeinsam in die Röhre. Auch die rheinische Gastronomie, die mit den Fernsehübertragungen neue Kundschaft in die Hinterzimmer ihrer Kneipen lockte, verdankte den Mainzer Narren gute Umsätze.

Für den Fernsehabend aus Mainz nahm mancher richtige Strapazen auf sich. So marschierte ein 74-jähriger viele Kilometer durch dunkle Wälder, um bei der abendlichen Sendung dabei zu sein. Frühschichtler verzichteten zugunsten der Mainzer auf ihren Schlaf. "Es wird Sie interessieren, daß meine Vaterstadt während ihrer Sendung ausgestorben ist, die Straßen sind menschenleer, kein Auto weit und breit, nur die leeren Straßenbahnen versehen ihren Dienst, das will schon etwas heißen, und so wird es in jeder Stadt sein. Daran können Sie ermessen, welche Aufmerksamkeit man Ihrer Sendung schenkt", schrieb ein Zuschauer aus Düsseldorf.

"Mehrere Stunden mußte eine Putzfrau in einem Bürohaus am Breitenweg hinter verschlossenen Türen zubringen, weil sie auf dem Bildschirm den Karneval miterleben wollte", meldete der Bremer "Weserkurier" im Februar 1963. "Die von ihr zu Hilfe gerufene Feuerwehr wollte die Türen nicht gewaltsam aufbrechen, weil für die Frau keine Gefahr bestand. Außerdem wurde der abwesende Hausverwalter bald zurückerwartet. Er kam nach Mitternacht. Der Grund seines Ausbleibens: er hatte sich im Nachbarhaus den Mainzer Karneval auf dem Bildschirm angesehen".

Die Popularität der Mainzer Fastnacht zeigte sich auch in den Einschaltquoten, die fast immer um die neunzig Prozent lagen. Sendungen aus Mainz schnitten zudem immer besser ab als die aus anderen Städten, bestätigten Zuschauerbefragungen. "Bei Übertragungen aus Köln", meinte die "Nürnberger Zeitung", "kann man, bei Übertragungen aus Frankfurt muß man mit Zötchen rechnen; bei Sendungen aus München kann man für Langeweile garantieren. Lediglich Mainz bringt seit vielen Jahren eine Sendung, die man ohne rot zu werden und ohne zu gähnen ansehen kann".

Einer der Schlüssel zum Erfolg war der Amateurstatus der Bildschirmakteure. Während in Köln vorwiegend Profis den närrischen Ton angaben, zeigte sich in Mainz Jahr für Jahr eine Laienspielschar. "Hier", schrieb eine Düsseldorfer Zeitung, "sind es Amateure, ist es der Zahnarzt, der Dachdeckermeister, der Beamte, der Jurastudent, sind es Mitglieder der Karnevalvereine, die als Artisten und Sänger prachtvolle, in Tempo und Ausgelassenheit mitreißende Schaunummern gestalten, sind es Frauen und Töchter, die sich als Tänzerinnen bewähren". "Da werden keine Stars von der Münchner oder gar Wiener Staatsoper verpflichtet, die die weite Reise an den Rhein machen, um dort zwei Schmachtfetzen zu singen", meinte 1959 die "Welt am Sonnabend". "Und da wird auch kein Opernballett engagiert – sondern man ist auch auf diesem Gebiet für das (auch billigere) Eigengewächs".

"Hier wird gelacht und wird gesungen", hatte es der "Bajazz" ein Jahr zuvor in seinem Vortrag auf den Punkt gebracht, *"wie allerorts, wo Frohsinn blüht. Doch nirgendwo so ungezwungen, und darin liegt der Unterschied. Hier spricht die echte Mainzer Seele, spricht reich und arm, für arm und reich. Für Mainz gibt's keine Parallele, in unsrer Bütt sind alle gleich. Hier gibt es keine Spitzen-Reden, hier gibt's*

"Eigengewächse": Fastnachtsballett

nicht schlecht und auch nicht gut. Das gleiche Maß gilt hier für jeden, weil jedermann sein Bestes tut ..."

Aber auch der Dialekt verschaffte den Mainzern gegenüber den Kölnern Vorteile. Das Määnzerische war verständlicher und so, zumindest was die Büttenreden anging, für ein Massenpublikum geeigneter als das Kölsche. "Der Kölner Dialekt", erklärte Horst Scharfenberg, der neben Karlheinz Rudolph und Peter von Hof als Reporter durch die ersten Sendungen aus dem Kurfürstlichen Schloss führte, "klingt für jeden, der nicht aus Köln oder Umgebung stammt, wie eine Backpfeife. Die Mainzer Mundart ist gemütlicher, geht mehr zu Herzen. Man kann also viel sagen und gar nicht so ernst genommen werden."

Ganz langsam veränderte "Mainz, wie es singt und lacht" das Gesicht der Mainzer Fastnacht. Wie die Radioübertragungen zuvor weckte auch das neue Medium bei vielen Menschen den Wunsch, einmal selbst in Mainz dabei zu sein, wenn die Narren loslegen. "Wir haben beschlossen", schrieb 1958 ein Ehepaar aus Stuttgart nach der Fernsehsitzung, "im nächsten Jahr extra nach Mainz zu kommen, um eine solche Sitzung mitzuerleben". Diese Nachfrage veränderte das Publikum in den Sälen, dem sich die Büttenredner rasch anpassten. Hatten sie bis dahin in jeder Kampagne verschiedene Vorträge gemacht, die genau auf die jeweilige Zielgruppe im Saal abgestimmt waren, schrieben viele Akteure jetzt nur noch auf das Unterhaltungsbedürfnis der fremden Besucher abgestimmte Verse. Folge war, dass traditionellen Mainzer Veranstaltungen wie der Haubensitzung beim Mainzer Carneval-Club oder der Nachthemdensitzung beim Kasteler Carneval Klub plötzlich die Redner fehlten, weshalb die Vereine diese Sitzungsformen Ende der 50er Jahre aufgaben. Hinzu kam, dass die Optik das Bild der Mainzer Fastnacht immer mehr bestimmte. Hatte das Fernsehen mit einer Balletttruppe angefangen, waren es 1959 schon drei Tanzgruppen, die für bewegte Bilder sorgten. Drei Kameras lieferten die anfangs, vier ab 1963, zwei Jahre später waren es schon fünf, von denen mindestens eine ständig auf das Publikum gerichtet war.

Aber nicht nur in Mainz war zu spüren, wie das Fernsehen den Karneval langsam veränderte. Stärker als Presse und Funk zuvor hatte das neue Medium dem Fest seinen Stempel aufgedrückt. "Im Bildschirm sind alle Funken und Stadtsoldaten gleich, von Münster über Düsseldorf, Köln, Bonn bis nach Mainz", registrierte 1959 die "Bonner Rundschau". "Der Zuschauer vor dem Bildschirm weiß zunächst nichts von der örtlich gebundenen Tradition, die das Mitglied des närrischen Korps zu einer historisch vertrauten Figur macht. Ein wesentliches Element der Substanz, welche die Karnevalszentren ausfüllt, ist damit entfallen … Als sich die Karnevalsmanager zum Fernsehen drängten, haben sie sich einen Werbeerfolg erhofft – größer noch als er durch den Hörfunk bereits vorhanden war. Heute scheint's, als ob die Sache kippe, denn die Szene ist nun zum Tribunal geworden: Herr Jedermann wertet. Die Karnevalisten wissen dies, und zwischen ihnen hat sich eine neue Art des Wettbewerbs entwickelt. Man sucht die Gunst des Publikums draußen über den Bildschirm zu gewinnen. Indessen das Fernsehen folgt anderen Gesetzen, als es die Karnevalsschau im farbig ausgeschlagenen, fahnengeschmückten, uniformglänzenden, musikdröhnenden Saal tut. Bleibt die Frage: Sind die Grundlagen des Karnevals in seinen Hochburgen in Bewegung geraten?"

"Maler Klecksel", der Schnellzeichner Emil Nothof

1960: "1,2,3 – WER HAT DEN BALL?"

Mit Rücksicht auf viele andere närrische Veranstaltungen im deutschen Süden und Westen wurde "Mainz, wie es singt und lacht" vom Donnerstag auf Mittwoch vorverlegt. Ansonsten aber hielten die Programmgestalter an der bewährten Mischung aus politisch-literarischer Fastnacht und Klamauk fest. Friedel Panitz kalauerte sich als Pedell durch den Abend, Hermann Frech zeigte sich als "Herrenreiter". "1,2,3 – wer hat den Ball?" fragte Willy Lamneck. Und als "letzter Arbeitsloser" traf Adolf Gottron genau die Stimmungslage der Nation. Beherrschendes Thema aber war wieder einmal die Ostpolitik. So hatte die DDR mit Hammer und Zirkel ein neues Emblem, das der "Till" ebenso wie die Spalterpolitik der Sowjets kritisierte. *"Wir Deutsche, wir sind alle Brüder und sehnen uns nach Einheit wieder. Und da versagt Herrn Ulbrichts Trick mit seiner Spalterpolitik. Gleicht auch sein Zirkel schon der Sichel, so macht er aus dem Deutschen Michel auch nicht mit bestem Kreml-Dünger 'nen überzeugten Chruschtschow-Jünger!"*

Die Zuschauer waren zufrieden, was über tausend Briefe eindrucksvoll unterstrichen. Wie sehr das Publikum die Sitzung mochte, musste das Österreichische Fernsehen erfahren, das sich in der damals üblichen Sitzungspause aus Mainz verabschiedete. Viele Anrufe aber zwangen die Wiener Programmgestalter schließlich, auch den zweiten Teil der Sitzung zu übertragen. Überwiegend auf Zustimmung traf die Sendung auch in der Presse. "Wenn es den Mainzer Karneval nicht gäbe, er müßte erfunden werden. Nicht nur zum Besten des Fernsehens, bei dem er seit Jahren dankenswerte Tradition hat. Zum Besten auch jener, die man hier zum besten hält. Wahrhaftig und liebevoll lassen die Mainzer als echte Volksnarren politischer Spottlust und kulturkritischem Witz freien Lauf ... Mehr von solcher noch herzhaften Art täte bisweilen auch berufsmäßigen Fernsehunterhaltern, Kabarettisten und Journalisten recht gut", meinte ein Kritiker. Ganz anderer Ansicht aber war der Beobachter der "Aschaffenburger Zeitung". "Das war kein Karneval, das war kein Fasching, von Fasenacht ganz zu schweigen. Was sich da drei Stunden lang auf dem Bildschirm tummelte, war Show-Business im Hollywood-Stil, nur halt mit einem Schuß Hollywood zu wenig".

1961: "JEDE SEKUNDE EIN HERING"

"Übrigens läuft heute Abend die schönste Sendung des Jahres", hatte der Phono-Handel in Anzeigen für die Gemeinschaftssitzung geworben und so auf den einen oder anderen schnellentschlossenen Käufer eines Fernsehapparates gesetzt.

Denn "Mainz, wie es singt und lacht" war längst zur abendfüllenden Superschau gereift. Fast fünf Stunden war die Sendung inzwischen lang. Auf der Bühne die bewährten Kämpen, die schon beim Auftakt der Fernsehfastnacht mit dabei waren. Dazu erprobte Redner aus dem Vorjahr wie Heinz Heuzeroth, der als "Automechaniker" die Bonner Politik unter die Lupe nahm. *"In Bonn gibt's kaum Getriebeschaden, denn der Schmierdienst funktioniert prächtig"*. *"Ach Willy, wärst du doch bei der CDU"*, besangen die "Hofsänger" den damals in Berlin regierenden Bürgermeister Willy Brandt, der nach der Sitzung ein Glückwunschtelegramm an den Rhein schickte. Für den Höhepunkt aber sorgten die "Gonsbachlerchen", denen man ein pfiffiges Spiel auf den Leib geschrieben hatte: "Wir gucken in die Röhre – oder: Jede Sekunde ein Hering".

Erstmals wurde die Sitzung auf einer Großleinwand in einem Mainzer Kino übertragen, wo vom zweiten Parkett bis zur Loge alle mitsangen und schunkelten. Schätzungsweise 25 Millionen Menschen erlebten die bunte Schau am Bildschirm. "Das Ganze ist nun schon eine Institution des Fernsehens wie Peter Frankenfeld oder die Tagesschau – nicht mehr wegzudenken", schrieb eine Berliner Zeitung ("Der Tag") über die Mainzer "Supermarkt-Monsterschau eines höchst politischen Kabaretts, das Laien veranstalten und gar nicht laienhaft vorzeigen. Die Nummern sind aktuell, sie haben Witz, und die Auslese sorgt dafür, daß nur auf den Bildschirm gerät, was höheres Niveau hat."

1962: "Oh, glaubt nicht, dass uns das nicht rührt"

Wenige Monate später erschütterte der Bau der Mauer die Welt. Ein politischer Willkürakt, der weltweit für Aufregung sorgte. Kaum aber hatte sich die gelegt, kamen neue Hiobsbotschaften. In Hamburg starben Hunderte bei einer Flutwelle, im saarländischen Völklingen kamen fast 300 Bergleute bei einer Schlagwetterexplosion ums Leben. Nach Fastnacht jedenfalls stand damals kaum jemand der Sinn. Rekrutenvereidigung und Kappenfahrt wurden abgesagt, auf die Fernsehsitzung aber wollte man nicht verzichten. Zum 2000-jährigen Stadtjubiläum sollte "Mainz, wie es singt und lacht" die farbigste Visitenkarte sein.

Trost und Zuspruch für die Leidtragenden aber gab es dennoch. Wieder einmal machten die Mainzer Narren Mut, allen voran Ernst Neger, der seinem "Heile, Heile, Gänsje" einen neuen Vers anhängte: *"Oh, glaubt nicht, daß uns das nicht rührt, was überall geschehen, doch wissen wir: gerade jetzt heißt's fest zusammenstehen"*. Als die "Hofsänger" jedenfalls zum Schluss der Fernsehsitzung wie immer den wunderschönen Tag besangen, der nie vergehen dürfe, schienen alle Schicksalsschläge vergessen.

"In diesem Jahr wurde besonders deutlich, daß da kein Vergnügen organisiert, sondern ein Fest gefeiert wird, in dem eine bürgerliche Kultur Ausdruck findet", schrieb die "Rheinische Post" nach der Sendung. "Es gab nicht einen billigen Effekt; das Närrische wurde niemals zum durchsichtigen Selbstzweck, es blieb stets Ausdruck einer Menschlichkeit, die das Bewußtsein ihrer Gebundenheit bewahrt. Das mitzuerleben war beinahe noch hinreißender als das Vergnügen an den vollendeten, ja artistischen Leistungen. Hier kam der Gedanke, daß der Karneval diesmal nicht zeitgemäß sein könnte, gar nicht erst auf."

Werbeprospekt für Karnevalsschallplatten

1963: "Mir habbe des Auto uns selbst finanziert ..."

1963 wagte sich erstmals ein Bonner Spitzenpolitiker auf das Mainzer Parkett. Heinrich von Brentano, damals CDU-Fraktionschef, war prominentester Gast bei der Fernsehsitzung. Damit der Besucher genug zu lachen hatte, räumten die Programmgestalter Klamauk und Kokolores die besten Plätze ein. *"Wissen Sie, was das ist, wenn sich eine Kuh einen Meter bückt?"*, fragte Herbert Jakob. *"Ein Kubikmeter!"* Otto Dürr und Georg Berresheim tanzten Twist, und Rolf Braun lieferte als "Kleinwagenbesitzer" wieder einmal ein närrisches Meisterstück. *"Mir habbe des Auto uns selbst finanziert. Die Art der Bezahlung ist sehr raffiniert: Beim Kühlschrank, do spar'n mir die vorletzte Rate, de Händler vum'm Fernseher losse mir warte, dann tun mer den Kaste ins Pandhaus bugsier'n, mein Lohn ist gepfändet, do kann nix passier'n. Dann nemm ich e Anleih, dess macht jo jed Bank, wenn gar nix mehr hilft, mach ich verzeh Dag krank, do zahlt mir die Krankekass, zwää Woche Lohn, un aach die Gewerkschaft, die hilft mir dann schon. Die Miet zahlt die Wohlfahrt, die hott jo Monete, dann schreib ich de Caritas "schickt uns Pakete"! Es Gas un Elektrisch, des lasse mir stunde, in vierzehn Versandhäuser sinn mir als Kunde, des dauert sechs Monat, bis die uns verklage – un mir nemme dess Geld un bezahle de Wage!"*

"Die Mainzer Sitzung", formulierte ein badisches Blatt nach der Sendung, "ist zu einer nationalen Einrichtung geworden, zum deutschen Karneval schlechthin." Doch in der geballten Ladung Klamauk war die Politik fast untergegangen. Auch das musikalische Element wurde mit vier Gesangsgruppen und dem nimmermüden Ernst Neger als Solisten größer als in den Vorjahren geschrieben. "Der literarische Karneval ist diesmal etwas zu kurz gekommen", meinte die Lokalzeitung. "Politisch blieb man übrigens in Mainz diesmal recht zahm", erkannte auch der "Kölner Stadtanzeiger". Und die Koblenzer "Rhein-Zeitung" vermerkte: "Man muß leider sagen, daß man schon weitaus bessere und witzigere Vorträge aus der Mainzer Bütt gehört hat als diesmal. Es wurde sehr viel mehr Blech als goldener Humor verzapft. Das Spiel mit leeren Worten konnte die angriffslustige politische Satire nicht ersetzen, die doch die Mainzer Karnevalisten in Erbpacht haben wollen ..."

"Mainz, wie es singt und lacht" bekommt Konkurrenz

1961 wurde Mainz Sitz des Zweiten Deutschen Fernsehens. Kaum war die Länderanstalt gegründet, spekulierten die Zeitungen schon über das neue Fastnachtsprogramm. Denn Kennern der Medienlandschaft war schnell klar, dass sich SWF und ZDF um die Übertragung der erfolgreichen Gemeinschaftssitzung streiten würden. Wollte doch der bis dahin beim Südwestfunk beschäftigte "Vater der Fernsehfastnacht", Wolfgang Brobeil, seine Lieblingssendung "Mainz, wie es singt und lacht", die er geboren und groß gemacht hatte, gern mit zum ZDF nehmen, seinem neuen Arbeitgeber. Beim alten Dienstherrn aber sah man keinen Anlass, das närrische Paradepferd abzugeben. Auch einen Kompromissvorschlag, die Sitzung künftig im jährlichen Wechsel zwischen beiden Anstalten live zu übertragen, lehnte der Sender ab. So organisierte Brobeil, der neue Mann in der ZDF-Programmdirektion, seine eigene Fastnachtssendung, musste Mainz von 1964 ab Jahr für Jahr gleich zweimal singen und lachen.

Probenarbeit

1964 (ARD): Humba, Humba, Humba, Tätärää

Den Auftakt machte am Mittwoch vor Fastnacht der Südwestfunk mit "Mainz, wie es singt und lacht", einem mehr als vierstündigen Programm, bei dem erstmals der Einzug des Komitees in voller Länge übertragen wurde. Zum Leidwesen der Kritiker freilich doppelten sich manche Sitzungsthemen, die Reisen des Bundespräsidenten Heinrich Lübke zum Beispiel oder der neue Bundeskanzler Ludwig Erhard, der es den Büttenrednern besonders angetan hatte.

Für den Höhepunkt der Sitzung hatten Ernst Neger und Toni Hämmerle gesorgt, die einen alten Gassenhauer zum Karnevalsschlager machten. Ihr "Humba, Humba, Humba, Tätärää" war ein Riesenerfolg, vom Publikum im Saal ebenso gefeiert wie von den Millionen am Bildschirm. Noch während der Sendung wollten über 70 Anrufer den Text des Fastnachtsschlagers vom singenden Dachdeckermeister haben. Sogar bei den Jüngsten hatte Negers "Humba, Humba, Humba Tätärää" gezündet. "Einen Tag nach der Fernsehsitzung", meldete eine Mainzer Zeitung, "stimmte es sogar eine ganze Schulklasse an, als der Lehrer etwas verspätet nach der Pause zum Unterricht kam. Der gute Mann war sichtlich erschrocken und ein arges Donnerwetter ging auf die Köpfe der jugendlichen "Sünder" nieder. Doch die Kinder, sie machten sich wenig draus..."

Als "Aktiven-Ehefrau" hatte Herbert Bonewitz seine Fernsehpremiere als Typenredner. Gleich bei seinem ersten Auftritt redete der Mann aus Gonsenheim Tacheles, gab es erste leise Kritik am närrischen Establishment. Bei den Zuschauern kam die Fernsehsitzung besser als in den Vorjahren an. Unzufrieden mit der Sendung aber waren viele professionelle Beobachter. Die geballte Pressekritik freilich hatten sich die Narren selbst zuzuschreiben. Sie war die Antwort der Journaille auf den "Bajazz", der in der Bütt gegen sie zu Feld gezogen war. Ihn hatte der "Spiegel" geärgert, der erstmals über Geld und Fastnacht schrieb, bis dahin eines der größten Mainzer Tabuthemen. Originalton "Spiegel" vom 3. Februar 1964: "Die Mainzer Ober-Narren erhalten für die Zweitausstrahlung ihrer Scherze ein zweites Mal den sechsstelligen Betrag, den sie schon beim Südwestfunk für die Erstsendung kassieren: rund 120 000 Deutsche Mark."

1964 (ZDF): "Mainzelmännchens Lachparade"

ZDF-Programmchef Brobeil: "Wir brauchen eine zweite Mainzer Sitzung!"

Im ZDF hatten die Mainzer Narren am Fastnachtssonntag Premiere. "Mainzelmännchens Lachparade" hieß die Uraufführung, ein Zusammenschnitt aus Fremdensitzungen der beiden traditionsreichsten Mainzer Karnevalsvereine MCV und MCC. In "Holzamers Digest", wie ein Chronist in Anspielung auf den ersten ZDF-Intendanten Professor Karl Holzamer die Sendung nannte, gab es noch einmal "Das Beste" aus den närrischen Volksversammlungen. Ein Teil des Programms kannten die Zuschauer bereits aus der Live-Übertragung "Mainz, wie es singt und lacht", auch wenn der eine oder andere Redner, der bei der ARD in der Bütt gestanden hatte, für das ZDF noch schnell in eine neue Rolle schlüpfte. "Aber wie wär's denn", fragte sich nicht nur die "Augsburger Allgemeine", "wenn sich das II. Programm fürs nächstemal etwas Neues einfallen lassen würde?". Handwerklich war die ZDF-Sendung vom Feinsten, professionell zusammengeschnitten, Vorträge um Längen und lokale Bezüge gekürzt. Die Moderation der Sitzungspräsidenten ersetzten kurze Kommentare eines Sprechers. Alles Zeremonielle aber, wie der Einmarsch der Garden oder das Singen gemeinsamer Lieder, war verschwunden. Sogar der gewachsene Ablauf der Mainzer Fernsehfastnacht stand beim ZDF Kopf. Statt wie gewohnt zum Schluss sangen die "Hofsänger" gleich zu Anfang. Doch im Trubel anderer Narrensendungen am Fastnachtssonntag ging "Mainzelmännchens Lachparade" unter. Nur 39 Prozent aller Fernsehgeräte waren eingeschaltet, das Presseecho dürftig. Und auch den Zuschauern gefiel das Original besser als die moderne Kopie des ZDF. "Es hilft nichts", erkannte der neue Programmchef der Mainzer Länderanstalt, Wolfgang Brobeil, nach der Sendung, "wenn wir mithalten wollen beim Karneval, dann müssen wir eine zweite Mainzer Sitzung gründen".

1965 (ZDF): Premiere für "Mainz bleibt Mainz"

Weil der Südwestfunk auch 1965 nicht auf seine angestammte Live-Übertragung aus dem Kurfürstlichen Schloss verzichten und das ZDF in seinem Programm dem Zuschauer nicht noch einmal die fast gleichen Akteure vorsetzen wollte, suchte das ZDF Kontakte zu anderen Vereinen und damit auch zu neuen Narren. Am Ende stand eine zweite Gemeinschaftssitzung aus Mainz, für die man die Prinzengarde und zwei Vorortvereine gewinnen konnte, die Mombacher "Bohnebeitel" und den Kasteler Carneval Club. "Mainz bleibt Mainz" hieß die neue Gemeinschaftssitzung im Kurfürstlichen Schloss, die im Schein von 30 Jupiterlampen mit einem Eröffnungsspiel begann und damit an alte närrische Traditionen anknüpfte.

Als Präsident führte erstmals Rolf Braun durch eine Fernsehsitzung, die auf Anhieb bei Publikum und Presse ankam. Für den Erfolg sorgten unter anderem auch zwei Gesangsgruppen, die bei "Mainz bleibt Mainz" ihre TV-Premiere hatten, die "Kellermeister" aus Kastel und die "Schoppesänger" aus Finthen, die von da ab zum musikalischen Stammpersonal der Fernsehfastnacht zählten. Mit von der Partie waren erstmals auch Margit Sponheimer und zwei Bütten-

Stammpersonal der Fernsehfastnacht, die "Kellermeister" aus Kastel

tenredner, die zu den meistbeschäftigten TV-Akteuren werden sollten, Jürgen Müller und Jochen Kunz. "Das Experiment ist gut geglückt", schrieb die Lokalzeitung nach der Premiere. "Daß es möglich ist, aus der gleichen Stadt eine zweite abendfüllende Sendung zuwege zu bringen und ihr ein gutes Echo zu sichern, mag anderswo als Phänomen erscheinen und – wer verstünde dies nicht – vielleicht auch ein wenig neidvoll zur Kenntnis genommen werden".

1965 (ARD): "Fest gespült hat nie Bayreuth"

Rund zwei Wochen später folgte die zweite Direktübertragung aus dem Kurfürstlichen Schloss: "Mainz, wie es singt und lacht", das Original sozusagen. Gleich fünf elektronische Kameras hatte der Südwestfunk dafür aufgeboten, der aus einem Singspiel der "Gonsbachlerchen" so eine furiose Opernschau machte: "Fest gespült hat nie Bayreuth". Gleich zwölf Redner waren bei der ARD in die Bütt gestiegen. "Till" und "Bajazz" nahmen wie gewohnt Politik und Politiker ins Visier, Adolf Gottron als "letzter Autofahrer" die neuen Verkehrsgesetze, und als "Gastwirt aus Bonn" berichtete Heinz Heuzeroth vom Treiben aus der Bundeshauptstadt. Der Rest war Kokolores, allen voran ein glänzend aufgelegter Friedel Panitz ("Oaand"), der als "Schlafwagenschaffner" für manchen "pencoratiblen Knalleffekt" sorgte. *"Wer den Schlaf nicht ehrt, ist das Wecken nicht wert"*.

Rolf Braun, der im ZDF den Sitzungspräsidenten gemimt hatte, stieg bei der ARD als Schweiz-Urlauber in die Bütt. *"Im Speisesaal abends, ich seh noch die Blicke, war'n mir, siebbe Kellner, der Wert unn drei Micke.'s gab echtes Fondue, do kriehste e Gabbel, merr hockt um en Kessel un stoppt sich de Schnabbel. Es Fett iss gespritzt bis enuff an ess Licht, ich war dauernd am Fische un habb nix erwischt. Uff äämol, do hör ich die Oma bloß lalle, do warer's Gebiss in die Schüssel gefalle. De Opa, seit Jahren vun Korzsicht betroffe, hott unne vum Brenner's Petroleum gesoffe. Dann beißt er uffs Fleisch und dann schreit er: ‚Auh weh, dess kann ich nidd esse, dess iss merr zu zäh.' Do sägt unser Oma: ‚Des Fleisch werrd noch klor, moi Zähn liehn im Dippe, die kau'n dir's weil vor!'"*

Für einen Aufstand des Publikums sorgte schließlich Ernst Neger, als er sein im Vorjahr aus der Taufe gehobenes „Humba, Humba, Humba, Tätärää" zum Besten gab. Die Männer und Frauen im Kurfürstlichen Schloss brachte der Gassenhauer so auf Touren, dass die Organisatoren Mühe hatten, die Live-Sendung unter Kontrolle zu halten. Immer wieder wurden die auf Negers Auftritt folgenden Büttenredner von Humba-Rufen unterbrochen, was die Zuschauer am Bildschirm dank einer geschickten Bildregie aber kaum mitbekamen. Trotzdem erkannten die Fernsehkritiker, "je mehr die närrische Uhr vorrückte, desto ausgelassener wurde die Laune der Jecken und des Publikums".

*Foto rechts:
Ernst Neger - "Humba, Humba, Humba, Tätärää*

Kokolores im Zweiten – Politik im Ersten.

Mit viel Vorschusslorbeeren startete Mainz in die nächste Kampagne. Bereits am 11. November 1965 zeigten sich die Narren auf dem Bildschirm, gingen die "Gonsbachlerchen" auf große Fahrt. "Klar Schiff zum Geschäft" hieß die Sendung im ZDF, das den Reigen der großen Fernsehsitzungen eröffnete. Mit "Mainz bleibt Mainz" und "Mainz, wie es singt und lacht" standen jetzt zwei Live-Übertragungen auf dem Programm, die das Image von Mainz als Fastnachtsmetropole weiter festigten.

"Märchentante" Karl Ott und Ensemble

"Der Karneval ist zum Exportartikel geworden", kabelte die Deutsche Presseagentur in jenen Jahren an ihre Kunden, "überall im Lande finden die Büttenredner mehr oder weniger begabte Nachahmer. Sicherlich hat das Fernsehen diese Entwicklung gefördert. Aber auch die Illustrierten, die Fastnachtsausgaben der Tages- und Abendzeitungen, haben diesen Trend unterstützt. Die saisonbedingte Fröhlichkeit ist nicht mehr landsmannschaftlich gebunden, sondern erfaßt auch den kleinsten Gesangverein in der Lüneburger Heide und den letzten Kegelclub im Kohlenrevier. Man trägt Fröhlichkeit, und der sonst so unnahbare

Peter von Hof interviewt "Politiker"

Oberbuchhalter, der im Büro eine respektgebietende Persönlichkeit ist, klebt sich eine Pappnase ins Gesicht, setzt sich einen komischen Hut auf, steigt hinter ein Rednerpult und versucht sich in der Kunst der witzsprühenden Büttenrede, um seine Vereinsbrüder und -schwestern zu erheitern. Menschen, die ein ganzes Jahr ernst und gesetzt ihrem Beruf nachgingen, die ihren Kindern strenge Väter sind, die im Alltag Humor nur unter H im Konversationslexikon finden, sind auf einmal wie umgewandelt, der ‚Bazillus Carnevalis' hat sie angesteckt und zu Spaßvögeln gemacht. Nicht jeder ist dabei ein brillanter Redner, oft hinken die Verse vorne und hinten, auch der Reim muß manchmal mit dem Holzhammer gefunden werden, immer jedoch wird das Bemühen deutlich, den Mitmenschen Freude zu machen. Die Kappenabende, Sitzungen und bunten Programme haben in allen Landesteilen Freunde gewonnen, und wenn auch der Elferrat nur aus drei Mann besteht und der vom Vereinskomitee gewählte Prinz Karneval weder ‚Kamelle' noch Blumensträuße unter das närrische Volk wirft, der Freude tut das keinen Abbruch. Es gehen Menschen plötzlich aus sich heraus und zeigen völlig neue, oft liebenswerte Seiten, von denen niemand das vermutet hätte".

Mit "Mainz bleibt Mainz", der neuen ZDF-Sendung, kamen viele neue Gesichter auf den Bildschirm. Die "Gonsbachlerche" Willy Wohn als Solist zum Beispiel oder Karl Ott, der ins Kostüm einer "Märchentante" schlüpfte. Auch formal spielte man mit neuen Ideen. So baute Peter von Hof Tonband-Mitschnitte von Politikerreden in seinen Auftritt ein und zeigte damit, dass der Rahmen zur Gestaltung närrischer Vorträge noch lange nicht ausgeschöpft war. Im Kampf um die Publikumsgunst setzte man beim ZDF auf Kokolores, der im Sitzungspräsidenten Rolf Braun seinen größten Fürsprecher hatte. Politischer dagegen gab man sich bei der ARD, deren Stammseher die Tradition der Mainzer Fastnacht inzwischen zu schätzen gelernt hatten.

1966 (ZDF): "Als geheilt entlassen"

Heinz Koch und Heinz Schier gehörten zu den ersten Kämpen der Fernsehfastnacht. Kein Wunder, dass das ZDF für seine neue Sendung "Mainz bleibt Mainz" gern auf die beiden Mombacher Redner zurückgriff. So stand Schier nach seiner erfolgreichen Rolle als "Götz von Berlichingen" jetzt als "Lügenbaron Münchhausen" auf der Bühne. Und mit einem Zwiegespräch knüpfte Koch an seinen Erfolg als "Bauherr" an. Hanns Halama, der Protokoller, trat in Gardistenuniform in die Bütt. Bilder, die dem Zuschauer signalisierten, dass im Zweiten die Uhren anders ticken als im Ersten, wo der Protokoller wie gewohnt im dunklen Schwarzen erschien. "Als geheilt entlassen" kam das Duo Köchy/Grall, zwei Ulknudeln in Anstaltskleidung, die den Saal aufmischten. Für den größten Schwung auf dem närrischen Karussell aber sorgten wie schon im Vorjahr die beiden Gesangsgruppen aus dem Mainzer Umland, die "Kellermeister" aus Kastel und die "Schoppesänger" aus Finthen. Zwei Teams, mit denen das ZDF "Hofsängern" und "Gonsbachlerchen" Paroli bot, die zum Stammpersonal des Ersten Programms gehörten.

Bewährte Ulknudeln: Karl Köchy und Karl Grall

1966 (ARD): " ... SONDERN MAL KÜRZER TRETEN TÄT."

Während das Zweite Deutsche Fernsehen auf Klamauk und Kokolores setzte, spielte man bei der ARD die politische Karte. *"Man braucht nicht um die Zukunft bangen, doch wär' es gut, wie Ihr versteht, wenn man nicht immer mehr verlangen, sondern mal kürzer treten tät",* las der "Till" 1966 den Zuschauern die Leviten. Die Wirtschaftswundergesellschaft hatte erste Risse. *"Denkt einmal nach in aller Stille: Wir sitzen doch in einem Boot. Durch unsere Wirtschaftswunderbrille sah'n wir bis gestern rosarot".* Kritik an der Wirtschaftswundergesellschaft kam auch von Heinz Heuzeroth, der in die Rolle eines "Schreiners" geschlüpft war: *"Eine alte Schreiner-Regel: 2 mal messen – 1 mal schneiden – bei uns will jeder erst seinen Schnitt machen – und dann sieht man – wie vermessen das war."*

Den Kokolores-Trumpf freilich zog wieder einmal Rolf Braun. *"Maoi Fraa wiegt zwää Zentner, ich zwäähunnert Pund",* begann er seinen Vortrag über Diätkuren. *"Jetzt darf ich zum Frühstück kää Flaschebier trinke, um 10 Uhr gibt's Fruchtsaft und 30 Gramm Schinke, um 12 Uhr e Boullion, do find'ste kää Nudel, zum Kaffee drei Erdnüss unn Fachinger Sprudel. Zum Nachtesse streck ich de Bauch an de Ofe, ich wärme die Boullion unn dann geh ich schlofe."*

Verstanden sich auf Anhieb: Sitzungspräsident Braun und Programmgestalter Brobeil

1967 (ZDF): Bayern-Show in Sepplhosen

Auch 1967 blieb das ZDF mit "Mainz bleibt Mainz" seinem inzwischen bewährten Rezept treu, schickte lieber Gesangsgruppen in bunten Kostümen, Ballettmädchen und Schnellzeichner ins Rennen um die Publikumsgunst als Büttenredner, die politisch was zu sagen hatten. "Dieses Mainz", merkte der "Kölner Stadtanzeiger" nach der Fernsehsitzung deshalb an, scheint "doch nicht mehr ganz jenem zu entsprechen, das einst unter der Narrenkappe um politische Freiheit rang ..."

Die "Märchentante" Karl Ott samt ihrer im Ringelreigen umherhüpfenden Kinder, die Mombacher Humorgaranten Heinz Koch und Heinz Schier sowie die Kasteler Redner-Asse Jürgen Müller und Jochen Kunz sorgten für jene Fastnacht, die das ZDF damals von der ARD unterschied. Zu "Schoppesängern" und "Kellermeistern" hatte sich zudem eine weitere Gesangsgruppe gesellt, die in krachledernen Sepplhosen mit einer "Bayern-Show" ihren Einstand gab. "Kreiselspatzen" nannte sich die neue Truppe, die mit Schlager- und Popsongs das Narrenschiff so auf Touren brachten, dass sich professionelle Chronisten im Rückblick auf die Sendung fragten, "ob es die Mannen vom MCV und MCC mit ihren in den letzten Jahren doch etwas stagnierenden Standardfiguren am nächsten Freitag überhaupt noch besser machen können".

1967 (ARD): "Unser Hofballett ... so knackig ..."

Die so an "Mainz, wie es singt und lacht" gestellten Erwartungen machten die Programmgestalter beim SWF nervös. Erstmals wurde das Programm nach zwei Probeaufzeichnungen kurzfristig geändert, Friedel Panitz und die beiden Putzfrauen "Frau Babbisch und Frau Struwwelich" aus der Sendung genommen. Erstmals auch hatte das Tauziehen, wer auftreten darf oder nicht, die Öffentlichkeit bewegt, interessierten sich die Klatschspalten der Illustrierten für die Mainzer Akteure.

Inzwischen regierte in Bonn eine große Koalition, war Bundeskanzler Erhard wegen Haushaltsproblemen zurückgetreten, viel Stoff für die politischen Redner also. *"Die CDU war erst recht munter, ihr Kurs ging vor der Wahl schön rauf, dann ‚barzelte' er wieder runter und Brandt kauft ihre Aktien auf. Doch beide Großaktionäre war`n plötzlich für die Tauschaktion und machten Kiesinger, welch Ehre, zu ihrem neuen Kompagnon. Die Rechnung tat man präsentieren Herrn Erhard, der hätt` das verpatzt. Er muss den "Wechsel" akzeptieren, und hofft im Stillen, dass er ‚platzt'. Trotz Schulden gibt es keine Pleite, weil die Bilanz nun korrigiert, denn Brandt, einst auf der ‚Passivseite', wird als Gewinn jetzt aktiviert ..."*

In der Rolle eines "Komiteedieners" verschärfte Herbert Bonewitz seine Attacken gegen das närrische Establishment, zu dem er vor allem den Elferrat zählte. *"Unser Hofballett ... so knackig ... jung ... unn sehr adrett! Doch flirten? – Das is mir zu dumm! Da drängele sich ganz annern rum! Die Sprüch ... des Schmuse ... all den Kitt ... mir Alte könnte da nit mit! Bis ich mit meine Händ, bin da, sinn vor mir zwanzig annern draa!"* Doch auch Bonewitz konnte den Abwärtstrend der Sendung nicht stoppen. Zwar zählte die Fernsehfastnacht noch immer mehr Zuschauer als die meisten anderen Unterhaltungssendungen im deutschen Fernsehen, in der Gunst des Publikums aber sank sie weiter.

1968 (ZDF): Die Fastnacht wird farbig

Im August waren die Bilder bunt geworden, hatte mit dem Farbfernsehen ein neues Medienzeitalter begonnen. Ungebremst deshalb das Interesse der Illustrierten und Zeitungen an Hintergrundgeschichten zur närrischen Farbpremiere. "Damals", erzählt Dieter Brandt aus jenen Tagen, "war ich noch zu unbedarft und merkte noch nicht, dass die Regenbogenpresse uns Narren nur aus der Reserve locken, Interna erfahren wollte. Ich war damals als junger Anwalt zugelassen und ließ mich arglos in Robe am Arbeitsplatz fotografieren und über private Dinge ausfragen. Ebenso wurde Dr. Scheu als Zahnarzt "am Stuhl" interviewt. Der Erfolg war, dass ich bei der Anwaltskammer ein standesrechtliches Verfahren wegen ‚unzulässiger Werbung' angehängt bekam …"

Fast vier Stunden währte "Mainz bleibt Mainz", zu dem Willy Brandt, Deutschlands damaliger Außenminister, in letzter Minute angereist war. Mit "Kreiselspatzen", "Schoppesängern" und "Kellermeistern" hatte das ZDF ein Stimmungspaket geschnürt, das sie mit den "Gonsbachlerchen" krönten. Mitgebracht hatte die Sänger der Gonsenheimer Carneval Verein, der als vierte Korporation zu KCK, Bohnebeitel und Prinzengarde gestoßen war. "Viel Witz, viel sonniger, goldischer Määnzer Humor, manche pointierte, zielsichere Glosse, närrischer Klamauk mit artistischem Schwung, attraktive Balletteinlagen, beste Stimmung im Haus – es war einfach alles da", urteilte "Die Rheinpfalz" aus Ludwigshafen, welche die vierte Mainzer ZDF-Sendung als die bislang beste empfand.

1968 (ARD): Elferrat im Pop-Kostüm

"Der Mensch", startete der "Till" ins närrische Jahr, *"als jüngster Mondlandstreicher fand in Apollo 8 den Lohn, sie machte ihn erfahrungsreicher und nahm ihm eine Illusion. ‚Ach guter Mond, Du scheinst so helle', wenn Du das Kinderlied noch kennst. Jetzt ist's 'ne große, graue Stelle, es ist nicht alles Gold, was glänzt"*. Wissenschaftler hatten den erdnächsten Trabanten erforscht, den Narren alle Illusionen genommen. Da blieb viel Platz für "urkohlig Gebabbel", das 1968 auch bei der ARD höher im Kurs stand als politische Pointen.

"Man hörte eine Gardinenpredigt an die Frauen am Steuer, einen fürwitzigen Schulbuben, den Immer-noch-Bürotrottel, einen Urlauber vom Kongo, eine schnappige Putzfrau, zwei Bänkelsänger, ein anschauliches Ballett, viele Nummern für einen großen bunten Abend", schrieb ein Kritiker nach der Sendung, die Rolf Braun mit einem schon älteren Vortrag als Lottogewinner krönte. *"‚Wer suchet, der findet', mir habbe gefunne die richtige Zahle, jetzt hammer gewunne. Vorbei iss die Zeit, wo man auf uns nur schaute, jetzt zähle mer selbst zu de "Haute Volaute". Jetzt hammer e Butzfraa, jetzt hammer e Villa, bei uns liegt e Fußmatt, die iss aus "Chinchilla". Die Möbel, echt ‚Schippenstiel', ‚Lui Kartorze', aus altindisch Sperrholz mit künstliche Knorze ..."*

Zum Auftakt der Farbfernseh-Ära hatte der Südwestfunk mit Leber, Schiller und Strauß gleich drei Bundesminister aufgeboten. Und selbstverständlich trug auch die ARD den von jetzt an möglichen bunten Bildern aus dem Schlosssaal Rechnung. So steckten die Programmgestalter den Elferrat, der bis dahin im schwarzen Frack präsidierte, in poppig-bunte Kostüme, den Sitzungspräsidenten ins Zirkuskleid. Ganz zeitgemäß wollten sich auch die "Hofsänger" geben, die in Schockfarben kamen. Spätestens da dürfte die Anpassung der Narren an das Medium Fernsehen auch dem letzten Zuschauer klar geworden sein.

Gäste 1968: Die Bundesminister Schiller, Strauß und Leber samt OB Fuchs

1969 (ZDF): Umzug in die Rheingoldhalle

"Herzliche Grüße aus der neuen Mainzer Bahnhofshalle" überbrachte Sitzungspräsident Rolf Braun zum Auftakt der ZDF-Sitzung 1969. Zum Unmut des Mainzer Oberbürgermeisters, der mächtig stolz auf die neue Rheingoldhalle war. Der richtige Rahmen für eine große Narrenschau, dachte man auch beim ZDF, wo man sich auf die breite Bühne freute, um aus "Mainz bleibt Mainz" eine bunte Revue zu machen.

Zeitgemäß das Programm, in dem närrische Aktionen dominierten, "ob in ‚Dr. Eisenbarts rollendem Sanatorium' oder in den flinken Strichen des ‚Malers Klecksel', in dem Ulk der ‚vier Karle' und der schnorreswackelnden Jahnjünger oder in der Waschküche der ‚Putzfrauen'. Nur Protokollchef Joe Ludwig formulierte zeitkritisches Glossarium geistreich unter der schlichten Kapp, während Herbert Bonewitz sein Mundwerk der Schüler-Apo lieh und Jochen Kunzens enzyklikatreue ‚Hebamme' dem Pillenthema die humorvollen Seiten abgewann. Ganz auf dieser Welle sauste ‚Winterurlauber' Jürgen Müller über die Skipisten, ohne mit ‚Dr. Unblutig', Hans Barnarius, Bekanntschaft zu machen", faßte die Lokalzeitung den Abend zusammen, der reibungslos über die Bühne gegangen war.

Erfolgsgespann: Ernst Neger und Toni Hämmerle (1971)

1969 (ARD): "Ui-jui-jui-jui-jui-jui-jui-au-au-au-au-au"

Der Hang zur Perfektion, bedingt durch die gewachsenen Ansprüche der Zuschauer, prägte auch die Konkurrenzsendung "Mainz, wie es singt und lacht". So hatte der Südwestfunk die behäbige Altherrenriege, die seit Anfang der Fernsehfastnacht durch das Programm führte, durch ein neues Gespann ersetzt. Bernd Mühl (MCC) und Karl Müller (MCV) hießen die neuen Sitzungspräsidenten, die auf feierlichen Komitee-Einzug, alle Prologe und überflüssigen Worte verzichteten.

Sitzungspräsident Bernd Mühl

"Till" und "Bajazz" sorgten neben Heinz Heuzeroth, der diesmal als "Koch" kam, für die bewährten politischen Spitzen, der zum "Butler" avancierte "Bürotrottel" Herbert Jakob *("Mein Dienst begann morgens, so kurz nach dem Sex")* und andere für den Kokolores. Den Abend aber räumten die "Bänkelsänger" ab. Wilfried Rudolph und Lutz Franck, die ihre Verse am Ende mit einem hintersinnigen "Ui-jui-jui-jui-jui-jui-au-au-au-au-au" unterstrichen. Einem einfachen, aber um so eingängigeren Singsang, der sich bis heute in der Mainzer Sitzungsfastnacht gehalten hat und immer dann ertönt, wenn das Publikum seinen Un- oder Übermut besonders lautstark zu artikulieren sucht.

"Der Abend im neuen Saal, dessen Dimensionen die Verständigungsbrücke zwischen Podium und Publikum zuweilen belastete", deutete die Lokalzeitung vorsichtig erste Probleme mit dem neuen Sitzungssaal an, "war ein Erfolg, an dem auch die Zaungäste vor der Mattscheibe teilhaben konnten. Das Fernsehen, als Segen und Schaden der Fassenacht erkannt, beließ den karnevalistischen Kapriolen dieses Abends ihren spezifischen, ursprünglichen Reiz".

ZDF-Fernsehorden 1965-1971

1970 (ZDF): "Tusch, Begrüssung: Auf zum Feste!"

Um die Gunst neuer Zuschauer zu gewinnen, kippte das ZDF erneut ein Stück Tradition, rückte die närrische Regierungsbank zur Seite und verbannte den Elferrat an den Bühnenrand. Schuf so noch mehr Platz auf der Bühne, wo die "Schnorreswackler" mit Fahrrädern für artistische Einlagen sorgten. Die ganze Bühne nutzten auch die "Gonsbachlerchen", die mit "Gallensteins Lager" eine witzige Persiflage auf die Bundestagswahl lieferten, die den Deutschen eine sozial-liberale Koalition gebracht hatte. Mit Rudi Zörns als "Weinkönigin" hatte zudem ein neuer Büttenredner seinen Einstand im Fernsehen. Und Herbert Bonewitz nahm als "Büttenschieber" die Selbstgefälligkeit des Saalpublikums aufs Korn nahm.

1970 (ARD): "Gegenwärtig ist es eben chic, links zu sein"

Ein paar Tage später rückte der Südwestfunk die närrische Regierungsbank wieder in die Mitte der Bühne, platzierte das Komitee bei "Mainz, wie es singt und lacht" am angestammten Platz. Der "Bajazz" hatte erstmals sein Kostüm ausgezogen, doch seine Verse blieben weiter bissig, gab es mit der neuen Regierung doch auch eine neue Zielscheibe. Den neuen politischen Wind, der in Bonn zum Regierungswechsel geführt hatte und Rednern und Gesangsgruppen reichlich Stoff lieferte, bekamen übrigens auch die Fastnachter zu spüren. So ging ein Großteil der Presse, Spiegelbild der öffentlichen Meinung, auf Distanz zum Mainzer Altherren-Karneval, rümpfte über die meist konservativen Büttenredner die Nase.

"Gegenwärtig ist es eben chic, links zu sein", erkannte selbst die Lokalzeitung, die in ihrem Leitartikel das Fest gegenüber auswärtigen Kritikern in Schutz genommen hatte . "Gewiß ist das, was hinter den Kulissen der närrischen Kabinette in Mainz zuweilen an Rankünen und Eifersüchteleien zwischen rivalisierenden Korporationen geboten wird, weit davon entfernt, als Humor verstanden zu werden. Es wäre aber falsch, wollte man zeitbedingte Entartungen, die durch äußere Einflüsse bewirkt werden, als Argument dafür nehmen, den Stab über die Mainzer Fastnacht generell zu brechen ..."

Mainz im Umbruch: Die Vorortfastnacht wird salonfähig

Der Wandel der Mainzer Fastnacht kam im Februar 1969 auf einer Podiumsdiskussion in der Volkshochschule erstmals öffentlich zur Sprache. Zur Debatte stand die Frage: "Ist die Mainzer Fastnacht tot?" Die Sterbeurkunde aber wollte dem Fest damals keiner ausstellen. Die Fernsehmacher verteidigten ihre Eingriffe in den Volksbrauch, meinten, nur so sei die Fastnacht exportfähig. Die Karnevalisten dagegen, an ihrer Spitze Joe Ludwig, warnten davor, die Gefahren des Mediums zu unterschätzen. Wenn das Fernsehen kleine Büttenredner zu großen Stars mache, verlören sie ihre Fähigkeit zur Selbstironie, die ja den wahren Narren erst ausmache. Ob das Medium der Fastnacht mehr schade oder nutze, blieb an diesem Abend offen. Einig waren sich alle nur, dass die Saalfastnacht im Umbruch war.

Ohne Zweifel hatte die vom ZDF ins Programm gerückte zweite abendfüllende Übertragung aus Mainz die bis dahin starre Fastnachtslandschaft in Bewegung gebracht. Als das Zweite zu senden anfing, hatten MCV und MCC ihr Fernsehmonopol verloren. Bis dahin waren diese beiden Vereine das Nadelöhr, das jeder passieren musste, der auf den Bildschirm wollte. Wie ein Magnet, registrierte der Medienwissenschaftler Klaus Rost, der über die Fernsehfastnacht promovierte, hatten die beiden großen Vereine alle närrischen Talente angezogen. Die ZDF-Sitzung aber eröffnete neue Chancen, brachte das Personalkarussell in Schwung.

Fast gleichzeitig war an den deutschen Hochschulen eine neue Generation herangewachsen. "Happeningstudenten" nannten sie die Narren abschätzig. Junge Leute, "die so links denken, dass ihnen überhaupt nichts Rechtes mehr einfällt". Ihre Suche nach neuen Wegen und Lebensinhalten aber war auch in den Karnevalsvereinen zu spüren. Zwar gaben dort meist noch die Alten Herren den Ton an, viele Aktive aber wollten nicht länger mehr Marionetten der Bosse sein.

Schon Ende 1967 war es zum ersten Aufstand gekommen, revoltierten die "Gonsbachlerchen". Vor fast einer Million Zuschauern hatten sich die Gonsenheimer Sänger bis dahin gezeigt, bei fast 1 000 Auftritten vor, während und nach der Fastnacht. Harte Arbeit, die viel Zeit in Anspruch nahm. In einem Brief an den MCV kündigten sie deshalb ihre Mitarbeit. *"Wir waren noch glücklich, als in den ersten Jahren unseres Mitwirkens die Zahl der für uns maßgebenden Sitzungen mit 10 begann und sich bis zu 12 und 13 Auftritten bewegte. Als diese Zahlen in den Jahren 1960 bis 1962 (14/15 Termine) überschritten wurden, erhoben wir erstmals bittend und mahnend zugleich unsere Stimme. In zahlreichen Sitzungen und Versammlungen prägten wir das Wort vom "Verheizen der Aktiven".*

Wir wollten damit nicht mehr und nicht weniger, als auf die Unzumutbarkeit dieser Belastung unter dem Aspekt ehrenamtlicher Tätigkeit bei steigender beruflicher Inanspruchnahme hinweisen ... In diesem Jahr nun ist der Terminkalender im Sinne unserer Ausführungen wiederum umfangreicher geworden. Einmal mußte auch unser Verständnis und unsere Rücksichtnahme am Ende sein ..."

Dem Beispiel der "Gonsbachlerchen" folgten andere. Rolf Braun warf beim MCV das Handtuch, die beiden "Putzfrauen" Otto Dürr und Georg Berresheim gaben dem MCC den Laufpaß. "Fastnacht ist für mich Hobby", verriet der "Till", Dieter Brandt, der im April 1969 den Aufstand der Aktiven gegen verkrustete Vereinsstrukturen und fastnachtsfremde Programmgestalter probte. Rund fünfzig Büttenredner und Sänger waren seiner Einladung in eine Mainzer Gaststätte gefolgt, wo Brandt den Aktiven vorschlug, sich der Fernsehfastnacht zu verweigern. "Ich versuchte", erinnerte sich der Jurist Brandt später an den närrischen Staatsstreich, "in der öffentlichen Diskussion die Absurdität der Verträge zwischen Vereinen und Fernsehanstalten aufzuzeigen, nach denen die einzelnen beteiligten Korporationen verpflichtet sind, einen Redner oder jeden Programmpunkt für die Fernsehsendung abzustellen, wenn das Fernsehen diese Nummer haben will, völlig unabhängig davon, was der betroffene Aktive dazu sagt. Die Verträge zwischen Fernsehen und Vereinen enthalten also nach wie vor rechtlich relevante Bestimmungen zu Lasten der Akteure, obwohl nach der gültigen Rechtsordnung jeder Vertrag zu Lasten eines Dritten ohne dessen Zustimmung unwirksam ist".

Herbert Jakob als "Butler James"

Brandts Vorschlag damals: Die Akteure organisieren sich selbst, stellen aus ihren Reihen eine eigene Sendung auf die Beine, bei der jeder Aktive direkt entlohnt wird, wobei die Gagen sozialen Zwecken zugute kommen sollten. Revolutionäre Ideen waren das, welche die Chefs der großen Karnevalsvereine auf die Palme brachten. Brandts Versuch, eine Redner-Gewerkschaft zu gründen, war so zum Scheitern verurteilt. Enttäuscht kehrte er dem MCC den Rücken – und mit ihm Herbert Jakob, der in jenen Jahren auf der Fernsehbühne als "Butler" von sich reden machte.

LESER SCHREIBEN ZUR FERNSEHFASTNACHT

Im Sommer 1969 startete die bis dahin größte Diskussion über die Zukunft der Fastnacht. Hanns Halama, Redakteur bei der "Mainzer Allgemeinen Zeitung" und bewährter Protokoller, hatte den Meinungsaustausch mit einem Vorschlag im Lokalteil ausgelöst. Beide Fernsehanstalten sollten sich zusammenschließen und künftig nur noch eine Fastnachtssendung aus Mainz in den Äther schicken, "ohne Rücksicht auf Vereinszugehörigkeit und Funktionärsdenken, dafür aber auf der Basis echten Leistungsprinzips. Wen in Hamburg, Berlin oder München, geschweige denn in Österreich, Luxemburg oder in der Schweiz interessiert es schon, von welchem Verein dieser Redner oder jener Sänger kommt? Für 95 Prozent aller Bildschirm-Normalverbraucher sind sie alle die Määnzer ... Die Eigenart der Mainzer Fastnacht, nämlich den literarischen, mehr noch den politischen Karneval zu wahren, muß das Anliegen der Vereinsvorstände bleiben. Das hieße: Fernseh- und Fastnachts-Experten müßten noch besser und gleichberechtigter zusammmenarbeiten und dabei auch darauf achten, daß der Geist nicht vom Klamauk breitgetreten wird ... Eine solchermaßen konzentrierte und aktivierte Mainzer Sendung sollte nicht mehr live, sondern als Aufzeichnung über den Bildschirm gehen, damit auf diese Weise jede unnötige Länge rechtzeitig erkannt und vor allem jede, bisher als Grundübel empfundene Themenwiederholung vermieden wird. Und auch dies: die schöne, weiträumige Mainzer Rheingoldhalle ist für eine fastnachtliche Fernsehsendung nicht geeignet, weil auf Grund ihrer Größe dort jene Intimität fehlt, die das Publikum zum Mitspielen zwingt. Deshalb sollte man – nur für die Fernsehübertragung – wieder in das Kurfürstliche Schloß zurückkehren, dorthin, wo die Narrhallesen ganz familiär Backe an Backe sitzen, sozusagen selbst zur Atmosphäre werden und damit jene Komparserie darstellen, die für eine Mainzer Fastnachtsstimmungs-Dokumentation unbedingt notwendig ist."

Halamas Vorschläge, weder mit Vereinen noch Fernsehmachern groß abgesprochen, beherrschten wochenlang die Leserbrief-Spalten. "Die Fernsehsitzung ist im Eimer, das and're kriegen wir noch klein und feiern Fassenacht allein!", meinte einer. Und ein anderer fragte sich angesichts des Trends, die politische Fastnacht aus dem Programm auszuklammern: "Ist denn der Auftritt im Fernsehen soviel wert, daß man sich wie süchtig danach drängt, und das oder nur soviel sagt, wie es die Oberen gestatten? ... Es mangelt in Mainz nicht an Material für abendfüllende Sendungen, es mangelt hier wie überall an Männern, die denen da oben sagen: Bis hierher und nicht weiter!"

Wilhelm Glückert, Sohn des großen Mainzer Büttenredners Seppel Glückert, forderte öffentlich gar eine Fernsehpause für die Mainzer Fastnacht, ein Ende des Wettbewerbs, den sich ARD und ZDF im Rennen um die Gunst der Zuschauer in den letzten Jahren geliefert hatten. Aber auch aktive Fernsehfastnachter wie Ernst Mosner meldeten sich zu Wort. "Die Fastnacht in Mainz ist zum Betrieb geworden, mustergültig programmiert, terminlich abgesprochen, peinlich sortiert in Gruppen und Grüppchen, Prestigedenken und Gefühle stehen vielfach im Vordergrund bei Männern, die sich berufen glauben, den Mainzer Humor, den weitgerühmten, zu hegen und zu pflegen. Und nichts, scheint mir, ist ihm abträglicher, als gerade die Korsettstangen des Managements."

Mosner störten vor allem die "dirigistischen" Einflüsse des Fernsehens auf die Fastnacht. "Nach meiner Meinung sollte das Fernsehen sich auf das Zuschauen beschränken wie bei einem Fußballspiel oder einer sonstigen sportlichen Veranstaltung, wobei es keinem Franz Beckenbauer vorschreibt, wieviel Tore er zu schießen hat, keinem Schiedsrichter, wann und wie oft er pfeifen muß, keinem Stabhochspringer und Speerwerfer, wie hoch und weit sie zu springen und zu werfen haben ... Wenn die Experten der Fastnacht innerbetrieblicher Schwächen nicht baldigst Herr werden, dann wird das Fernsehen, in völliger Wahrung seiner Interessen, sich nach seinem Gusto die Redner kaufen, und zwar mit dem Geld, das es jährlich für die Sendungen an die Karnevalsorganisationen auswirft. Mit diesem Geld kann es eine Rednerstreitmacht fürstlich dotieren, und ich bin sicher, daß dies des Fernsehens feste Absicht ist ..."

Hanns Halama, AZ-Redakteur und Protokoller

Fast sechs Wochen dauerte die Diskussion um die Fernsehfastnacht, unter die ihr Auslöser, Hanns Halama, schließlich einen Schlußstrich zog. "Fest steht auf jeden Fall, daß der Konkurrenzkampf zwischen ARD und ZDF eine der Hauptursachen dafür ist, daß Mainz heute ‚grollt und schmollt'. Sollte dieser für Mainz abträgliche Prestigezweikampf der Programmdirektoren nicht vom Fernsehkoordinator kategorisch beendet werden können, dann müßte ich tatsächlich in den Ruf ausbrechen, der mir schon seit Jahren auf der Zunge liegt und der auch in der Diskussion angeklungen ist: ‚Schluß mit dem Fernsehen! Laßt uns wieder die Mainzer Fastnacht als Volksfest im eigenen Hause feiern! Wer dieses Volksfest im Original erleben will, der sei in Mainz herzlich willkommen!"

Fernsehfastnacht in der Krise

Anfang der 70er Jahre war die Fernsehfastnacht in ihre erste große Krise geraten. Der Umzug in die Rheingoldhalle hatte das Stimmungsbarometer gedrückt, zudem fehlten die innovativen Kräfte auf der Bühne. 1971 griff man beim ZDF deshalb erstmals auf fremde Akteure zurück, auf elf "Zylindermänner" zum Beispiel, die sich ihre Bäuche bunt bemalt hatten.

Die Gralshüter der Mainzer Fastnacht brachten solche Programmentscheidungen in Rage. Sie fürchteten um den Ruf ihres Festes, dessen Image der Kulturdezernent der Stadt in einem Buch (Anton M. Keim: "11mal politischer Karneval") festgeschrieben hatte. Keims "Weltgeschichte aus der Bütt" war ein Plädoyer für den politischen Karneval. "Zwischen Fastnachtsklamauk und politischem Karneval besteht ein künstlerischer Unterschied wie zwischen Operette und Bert Brechts epischem Theater."

"Ist der politische Karneval wirklich tot, daß man auch in Mainz auf banale Themen ausweichen muß?" fragten sich sorgend auch die Fernsehkritiker der APO-Zeit. "Stoff genug zu pointierten Sentenzen hat die Politik doch in jüngster Zeit geliefert. Oder liegt es am Fernsehen, das sich scheut, delikate Fragen aufzugreifen? Wäre dem so, sollte es auf Mainzer Fastnachtssendungen verzichten ..." Vorerst aber gab es immer noch zwei.

"Zylindermänner" 1971

1971 (ZDF): "Jugend in die Bütt"

Erste Frau auf närrischer Fernsehbühne: Anneliese Wilbert

1971 schickte das ZDF erstmals Frauen und Kinder in die Bütt. Um zu zeigen, dass auch die Jugend Teil der Fastnacht ist, für die im gleichen Jahr die Sendung "Jugend in die Bütt" eingerichtet wurde, begann "Mainz bleibt Mainz" mit dem Vortrag eines Mädchens, der Tochter des Büttenredners Jochen Kunz. Ganz allein auf der großen Bühne der Rheingoldhalle plauderte sie aus ihrem Familienleben. Wenig später hatte erstmals eine Frau als Büttenrednerin ihre Fernsehpremiere. Anneliese Wilbert hieß die Dame, die als "Modejournalistin" eine Lanze für den Minirock und "Klarsicht" brach.

Ansonsten setzte das ZDF auf drei Gesangsgruppen und die Kalauer-Könige Zörns, Müller, Kunz und Jakob. Und zum Schluss stieg Sitzungspräsident Rolf Braun als Zeitungsreporter wieder einmal selbst in die Bütt, als Feld-, Wald-, und Wiesen-Redakteur auch für Kultur zuständig. *"Es gibt jo Regisser, die sich nidd genier'n unn aach unser Märcher noch umfunktioniern: Do feiert Schneewittche mit all ihre Zwerge e Orgie mit Rotwoi dort hinner de Berge. Es Hänsel un Gretel, die platze vor Neid, weil de Froschkönig dauernd beim Rotkäppche leit. Unn hinner de Hecke, do wart es Dornrösje, sie leiht uff em Sofa im Schlafanzug-Hösje. Unn sägt dann zum Prinz: "Oh, ich wusst, du wirst kommen, ich hab um halb acht schon die Pille genommen!"*

1971 (ARD): "Opas Karneval"

Viel mehr Politik bot auch die ARD nicht, die mit "Mainz, wie es singt und lacht" 1971 ebenfalls in der Rheingoldhalle zu Gast war, wo sich unter den zweitausend Gästen auffallend viele Bonner Politiker fanden. Auf das Protokoll hatte man verzichtet, Willi Scheu, den alten "Bajazz mit der Laterne", ins Kostüm eines Zirkusdirektors gesteckt. "Las Vegas am Rhein" zauberten die "Finther Schoppesänger" auf die Bühne, und Adolf Gottron kam als "Letzter Wähler". Als närrisches Duo glänzten die beiden alten Männer der Fastnacht, Ernst Neger und Willi Scheu, die als "Fastnachtspensionäre" von sich reden machten. "Alte Herren mimten für alte Herren auf närrisch – Opas Karneval", spottete eine Fernsehzeitschrift deshalb nach der Sitzung.

"Immer die gleichen Gesichter" und "keine neuen Impulse" notierten auch die Forscher, die damals im Auftrag der beiden Fernsehanstalten die Zuschauer nach ihrer Meinung zur Fernsehfastnacht fragten, in ihre Erhebungsbögen. "Würde Ihnen persönlich im nächsten Jahr eine Übertragung aus Mainz genügen, oder soll es bei den beiden Übertragungen bleiben?", wollten sie wissen. 51 Prozent der Zuschauer wollten nur eine, 49 Prozent zwei Sendungen. Ein Ergebnis, das keine schnelle Entscheidung nahelegte.

Fernseh-Stammgast Herbert Bonewitz (1981)

1972 (ZDF): Bordfest mit den Kreiselspatzen

1972 schien die Narrenwelt zunächst in Ordnung. Nach Experten-Meinung war "Mainz bleibt Mainz" ein gelungener ZDF-Abend, bunt und zügig arrangiert, mit einem glänzenden Herbert Bonewitz in der Hauptrolle, der als Meinungsforscher der Fastnacht ironisch auf die Spur zu kommen suchte. Leitende Ministerialbeamte und Kanalarbeiter hatte er dazu interviewt, Fastnachtskritiker und Frohsinnsfunktionäre. Ein köstlicher Spaß, der um die Zukunft der Mainzer Fastnacht nicht fürchten ließ. Die "Hofsänger" waren vom Ersten zum Zweiten Programm gewechselt, um dort mit ihrem bewährten Potpourri die Sendung zu krönen. Ein "Bordfest" hatten die "Kreiselspatzen" arrangiert, die "Gons-

Rudi Zörns als "Silberbräutigam" (1971)

bachlerchen" kamen mit einer "Hofsänger"-Persiflage, einer turbulenten Fernsehschau. Und auch die Kokolores-Riege hielt, was die Namen versprachen. Jürgen Müller als "Playboy", Jochen Kunz als "Schönheitsberater", Rudi Zörns als "Silberhochzeiter". Drei Stunden Mainzer Fassenacht, die auch den Bundestagspräsidenten von Hassel neben dem rheinland-pfälzischen Ministerpräsidenten Kohl im Saal amüsierten.

1972 (ARD): Pfiffe für die Fernsehfastnacht

Angesichts der gelungenen ZDF-Sendung geriet die ARD in Zugzwang. Beim Südwestfunk setzte man deshalb auf ein völlig neues Konzept, ersetzte den bewährten Programmgestalter Horst Scharfenberg durch den Mainzer Metzgerssohn Otto Höpfner. Höpfner hatte seine Show-Karriere in der Mainzer Fastnachtsbütt begonnen (siehe Interview Seite 194), mit dem "Frankfurter Wecker" Radiogeschichte, dem "Blauen Bock" schließlich Fernsehgeschichte geschrieben. Eine Reputation, die dem Unterhaltungs-Profi einige Vollmachten bei der Gestaltung von "Mainz, wie es singt und lacht" brachte.

Nach der öffentlichen Generalprobe aber probte das närrische Mainz den Aufstand. Eindeutig waren die Schlagzeilen auf den Titelseiten der Zeitungen. "Statt Narrhallamarsch und ‚Humba, Humba' jetzt Pfiffe und Buh-Rufe – wird das der neue Stil der Mainzer Fastnacht sein?" "Die hintere Hälfte der Mainzer Rheingoldhalle glich – akustisch gesehen – einem Fußballplatz", berichteten Augenzeugen. Statt Jubel gab es Pfiffe, als die Akteure der Sitzung nach einem reichlich dünnen Finale grußlos die Bühne verließen.

Bisher, so hatte Otto Höpfner, der neue Buhmann der Mainzer Fastnacht, die Umgestaltung der Fernsehsitzung verteidigt, sei in Mainz zu viel der Zeigefinger erhoben worden. "Ich will, dass mehr gelacht werden kann". Deshalb habe er die Politik vom Bildschirm verbannt. Für "Bajazz" und "Till" war dies das Aus und auch die "Hofsänger" passten nicht mehr in Höpfners Konzept. Statt dessen rückte Tony Marshall ins Programm und für Margit Sponheimer schrieb Höpfner selbst ein paar neue Texte. Elferrat und Sitzungspräsidenten wurden zu Statisten, der Moderator Höpfner, der auch als Büttenredner in Erscheinung trat und sich mit dem Mikrofon unter die Prominenz im Saal gemischt hatte, zum Superstar.

Versuche, nach der missglückten Generalprobe noch etwas zu ändern, scheiterten. Willi Scheu, wie viele Redner aus dem Programm gestrichen, ermahnte seine Karnevalskollegen, die Sendung doch einfach platzen zu lassen. Die haben vor dem Geld gekuscht, empörte sich Scheu hinterher und spielte damit auf die 240.000 Mark an, die der Südwestfunk damals für die Übertragungsrechte bezahlt hatte. Die Zuschauer am Bildschirm störte Höpfners buntes Spektakel allerdings weit weniger als die Puristen in den Traditionsvereinen. "Es zeigte sich", notierte die "Westdeutsche Zeitung", "daß die Auflockerung der traditionellen Karnevalsveranstaltung durch einen routinierten Moderator ein wirksames Mittel war, neuen Schwung in die altbewährte Tradition zu bringen".

Varieté

Als „echter, am Rosenmontag geborener" Mainzer war ich erschüttert, als ich am Bildschirm sah, was das Fernsehen gemacht hat. Was hier geboten wurde, hat im entferntesten nichts mit Määnzer Fassenacht zu tun. Wir Mainzer müssen uns entschieden dagegen wehren, daß aus dieser Sitzung ein billiges Varieté-Programm der ARD wird. Denn nicht, wie uns einige weismachen wollen, durch Das-Sich-Anpassen an den „modernen" Zeitgeschmack ist unser Karneval im deutschsprachigen Raum beliebt und bekannt geworden, sondern und gerade durch die natürliche und unverfälschte, humorvolle Mainzer Art. Ein wichtiger und traditionsreicher Grundpfeiler ist nun auch eben der „politische Karneval". Es muß einem doch in der Seele wehtun, wenn man sieht, wie der verdienstvolle Urfassenachter Ernst Neger von der Bühne abgeschoben wird, um Sportlern und Schlagersängern Platz zu machen. Hoffentlich war dies das erste und letzte Mal, daß ein gewisser Herr Otto Höpfner die Verantwortung für diese Sitzung hatte. Wollte dieser Herr etwa auf Kosten der sonst immer so beliebten Sendung, sein Comeback im Showgeschäft feiern? Den Verantwortlichen vom MMC und MCV muß ich allerdings auch zum Vorwurf machen, sie waren dem Südwestfunk gegenüber nicht hart genug. Wenn schon kein Kompromiß mit der Sendeanstalt möglich war, hätten sie lieber in diesem Jahr, soweit das vertraglich möglich war, auf die Übertragung der Sitzung verzichten sollen.

Mainz   Werner Wucher

Blamage

Wenn der Otto Höpfner Fastnacht macht, / sagt der echte Mainzer „Gute Nacht"! / Zu dieser billigen Fernsehschau, gebe ich nicht mein „Helau"! / Zu dieser Sendung sagte ich nur eins! / Es war die größte Blamage für Mainz!

Mainz-Kastel   Alfred Spitz

Höpfner

Wer hat die ARD verführt / und diesen Menschen engagiert / der wegen eigenem Interesse / haut der Fastnacht in die Fresse? / So aber sag ich — tut's mir leid schade um drei Stunden Zeit / Gebt diesem „Geist", den man da rief / ziemlich schnell den „blauen Brief". / Und die Moral: Laßt Willi Scheu / wieder in die Bütt enoi?

Berlin   Oskar Elsenheim

Till

Was hat denn Höpfner hier vollbracht, / War das noch Mainz, wie es singt und lacht? / Du sprachst in unverblümter Weise, / mein lieber Otto, über Schei... / und hast dabei, Du mußt es wissen, / dem goldig Määnz ins Nest geschi... die ARD ganz ohne Frage / mußt sich beschämt am Ende sage(n) / vom Blauen Bock ham unbedacht / sie Dich zum Gärtner hier gemacht / der so, wie wir's heut miterlebt, / die Mainzer Fastnacht untergräbt, / dies sagt Dir — leider ungalant — /der Mainzer Ex-Till Dieter Brandt.

Mainz   Dieter Brandt

Leserbriefe 1972 ("Allgemeine Zeitung", Mainz)

Kohl und Fuchs als Krisenmanager

In Mainz löste Höpfners Fastnachtsshow einen Sturm der Entrüstung aus, Dutzende von Leserbriefen (siehe Seite 63), lebhafte Stammtisch-Diskussionen und einen Kommentar in der Lokalzeitung. Besorgt fragte sich das Blatt, "warum denn zwei mächtige und erfolgreiche Fastnachtskorporationen dem Südwestfunk das Mitbestimmungsrecht veräußerten und damit ihr Schicksal in die Hände Show-besessener Produzenten legten?"

Schon wenige Stunden nach der umstrittenen Fernsehsendung reagierte der Südwestfunk. Hans Hirschmann, damals Leiter der Hauptabteilung Unterhaltung, zog Bilanz. "1973 werden wir uns etwas Neues einfallen lassen: eine Gemeinschaftssitzung von MCV und MCC wird es im Programm der ARD nicht mehr geben ... Unser Vorschlag geht dahin, künftig jährlich nur noch eine einzige Übertragung aus Mainz zu machen. Dabei können sich von Jahr zu Jahr ARD und ZDF abwechseln".

Beim ZDF aber sah man keinen Grund für eine Zusammenarbeit. "Das ZDF, als die in Mainz beheimatete Fernsehanstalt, wird es jedenfalls als eine Ehrensache ansehen, dieses vaterstädtische Fest in jedem Jahr zu übertragen", hatte Wolfgang Brobeil, der zuständige Redakteur, noch ein paar Wochen zuvor einem Mainzer Vorortclub zum Vereinsjubiläum ins Festbuch geschrieben. Brobeil fiel dieses Bekenntnis leicht, wollten doch die Meinungsforscher ermittelt haben, dass bei den Zuschauern die im Zweiten Programm angebotene Klamauk-Mischung besser ankomme als die mehr politisch orientierte Fernsehfastnacht im Ersten.

Vermittler zwischen den Fronten waren schließlich Ministerpräsident Helmut Kohl und der Mainzer Oberbürgermeister Jockel Fuchs, auf dessen Einladung sich Vertreter beider Fernsehanstalten am 15. Mai 1972 trafen und beschlossen, künftig nur noch eine Gemeinschaftssitzung auszustrahlen, jährlich zwischen Südwestfunk und ZDF abwechselnd. "Mainz bleibt Mainz, wie es singt und lacht", das Motto für den Neuanfang, hatte man aus den beiden alten Sendungstiteln zusammengezogen und so der Tradition neuen Raum verschafft. Außerdem kehrte das Fernsehen mit der Übertragung ins Kurfürstliche Schloss zurück, was sich als stimmungsfördernd erweisen sollte.

1973 (ZDF): "Rucki, Zucki"

Den Anfang der neuen Gemeinschaftssitzung machte das ZDF. Nach Höpfners Experiment im Vorjahr war die Narrenwelt wieder im Lot, gab es erneut Platz für die altgediente Narrenriege und ein Eröffnungsspiel mit Rolf Braun, dem alten und neuen Sitzungspräsidenten, der es in seiner Moderation gleich mit dem bayrischen Ministerpräsidenten Franz-Josef Strauß aufnahm. An dessen Stelle, rief er allen Zuschauern damals zu, *"ging ich aus Bayern nicht mehr raus. Denn oberhalb der Isar-Senke, da wohne Leit, die könne denke ..."* Ein Satz, dessen Brisanz erst zwei Jahre später richtig zum Tragen kommen sollte.

Auch der "Bajazz mit der Laterne" war beim närrischen Neuanfang wieder mit von der Partie. Das I-Tüpfelchen setzte Herbert Bonewitz, der als frecher Party-Professor dem Narrenvolk die Leviten las. Zum Abräumer aber geriet ein Lied. "Wie von 1000 Volt elektrisiert, zuckten verzückt 1400 Arme hoch. Keine Technikerpanne, sondern ein musikalischer Kurzschluss, von Ernst Neger ausgelöst, vollbrachte "Rucki-Zucki" dieses Phänomen", schrieb die Lokalzeitung über die Aufnahme des neusten Karnevalshits.

"In Mainz darf wieder gelacht werden", erkannten die Chronisten. Auch die Zuschauer waren zufrieden. Um sicher zu sein, auch künftig den Geschmack des Publikums zu treffen, hatten Meinungsforscher im Auftrag des ZDF die neue Gemeinschaftssitzung unter die Lupe genommen, fast 1 000 repräsentativ ausgewählte Bundesbürger gefragt, was sie von der Sendung hielten.

Zwei Ergebnisse ließen aufhorchen. Erstens schätzten die Zuschauer Klamauk und Kokolores mehr als Verse mit politischen Inhalten (siehe Originaldaten Seite 66), zweitens schnitten Gesangsgruppen in der Publikumsgunst deutlich besser ab als Vokalsolisten. Erkenntnisse, die für die Zusammenstellung der nächsten Programme entscheidend werden sollten.

Frage 3: "Es gab bei dieser Karnevalssendung am Freitag vier Bestandteile. Sie stehen hier auf dieser Liste. Sagen Sie mir bitte nach dieser Skala für jeden Bestandteil, wie gut er Ihnen gefallen hat: Sehr gut, gut, zufriedenstellend, nicht mehr zufriedenstellend, schlecht oder sehr schlecht?"

Beurteilung der Büttenreden m i t politischem Inhalt

	Basis	Sehr gut	Gut	Zufriedenstellend	Nicht mehr zufriedenstellend	Schlecht	Sehr schlecht	Keine Angabe	Summe	Mittelwert
Gesamt	831	22%	47%	24%	6%	1%	0%	0%	100	3.8
Geschlecht										
Männer	393	26%	44%	24%	6%	–	0%	0%	100	3.9
Frauen	438	18%	50%	24%	6%	1%	1%	1%	101%	3.8
Altersgruppen										
14-29 Jahre	214	21%	42%	27%	8%	1%	–	1%	100	3.7
30-49 Jahre	313	22%	50%	21%	5%	0%	1%	1%	100	3.8
50 Jahre und älter	304	22%	47%	26%	5%	0%	0%	–	100	3.9
Schulbildung										
Volksschule ohne Lehre	198	22%	48%	23%	5%	2%	–	–	100	3.8
Volksschule mit Lehre	424	19%	46%	28%	6%	0%	0%	1%	100	3.8
Mittelschule bis Universität	207	26%	48%	18%	6%	–	1%	1%	100	3.9
Berufsgruppen (Beruf des HV)										
Selbständige/Freie Berufe/Sonstige	155	20%	53%	23%	3%	–	0%	–	99%	3.9
Leitende Angestellte und Beamte	(43)	(16%)	(42%)	(29%)	(8%)	(–)	(3%)	(3%)	(101%)	3.6
Sonstige Angestellte und Beamte	277	24%	45%	25%	5%	1%	0%	0%	100	3.9
Facharbeiter	264	22%	46%	24%	7%	1%	0%	1%	101%	3.8
Sonstige Arbeiter	91	20%	47%	23%	10%	0%	–	–	100	3.8
Sendebereiche										
SDR/SWF, HR, SR	256	25%	44%	24%	6%	1%	1%	0%	101%	3.8
NDR/RB, SFB	215	26%	51%	17%	5%	–	–	1%	100	4.0
WDR	230	16%	45%	29%	8%	1%	1%	0%	100	3.6
BR	131	19%	50%	29%	2%	–	–	–	100	3.9
Beurteilung der Sendung										
Sehr gut/gut	612	26%	52%	18%	3%	0%	–	0%	99%	4.0
Zufriedenstellend bis sehr schlecht	219	8%	34%	41%	13%	1%	2%	1%	100	3.3
Sehintensität										
Ganz gesehen	579	25%	47%	22%	5%	1%	0%	0%	100	3.9
Teilweise gesehen	252	14%	46%	29%	8%	1%	1%	2%	101%	3.6

INFRATEST 1973

Auszug aus Infratest-Umfrage 1973

1974 (ARD): „Die Mainzer Fernsehfastnacht lebt"

Neben MCV, KCK und GCV war 1973 auch der MCC wieder an Bord, der sich beim Neustart der Sendung übergangen fühlte. Für die vom Südwestfunk übertragene Fastnachtssitzung lieh das ZDF seinen Karnevalsexperten Wolfgang Brobeil dem Sender aus Baden-Baden zur Programmgestaltung aus, ein Novum in der Geschichte der Fernsehfastnacht. "Da marschierten die Garden, die Räte, die Prinzenpaare schneller als sonst. Da gab es keine langatmigen Begrüßungen, obwohl sie nicht ausblieben. Da wurde nicht krampfhaft Zeit gefüllt, es wurde von Anfang an aufs Tempo gedrückt. Die Kameramänner sahen origineller, fingen das Bild auch einmal schräg ein, ließen das Aufnahmegerät mitschunkeln ... Drei Sterne dieser zwanzigsten Jubiläumssendung: alle Orden, die Kritiker zu vergeben haben, ihr zu Füßen. Und noch einmal ein dreifach donnerndes Helau!", frohlockte der "Mannheimer Morgen" nach der Sendung.

In ihrem Mittelpunkt stand "Seine Dollität Prinz Bibi", der sich auf einem Sessel auf die Bühne tragen ließ. Ein Herbert Bonewitz in Hochform, der Publikum samt Fernsehfastnacht genussvoll auf die Schippe nahm: *"Doch genug des Frohsinns und der Tollerei! Kehren wir lieber zurück zum Karneval ... wir sind ja schließlich nit zum Vergnügen hier! Hier in Mainz läuft das ganze Narrenspektakel ja noch relativ reibungslos über die Bühne ... allerdings nur so lange, bis die Fernsehgewaltigen sich nähern und drohend verkünden: "Spaß beiseit – genug gelacht! Jetzt is Fernseh-Fassenacht!" Früher hat man ja so manche Schlacht unter den Narren geschlagen, wer bei welchem Kanal auftreten darf! Das is jetzt vorbei ... es gibt keinen Streit mehr ... Nur noch die echte Leistung zählt ... denn: Alle Akteure mit geradem Geburtsdatum trete im ZDF auf ... Und die mit ungeradem beim ARD!"*.

Zufrieden konnte nach der Sendung nicht nur die Lokalzeitung feststellen: "Die Mainzer Fernseh-Fassenacht lebt. Der Bildschirm hat sie nicht kaputt gemacht. Wie ein Phönix aus der Asche ist sie aus den Niederungen des Höpfnerschen rot-weiß-blau-gelben Bocks verjüngt emporgestiegen. Gott Jokus hat sie wieder ..."

1975 (ZDF): Wie der Bayernkurier sauer wurde

Der Mainzer "Phönix aus der Asche" blieb auch im Ausland nicht unbemerkt. 1975 schalteten sich Österreich und die Schweiz über die Eurovision wieder bei "Mainz bleibt Mainz, wie es singt und lacht" zu. "Von Kiel bis München", kabelte die Deutsche Presse-Agentur an ihre Kunden, "freuten sich die Fastnachtsfans über gelungene Scherze und die gut proportioniert auf die närrische Schipp genommenen Politiker aller Parteien".

Für die dicksten Schlagzeilen sorgte Rolf Braun, der als "Wahlredner" für den "Bund der Määnzer" (BDM) kämpfte: *"Wählt BDM, im Bundeshaus. Do losse mir die Wutz eraus. Schluss mit Diäte unn Profit, mir bringe Määnzer Handkäs mit unn stelle den uffs Rednerpult. Vorbei ist der Parteien-Kult. Ess gibt kää Rechte mehr, kää Linke, gemeinsam mir zum Himmel stinke!"* Seinen Handkäs-Versen hatte Braun, hauptberuflich damals in der Mainzer Staatskanzlei tätig, aber noch ein paar Verse angehängt, die den Bayernkurier, das Sprachrohr der CSU, auf die Palme brachten. *"Unn eh' der Tag zu Ende geht, sprech' ich das Bonner Nachtgebet: ‚Komm, lieber Herr, schütz dieses Haus und schütz auch den Franz-Josef Strauß. Lass ihm soi Weißworscht unn soi Bier, lass ihm das G`nick von einem Stier, lass ihm Gesundheit bis ans Ende, lass ihm soi Wähler unn Prozente, lass ihn noch viele Siege feiern – aber lass ihn auch in Bayern!'"*

Damit hatte Braun auf die beabsichtigte Kanzler-Kandidatur des bayrischen Ministerpräsidenten angespielt. Auf ein Amt, nach dem auch Brauns Dienstherr schielte, der rheinland-pfälzische Ministerpräsident Helmut Kohl. Brauns Verse, konnten Millionen Zuschauer damals dem lachenden Mainzer Ministerpräsidenten im Fernsehen mit ansehen, gefielen dem Pfälzer, nicht aber dem Bayern, der Gift und Galle spuckte.

Brauns politische Attacke und die Resonanz darauf ließ die übrigen Akteure fast vergessen. Bewährte Büttenkämpen wie Willi Scheu, Heinz Koch, Rudi Zörns, Jochen Kunz, Jürgen Müller oder Friedel Panitz, der als "Bücherwurm" auf einer Leiter stand. Und Margit Sponheimer bekannte, dass sie am Rosenmontag geboren sei. "Von Kiel bis Konstanz", urteilte die Deutsche Presse-Agentur nach der Sendung, "freuten sich die Fastnachtsfans über gelungene Scherze …".

Foto links: "Wahlredner" Rolf Braun

Die "Christkarnevalisten" werden geboren

Der Wirbel, den Brauns Strauß-Schelte ausgelöst hatte, ließ im Wahljahr 1976 wenig Gutes ahnen. Erstmals war die Fernsehfastnacht in die politische Diskussion geraten. Für Zündstoff sorgte vor allem eine Untersuchung, die Volkskundler der Mainzer Universität gemacht hatten. Sie nämlich fanden heraus, dass die Mainzer Fastnacht vor allem ein Fest der kleinen und mittleren Stadtbürger ist. Schwarz auf weiß belegten die Forscher, dass Anhänger der CDU im Sitzungskarneval überrepräsentiert, SPD-Wähler dagegen unterrepräsentiert sind. Insider überraschte das nicht, allenfalls ein paar Politiker, die jetzt Bescheid wussten, wer wie wo lacht. Vorsorglich intervenierten sie deshalb beim Fernsehen, musste der Programmdirektor den durch diese Ergebnisse aufgeschreckten Parteien versprechen, vor der Sendung alle Reden auf ihre Ausgewogenheit abzuklopfen.

Das fiel auch den Beobachtern der Gemeinschaftssitzung auf, die den Programmgestaltern vor den anstehenden Bundestagswahlen das Bemühen um eine politisch ausgewogene Sendung bescheinigten. Trotzdem seien unterm Strich die Schwarzen besser als die Roten weggekommen. So meinten die "Baseler Nachrichten", dass "die Herzen der Mainzer Chefnarren an der Karnevalssitzung deutlich hörbar im christ-demokratischen Takt schlugen". "Die Zeit", Deutschlands angesehenste Wochenzeitung, taufte die Mainzer Narren deshalb "Christkarnevalisten" – ein Etikett, das zum Schlagwort wurde.

OB Fuchs: "So schwarz wie im Fernsehen ist Mainz nicht"

1976 (ARD): Pause für die "Gonsbachlerchen"

Erstmals hatten die Programmplaner der Gemeinschaftssitzung noch einen Kriminalfilm angehängt. Weil die Zeit also drängte, mussten manche Narren pausieren, allen voran die "Gonsbachlerchen". Rudi Zörns kam als "Brezelfraa": *"Auch auf die Hischijene wird bei uns besonders geachtet. Kommt ein Hund an de Korb, pissologisch betrachtet, dann sin mir wachsam, ich un mein Scho, ich män, de Mohnstängel machts nix, aber Salz, des zieht o."*

Tiefsinniger gab sich Willi Scheu, der bei seinem letzten TV-Auftritt als "Bajazz" sein traditionelles Kostüm unterm Arm trug. Hermann Frech machte als "Lenker einer Staatskarosse" seinem Namen alle Ehre. Und als Psychologe knüpfte Herbert Bonewitz an seine Erfolge als Prinz Bibi an.

Waren die Kritiker, auch wenn sie ihm politische Schlagseite bescheinigten, im großen und ganzen mit dem Programm zufrieden, hagelte es Proteste ob der geballten CDU-Prominenz im Saal, wo Ministerpräsident Helmut Kohl seine Kollegen aus Niedersachsen und Berlin um sich versammelt hatte. Selbst dem Mainzer Oberbürgermeister Jockel Fuchs, der Weltoffenheit in Person, war die Sendung diesmal zu weit gegangen. "So schwarz wie im Fernsehen ist Mainz gar nicht", entschuldigte er sich wenig später vor jungen Gewerkschaftern.

Protest gegen Fernseh-Fastnacht
Untersuchung im SWF-Rundfunkrat / Stopp der Übertragungen?

az. - **Mainz.** (Eig. Bericht) Die heftige bundesweite Kritik an der nach Meinung vieler Beobachter politisch einseitig ausgerichteten Fernseh-Fastnachtssitzung „Mainz wie es singt und lacht" vom 27. Februar („CDU-Wahlveranstaltung") wird auch ein Nachspiel in den Aufsichtsgremien die für die Sendung zuständigen Südwestfunks (SWF) haben. Bereits in der kommenden Woche beschäftigt sich der SWF-Fernsehausschuß mit der Narren-Sendung.

Der rheinland-pfälzische DGB-Landesvorsitzende Lehlbach will bei dieser Gelegenheit vor allem gegen „die faschistoide Art der Forderung nach Polizeijustiz" in einer Büttenrede und gegen die „Verunglimpfung von Bundespolitikern, vor allem auch des Staatsoberhauptes," während des Programms scharfen Protest einlegen. Solche radikalen Tendenzen seien nicht fastnachtgemäß und müßten Konsequenzen für die künftige Programmplanung nach sich ziehen.

Lehlbach und weitere Mitglieder der SWF-Aufsichtsgremien wollen deshalb in Fernsehausschuß und Rundfunkrat des Südwestfunks den Antrag einbringen, daß der Baden-Badener Sender künftig die Fernseh-Fastnacht aus Mainz nicht mehr ausstrahlt.

Wie von zuständiger Seite zu erfahren ist, hatte der amtierende SWF-Programmdirektor Stolte bereits einige Wochen vor der Sendung Mainzer Politikern zugesagt, das Programm unter dem Aspekt der Ausgewogenheit und substantiellen Vertretbarkeit zu überprüfen. Er werde deshalb in den Aufsichtsgremien Rechenschaft geben müssen.

Aus: "Allgemeine Zeitung" Mainz (6.3.1976)

1977 (ZDF): "Mir schaffe nix"

Nach den Erfahrungen im Vorjahr verzichteten die Programmgestalter 1977 auf große Büttenredner und schickten statt dessen verstärkt Sänger und Sängerinnen auf die närrischen Bretter. *"Mir schaffe nix, nix, nix werd' gedoh, krieh'n mer ach nix abgezoh"* sangen die "Tramps aus de Palz", Willi Görsch und Egon Häußer, die neuen Stars am Narrenhimmel, inspiriert vom vorangegangenen Olympiajahr. *"Zum Staffellauf, Stück Holz gekauft, einen Meter lang, Spikes geschnürt, Startblock platziert, zu zwei gehalte die Stang, nach kurzem Sprint, vor uns einer spinnt, hält Hände auf der Schlaue, nicht mit uns gedappt, noch Vorsprung gehabt, wollt unser'n Stecke klaue ..."*

Gut die Hälfte aller Darbietungen, hielten die Chronisten fest, waren musikalisch, "vom Lerchenjubel bis zum Spatzengezwitscher, vom Gardeaufmarsch vor und über dem Komiteetisch bis zu dem rauschenden Finale, bei dem sich aus dem kurfürstlichen Narrenhimmel die Wolken der bunten Luftballons lösten und auf das glänzend gelaunte Auditorium herabsegelten".

"Rrrote Brüder! Die schwarzen Krieger haben gesiegt, aber nicht gewonnen", kommentierte die "Rothaut", Rudi Heim, den Ausgang der Bundestagswahl, die den Deutschen eine sozial-liberale Koalition beschert hatte. Rudi Heim war der einzige Neuling auf der Fernsehbühne. "Alles lief genauso, wie wir es gewohnt sind", monierte deshalb die "Frankfurter Allgemeine Zeitung". "Wir haben hier das deutsche Fernsehen an sich, sozusagen die Summe aus einem Jahr Televisionsunterhaltung. Die permanent hohen Einschaltziffern, die permanent schlechten Kritiken und die permanente Überziehung der vorgesehenen Zeit sind nur äußere Zeichen der Beliebtheit."

Foto links: "Tramps aus de Palz": Willi Görsch und Egon Häußer

1978 (ARD): "Babberlababberlababb"

Wolfgang Brobeil, der die Fernsehfastnacht aus der Taufe gehoben hatte, war inzwischen im Ruhestand. Werner Hanfgarn hieß sein Nachfolger beim Südwestfunk, ein erfahrener Hörfunk-Mann, der von dort auch neue Ideen für die Fernsehfastnacht mitbrachte. "Wenn Mainz einmal im Jahr seine großformatige närrische Fernseh-Visitenkarte abgibt, dann soll der Adressat sagen: Sehn se, dess is määnzerisch!", verriet er zum Amtsantritt in einem Essay (siehe Seite 75). "Also werde ich keine Fernseh-Unterhaltungs-Show mittels Mainzer Narren machen, sondern eine spezifisch ‚Määnzer Sitzung' ausstrahlen mit allen traditionellen Details".

Des Radiomanns Credo wurde gleich in seiner ersten Fernsehsitzung deutlich. So zeigte sich erstmals ein Männerballett auf dem Bildschirm, das sich im Stadtteil Gonsenheim zur Fastnacht zusammengefunden hatte. Joe Ludwig kam als "Weck-Worscht-Woi-Träger". Rolf Braun war als "Äsche-Schambes" wieder einmal in die Bütt gestiegen, und nach langer Pause gab es ein Wiedersehen mit "Frau Babbisch und Frau Struwwelich", den beiden Putzfrauen. Nicht zuletzt hatte Jürgen Dietz als "Simplicius Simplicissimus" seinen Einstand im Fernsehen.

Lange Gesichter hatte es dagegen vor der Sitzung bei den "Hofsängern" gegeben. Weil die Generalprobe um eine knappe halbe Stunde zu lang geraten war, wurde ihr Potpourri gestrichen, zumal auch die Texte, für die Willi Scheu mitverantwortlich zeichnete, den Programmgestaltern nicht passten. Musikalisch stand denen Ernst Neger näher, der mit "Babberlababberlababb" einen neuen Zungenbrecher aus der Taufe hob, einen Song, der auf Anhieb zum Kampagnen-Hit wurde.

Joe Ludwig als "Weck-Worscht-Woi-Träger" (1978)

Die Schwierigkeiten mit dem Frohsinn

Oder

Fernsehfastnacht, wie soll sie denn nun werden?
Unverantwortliche Notizen von Werner Hanfgarn

Lachen ist besser als Gänsehaut. Meine alte Devise. Sie muß dem Intendanten bekannt gewesen sein, sonst hätte er mich nicht beauftragt, neben den Hörfunksendungen nun auch noch die Fernsehsendung „Mainz, wie es singt und lacht" zu betreuen. Was heißt betreuen? Verantworten, sagte er. „Für Redaktion und Regie sind Sie verantwortlich."

„Määnzerisch"
muß es schon sein

Betrachten wir die Dinge also mit jenem Ernst, der von Verantwortlichen immer erwartet wird. Was will ich, was ist mein Konzept, wie soll die Fernsehfastnacht aussehen? Mit den vier Vereinsvorständen bin ich da einer Meinung: wenn Mainz einmal im Jahr seine großformatige närrische Fernseh-Visitenkarte abgibt, dann soll der Adressat sagen: „Seh'n se, dess is määnzerisch!" Also werde ich keine Fernseh-Unterhaltungs-Show mittels Mainzer Narren machen sondern eine spezifisch „määnzer" Sitzung ausstrahlen mit allen traditionellen Details, sofern diese den dramaturgisch kalkulierbaren Ablauf mit sich bringen. Mit anderen Worten: es gibt keine größere Sünde als die Langeweile.

Den Büttenrednern sei also eine Begrenzung auf das „Mainzer Maß" - zehn bis zwölf Minuten – anempfohlen. Und was die Texte betrifft, so sollte das in Mainz seit hundertvierzig Jahren geübte ironische Wortspiel im Vordergrund stehen. Saalfastnacht in dieser Stadt, das ist nicht rasende Tollheit sondern Freude am phantasievollen Spiel innerhalb eines Reglements, das sich als Persiflage versteht. Da gibt es gesellschaftliche Regeln, da gibt es Würden und Würdenträger. Die Sitzung hat ihre Organisation und ihre Regierung, ihre Orden und ihre festlichen Rituale.

Nichts ohne Etikette!

Das närrische Geschehen auf der Bühne wird geleitet vom Präsidenten; die elf Herren am hohen Tisch sind das Komitée, also Repräsentanten der närrischen Staatsregierung. Glocke, Kette, Zepter, Frack und Kapp' beherrschen das Bild. Und wenn ein Redner in die Bütt' steigt, in jene Tonne, die dem Symbol der Weisheit, der Eule, nachgebildet ist, dann treten Zeremonienmeister in Funktion. Ohne Etikette läuft nichts in der Mainzer Saalfastnacht. Und eigentlich ist der ganze Narrenzauber Satire auf das, was die vermeintlich Großen dieser Welt in ihren Hauptstädten tun: Reden halten, Orden verleihen, sich selber huldigen. Die Narren äffen das hübsch nach. Fastnacht ist - frei nach Goethe - ein Fest, das dem Volke nicht gegeben wird, sondern das das Volk gibt, sich selber nämlich.

Heutzutage haben es die Narren schwer. Jene demokratischen Freiheiten, einst gewünscht, sind nun etabliert, und auch nicht erstritten. Aber es gibt sie, und gegen Feudalobrigkeit und Zensur braucht in der Narrenmaske niemand mehr zu kämpfen. Die Grundthematik historischer Fastnacht ist von der Tagesordnung gestrichen. Wenn ich alles dies bedenke, wird mir klar, warum sich gute Mainzer Büttenredner in diesem Herbst das Hirn zermartern. Beharren sie auf dem Privileg politischer Aussage, verkümmern ihre Verse zu billiger parteipolitischer Polemik, die, wohin immer sie zielt, die Demokratie als Ganzes trifft, vielleicht gar lächerlich macht. Es entstehen dann jene Zeigefinger-Leitartikel, die mit Fastnacht nicht das Geringste zu tun haben. Verzichtet der Narr auf Politik, bleiben ihm nur noch Scherz, Jux, Spaß, und ganz nah grüßen die Türme der schlesischen Stadt Kalau. Wie soll man's machen. Schwierigkeiten über Schwierigkeiten.

Warten wir ab, was im Januar auf den Mainzer Brettern geboten wird. Vielleicht werde ich erleben, daß die Ballettgruppen - sie bestehen aus echten Mainzer Bürgertöchtern - nicht mehr Moulin-rouge-Imitationen vorzeigen, sondern närrisch-määnzerische Figuren tanzen lassen. Die gibt's. Mit einem Quentchen Phantasie lassen sie sich aufspüren und zu Mainzer Musik auch choreografieren. Und vielleicht stimmen sich die großen Musikgruppen untereinander so ab, daß keine Kostümdoubletten entstehen. Drei Colombo-Parodien an einem Abend wären unerträglich.

Und ich wünsche mir auch, daß lokale oder regionale Probleme auf typisch Mainzer Art, nämlich in unverfälschter Mundart, fastnachtlich verarbeitet, auf dem Bildschirm erscheinen. Wenn Bayern mir den Komödienstadl ins Haus schickt, verstehe ich auch nicht immer jedes Wort.

Sitzungspräsident wird Rolf Braun sein. Er wird den Zuschauern in Hamburg, München oder Wien schon „verklikkern", welche Bedeutung dieses Wort und jene Maske in Mainz und für Mainz hat. Denn wie sagte Intendant Willibald Hilf? „Wir wollen die bestmögliche Mainzer Sitzung übertragen". Und die Betonung lag auf Mainzer.

Am 3. Februar 1978 um 23.30 Uhr jedenfalls werde ich wissen, ob Lachen besser ist als Gänsehaut. Allerdings ahne ich schon jetzt, daß ich über die Gültigkeit meiner alten Devise noch einmal heftig werde nachdenken müssen. In unseren Tagen ist Frohsinn nicht sicher programmierbar.

Aus: Südwestfunk Intern Nr. 5/6 1977 (gekürzte Fassung)

1979 (ZDF): Negers Abschied

1979 wurde die Fernsehfastnacht 25 Jahre alt, war Wolfgang Brobeil als Programmgestalter wieder an Deck. Das ZDF hatte seinen Ruheständler mit der Jubiläumssendung betraut. Damit die Millionen am Bildschirm ein möglichst buntes Fest erleben würden, forderte Brobeil alle Sitzungsbesucher auf, Smoking und Abendkleid daheim zu lassen und statt dessen närrisch kostümiert zu erscheinen. Einige hielten sich an die Aufforderung. Allen voran der Elferrat, der sich bunte Fliegen an den Hals geheftet hatte, und Oberbürgermeister Jockel Fuchs, der sich für den Fernsehabend ein dunkelblaues Ratsherrenkostüm schneidern ließ.

Herman Frech schoss als "Bühnenarbeiter" seine Pfeile auf die damals streikenden Stahlarbeiter. *"Der Loderer hätte eher die Hochöfen als die Basis anheizen sollen"*. Auch der "Till" meldete sich mit politisch brisanten Themen wie Kernenergie und neuem Scheidungsrecht zurück. *"Nach Schuld und Nichtschuld werden Fragen in Zukunft gar nicht mehr gestellt, statt dessen drehen sich die Klagen wohl nur noch um das liebe Geld. Scheidung, das heißt jetzt unbefangen: Selbst wenn sie ihren Mann verläßt, kann sie noch Unterhalt verlangen, den legt ihr Lebensstandard fest. Der Rat an Männer, grad die alten: Kein Schmuck, kein Pelz und kein Komfort – Es lohnt, die Frauen kurz zu halten, wie heißt's? Der kluge Mann baut vor …"*

Im übrigen erinnerte nichts an das Jubiläum der Fernsehfastnacht, allenfalls ein kurzer Dank an die Männer der ersten Stunde und ein knapper Vers im Potpourri der "Hofsänger". Für Ernst Neger war es der Abschied von der Bühne. Noch einmal erklangen seine Erfolgs-Hits, doch zur mitternächtlichen Jubiläumsparty im Kurfürstlichen Schloss war er nicht mehr dabei. "Der Mainzer Fernsehkarneval ist der beste", resümierte die "Aachener Volkszeitung". "Ohne ihn wäre der Bildschirm vor den tollen Tagen ärmer. Dies 25 Jahre hindurch immer wieder bewiesen zu haben, gereicht den Mainzer Narren zur Ehre. Ein uneingeschränktes Lob dieser Leistung! Aber: die Jubiläumssendung war nicht die beste. Sie war nicht einmal gut. Sie war nur mäßig bis mittelprächtig. Gewisse Verfallserscheinungen sind nicht zu übersehen. Ist der Fernsehkarneval am Ende?"

1980 (ARD): Dem Nachwuchs eine Chance

"Mainz bleibt Mainz, wie es singt und lacht" kabelte die Deutsche Presse-Agentur nach der Generalprobe 1980, "bringt neue Gesichter auf die Bildschirme und läßt alte, seit Jahren vermißte, wiederkehren. Die Tendenz der Narretei: weniger Politik, mehr Fröhlichkeit". Und auch ein bisschen Mainzer Lokalkolorit, den Joe Ludwig als "Schneeräumer" brachte. *"Mir sin keine Schneeschepper, sondern Räumer is richtig. Daß en Räumer kein Schepper is, is deswege wichtig, weil ein Schneeschepper Schnee nur als Laie entfernt hot, währenddem ein Schneeräumer*

Sorgten für neue Eindrücke: Handkameras

das Scheppe gelernt hot. Wer sich also dem Gelegenheitsscheppe verschriwwe, is nie Räumer gewor,n, sondern Schepper gebliwwe. Und wenn eiern Schepper unsern Räumer noch emol Schepper nennt, schennt unsern Räumer eiern Schepper solang Schepper, bis eiern Schepper unsern Räumer nur noch Räumer nennt".

Dieter Lau hieß der Mann, der von jetzt an beim Südwestfunk für die Fernsehfastnacht verantwortlich zeichnete. Mehr Schwung wollte er ins Festprogramm bringen, an der bewährten Mischung aber festhalten. Auf den Bildschirm freilich wollte der närrische Funke nicht richtig überspringen. Von 80 Telefonanrufen, die noch während der Sendung beim Südwestfunk eingingen, waren nur ein Viertel voller Lob. Die meisten vermissten Originalität und Spielwitz. Gütezeichen, welche die Fernsehfastnacht berühmt gemacht hatten.

Neben Büttenassen wie Herbert Bonewitz, Rudi Zörns oder Jochen Kunz taten sich die TV-Neulinge schwer. Die meisten von ihnen wie der neue "Bajazz", der Zahnarzt Rudi Henkel, mussten sich Vergleiche mit den Männern der ersten Stunde gefallen lassen. Der Schwung freilich, mit dem die Sendung über die Bühne ging, das Tempo, mit dem der Sitzungspräsident durch das Programm führte, ließ den meisten Zuschauern zum Nachdenken kaum Zeit. Zudem bot die bewegliche Kamera im Saal ständig neue Bilder und damit auch neue Eindrücke. Das Fernsehen hatte bewiesen, daß Mainz "die kitzlige Kniekehle des Rheins" bleibt, erkannten die Chronisten nach dem Fernsehabend.

1981 (ZDF): "Was wir machen, hat ja mit Humor nichts zu tun"

Als ein Büttenredner DKP mit "Deutsches Kotelett, paniert" übersetzte, war klar: der Trend zum Klamauk sollte sich auch 1981 fortsetzen. Ute Charissé war beim ZDF als Programmgestalterin in die Fußstapfen von Wolfgang Brobeil getreten. CDU-Chef Kohl, nach längerer Pause wieder einmal persönlich bei der Fernsehsitzung im Kurfürstlichen Schloss dabei, hatte jedenfalls keinen Grund zum Ärgern. Politische Seitenhiebe blieben so gut wie aus. Sieben Rednern standen vier Vokalsolisten, Gesangs- und Ballettgruppen gegenüber, die ihr Programm so gekonnt und perfekt präsentierten, dass Sitzungspräsident Rolf Braun immer wieder an den Amateurstatus der Akteure erinnern musste. Franz-Josef Strauß, der Östrogen-Skandal und der Papstbesuch in Mainz waren die Themen, die es den Narren besonders angetan hatten. Und in der Uniform eines Domschweizers sorgte Joe Ludwig mit seinen Bemerkungen zur Deutschland-Tour des Papstes für viel Gesprächsstoff.

"Domschweizer" Joe Ludwig

350 Telefonanrufe waren die direkte Resonanz auf die Sendung, die ein Chronist kurz und knapp analysierte: "In Mainz 1981 war Politik nicht groß geschrieben, die Unterschiede zwischen Regierung und Opposition sind zu klein geworden. Deshalb blühte in der Mainzer Fassenacht der kleine Kalauer mit dem großen Helau ..." Für die Lacher sorgte vor allem der "Hofmatz mit dem Dippche". Bissig hatte Herbert Bonewitz wieder einmal an den närrischen Grundfesten gerüttelt. *"Was wir machen, hat ja mit Humor nichts zu tun"*, rief er den Zuschauern draußen am Bildschirm zu, *"dess iss ja die reinste Fasnacht"*. Es war sein letzter Auftritt in der Fernsehgemeinschaftssitzung.

1982 (ARD): "Amanda"

Der Trend zu immer weniger Politik zeigte Konsequenzen. Die "Hofsänger", auf deren politisches Potpourri der Südwestfunk verzichten wollte, warfen schon vor der Sendung das Handtuch. "Wir sind doch nicht der Schunkelchor für Margit Sponheimer", schimpften die Sänger. Streitpunkt zwischen Sender und Sängern war unter anderem ein Vers, in denen die "Hofsänger" die Auseinandersetzungen um die Frankfurter Startbahn West beklagten. *"Graue Nacht am Rhein- und Main-Flughafen. Durch geräumte Hütten blies der Wind. Startbahngegner hatten drin geschlafen, die zum Umweltschutz entschlossen sind. Wenn demnächst dort heulen Flugzeugmotoren, weil der Staat im Recht ist – und am Ziel, fragen wir: wer hat die Schlacht verloren? Denn Gewalt ist nie ein guter Stil!"*

Für "Mainz bleibt Mainz, wie es singt und lacht" hatten die Bühnenbildner

"Gonsbachlerchen" mit "Amanda" Käthi Veit

das Kurfürstliche Schloss in eine Zirkusmanege verwandelt, in der sich bis auf wenige Ausnahmen die Artisten vom Vorjahr zeigten.

Viel umjubelter Schlusspunkt war Käthi Veit, die mit ihrer "Amanda" das Publikum zu stehenden Ovationen trieb. Sie war übrigens mit den "Gonsbachlerchen" auf der Bühne, die nach der überraschenden Absage der "Hofsänger" das TV-Finale bestritten.

1983 (ZDF): "Der alte Schwung ist hin"

"Der alte Schwung ist hin", titelte der "Kölner "Express" nach der Fernsehsitzung 1983. "Hobbykoch" Jürgen Dietz hatte genussvoll in den Bonner Töpfen gerührt, Jochen Kunz als Prototyp des kleinen Mannes dessen Sorgen und Nöte artikuliert. Bissiger war nur der "Till", Dieter Brand, der sein traditionelles Schellengewand samt Spiegel abgelegt hatte und statt dessen in rotem Hemd und schwarzer Hose über die anstehende Bundestagswahl räsonierte. *"Und wart's mal ab, das ist das beste, bis nach der Wahl, dann weiß ich auch, ob künftig ich 'ne schwarze Weste oder ein grünes Beinkleid brauch'!"*

Ansonsten dominierte der Klamauk, hatte Norbert Roth als viel geplagter "Hausmann" seinen ersten Fernsehauftritt. Schon gleich bei der Premiere ruderte er mit seinen Händen die Pointen unters Publikum. "Eine Gaudi", erkannte ein Kritiker, "die zu später Stunde wie Knallerbsen wirkte". Insgesamt aber hatte das Vier-Stunden-Programm im Kurfürstlichen Schloss deutliche Längen und Mängel, die Zuschauern und Kritikern aufgefallen waren. Dabei gab es auf der Mainzer Narrenbühne inzwischen einen Redner von Format, der allerdings am Amateurstatus der Akteure scheiterte. Rolli Müller hieß der Mann, der für die Fernsehsitzung nominiert war, dessen Auftritt aber am Nein zweier närrischer Standesvertreter scheiterte, die für Unterhaltungs-Profis wie Müller keinen Platz auf der TV-Bühne sahen. "So banal es vielleicht klingen mag", schrieb die "Allgemeine Zeitung" in einem Kommentar nach der Sitzung, "die Mainzer Fassenacht hat hier ein Problem zu lösen, das sich auch einmal im bundesdeutschen Fußball zu einer harten Nuß entwickelt hatte – bis sie dann geknackt war."

"Hausmann" Norbert Roth (1983)

Die Privaten kommen

1984 hatte für die Narren ein neues Zeitalter begonnen. Mit PKS (Programm für Kabel und Satellit) und RTLplus gab es erstmals zwei private Sender, aus denen mit SAT1 und RTL zwei neue Fernsehgiganten werden sollten. Aktuell wurde somit erneut die alte Frage "Macht das Fernsehen die Fastnacht kaputt?", die gleich zum Auftakt der närrischen Saison wieder einmal öffentlich diskutiert wurde. Proporzdenken, klagte Sitzungspräsident Rolf Braun auf einer Veranstaltung im Mainzer Vorort Kastel, sei der einzige Grund, dass die Fastnacht in der Krise stecke. Es fehle an geeignetem Nachwuchs, führten andere ins Feld.

In Mainz, wo eine konservative Landesregierung mit entsprechenden Gesetzen den Weg fürs Privatfernsehen frei gemacht hatte, sah man den neuen Medien erwartungsvoll entgegen. Und auch beim Mainzer Carneval-Verein gab es ernsthafte Überlegungen, das Ludwigshafener Kabelprojekt mit einer kompletten Fastnachtssitzung zu bereichern. Selbst bei kleinsten Karnevalsvereinen keimten plötzlich Hoffnungen auf einen großen Fernsehauftritt.

1984 (ARD): Scheu-Comeback

Vorerst aber war die Mainzer Fastnacht weiter Monopol der öffentlich-rechtlichen Sender, die sich weiter eifrig mühten, Bewährtes zu bewahren. Willi Scheu, der alte "Bajazz mit der Laterne", war als "Mann aus dem Volk" auf die närrische TV-Bühne zurückgekehrt. "Sowohl im Versmaß als auch in der Rhetorik und Scharfzüngigkeit", beurteilten Augenzeugen seinen Auftritt, "erwies sich der 74-jährige noch als Großmeister der literarischen Fastnacht". Und auch der "Till" war in Person von Dieter Brandt als scharfzüngiger Beobachter Bonner Politik wieder mit von der Partie. Statt seines Spiegels aber hielt er eine Zeitung in der Hand, mit der er auf die damals modischen Enthüllungsgeschichten in den großen Meinungsmagazinen aufmerksam machen wollte, auf nach seiner Meinung einseitige Stories.

Die Grünen, in der Republik inzwischen gewichtiger geworden, waren die neuen Buh-Männer, auf die sich die Narren einschossen. Politik wurde 1984 so in der Fernsehfastnacht wieder größer geschrieben, was die professionellen Kritiker landauf und landab wohlwollend zur Kenntnis nahmen. "Ungezwungene Fröhlichkeit wie in den besten TV-Tagen", schrieb die "Mainzer Allgemeine Zeitung" nach der Sendung, die "um einiges besser als Darbietungen aus den vergangenen drei, vier Jahren" war!

1985 (ZDF): "Erich zur Sonne, 's gibt Freibier"

Der Aufwärtstrend hielt auch 1985 an. "Sie haben heute ein Hoch", steckte ein Hellseher Sitzungspräsident Braun zu Beginn der Übertragung. Statt der zugebilligten zehn Minuten überzogen die Narren ihre Sendezeit um rund eine Stunde. Viele Zuschauer beschwerten sich telefonisch, weil sie zu lange auf den anschließenden Hitchcock-Krimi warten mussten. Der Quote tat die Rekordüberziehung aber keinen Abbruch, denn die Sendung war noch besser als im Vorjahr eingeschaltet.

"Erich zur Sonne, 's gibt Freibier", empfingen die "Gonsbachlerchen" den Genossen Honecker, der auf der Startbahn West gelandet war. "Das vor Langeweile und Aufgußkalauern dräuende Bütt-Gebabbel war wie weggeblasen. Das Billig-Palaver der letzten Fastnachtsjahre kam gar nicht erst zum Zuge", freute sich der "Rheinische Merkur". "Als ob ein gewitzter Wendewind die leergeblasenen Ulk-Köpfe über Nacht mit Hirnmasse vollgeblasen hätte: Die allerfeinsten Blackouts gelangen den Mainzer Gag-Arbeitern". Croupier Jürgen Dietz sah in Helmut Kohl eine herausragende Persönlichkeit – *"wenn er zwischen Blüm und Schäuble steht".* „Erstmals seit langem knallten die Pointen wieder lauter als die Sektkorken im Parkett", frohlockten die Kritiker.

Hinter den Kulissen der Fernsehfastnacht freilich hatte es vorher kräftig gekracht. Erstmals nämlich musste das Los über einen Auftritt entscheiden. Es ging um den letzten freien Rednerplatz, für den der MCV Günter Walz als "Gutenberg" nominiert hatte, der MCC seinen "Till", Dieter Brandt. Da sich beide Korporationen aber nicht auf einen einigen konnten und eine Abstimmung im Programmausschuss fürchteten, sollte das Los entscheiden, das schließlich auf "Gutenberg" fiel. Wieder einmal geriet der Vereins-Proporz in die Diskussion. "Daß einzelne der beteiligten Mainzer Karnevalsvereine, insbesondere des Sitzungspräsidenten, ein paar Programmfreiplätze mehr bekommen als andere, die austauschbarer erscheinen, ist unter Insidern lange kein Geheimnis mehr", regte sich der unterlegene "Till" nach dem Losentscheid auf.

Rechte Seite: Aus: SWF-Journal (Februar 1986)

Fernseh-Fastnacht

In Mainz ist immer wieder von Leuten, die sich um die „echte" Fastnacht kümmern – und das kann einen Brauchtumshüter das ganze Jahr über beschäftigen – zu hören: „Das Fernsehen hat die Fastnacht kaputtgemacht" oder noch deutlicher „vor allem die literarisch-politische Fastnacht", die, wie jedermann weiß, in Mainz zur Eigenart und Tradition gehört. Aus der Sicht des Fernsehens muß man eingestehen: Seit mehr als 30 Jahren setzen Südwestfunk oder auch das ZDF jährlich die geballte TV-Technik, einen Stab fastnachtlicher „Ignoranten" und den Erwartungsdruck des Millionenpublikums auf die Sänger, Redner und Amateurgruppen der Mainzer Fastnacht an und haben es trotzdem bisher nicht geschafft, die Mainzer Fastnacht kleinzukriegen. Dieses Fest der Volkskultur hat dem elektronischen Zerstörungswerk standgehalten, und auch das Publikum ist der Fastnacht treu geblieben. Die Sitzungssäle in Mainz sind gut besucht, und mehr als die Hälfte der Fernsehhaushalte sind jährlich zur Sendung „Mainz, wie es singt und lacht" eingeschaltet.

Gleichwohl hat das Fernsehen und sein überregionaler Programmanspruch diese dialektgebundene Volkskunst nicht ungeschoren gelassen, sondern spürbare Veränderungen bewirkt:

– Das auf Perfektion bedachte Medium Fernsehen verzögert immer wieder einen notwendigen Generationswechsel zugunsten bewährter Fastnachtsroutiniers.

– Das durch professionelle Fernsehunterhaltung verwöhnte Publikum mißt auch die Fernseh-Fastnacht an gewohnten Unterhaltungskriterien.

– Rundfunk und Presse haben die meisten politischen Themen längst erschöpfend abgehandelt, die ein politischer Fastnachtsredner allenfalls noch durch Gags auffrischen kann.

Diese Veränderungen, die manchen Brauchtumshüter zu nostalgischer Abkehr von der Fernsehfastnacht veranlassen, haben jedoch die Stadt Mainz und ihre Lebensart über die Grenzen der Bundesrepublik hinaus populär und manchen Fastnachtsakteur so bekannt gemacht, daß er sich in der Gunst des Publikums auch zur fastnachtsfreien Sommerzeit sonnen kann.

Dieter Lau
Direktor des
SWF-Landesstudios
Rheinland-Pfalz

1986 (ARD): "Was will der Till mit Tennisschläger?"

Staatssekretär Schleyer trug Joschka-Turnschuhe

An meinem Nebentisch im „Kurfürstlichen Schloß", Schauplatz der traditionellen Karnevalssendung „Mainz wie es singt und lacht" zuckten die Gäste zusammen. Sie nippten gerade an frischschäumendem „Pommery"-Champagner, als in dem Moment Fastnachter Hans-Peter Betz dieses Getränk als „Puffbrause" bezeichnete. Ich glaube, der Humorist wird Ärger bekommen...

Die Fastnachtshow war leider viel zu lang. Ein guter Schlußpunkt wären bereits die „Bonner Märchen" von **Jürgen Dietz** gewesen. Wegen des flachen zweiten Teils hätte Deutschlands Karnevalist Nummer 1 **Rolf Braun** keine Fernsehminute überziehen müssen.

★ Braun: Jetzt in Rio froh

Braun („Sehr zum Wohl mit Glykol sprach der Sinowatz zu Kohl") wird übrigens heute das erstemal beim Rosenmontag in Mainz fehlen.

Er flog nach Rio, um als Reporter für die Fernsehzeitschrift über den brasilianischen Fasching zu berichten.

Nach der Sendung luden Rheinland-Pfalz-Premier **Dr. Bernhard Vogel**, Südwestfunk-Intendant **Willibald Hilf** und der Mainzer Oberbürgermeister **Jockel Fuchs** zum Empfang. Viele Gäste mußten schon längere Zeit Hungersnöte gelitten haben, denn wie gierig und mit welcher Ellenbogentechnik sich mancher über das Nulltarif-Büffett stürzte, habe ich selten gesehen.

★ Plötzlich war der Bierkrug weg

Man war auch gut beraten, das Glas festzuhalten. Mein erster Bierkrug wurde mir von einem Mainzer Jecken (In weißem Dinner-Jackett und Narrenkappe) regelrecht wieder aus der Hand gerissen.

Überraschend einträchtig saßen die beiden OB's **Jockel Fuchs** (Mainz) und **Achim Exner** (Wiesbaden), die sich wegen Gebietsansprüchen beider Städte derzeit in den Haaren liegen.

★ OB Exner sehr aufmerksam

Exner entfaltete sehr viel Aufmerksamkeit mit seiner neuen hübschen Pressesprecherin **Barbara Petroll**.

★ Zampano und Punker

Neben prominenten Gästen wie ZDF-Zampano Professor **Dieter Stolte** mit Frau, der erhaften Fernsehsprecherin **Mady Riehl**, Ein-Stern-Restaurant-Chef **Hans-Peter Wodarz** („Ente", Wiesbaden), Asbach-Chef **Walter Gantert**, war auch Staatssekretär **Hanns-Eberhard Schleyer** dabei. Der Sohn des ermordeten Arbeitgeberpräsidenten erschien als Punker und trug Joschka-Turnschuhe.

▲ Wer steckt hinter dieser Maske?
Mady Riehl

▲ Wer steckt hinter dieser Maske?
Ernst Albrecht

Aus: BILD (10.2.1986)

Mit Rücksicht auf die Fernsehfastnacht verlegte der 1. FC Kaiserslautern sein Bundesliga-Heimspiel am Freitagabend. Aber nicht nur deswegen sorgte "Mainz bleibt Mainz, wie es singt und lacht" für viel Gesprächsstoff. So verzichteten die "Gonsbachlerchen", die sich in der laufenden Kampagne thematisch der Weltraumfahrt angenommen hatten, nach dem Absturz der Raumfähre Challenger kurzfristig auf ihren TV-Auftritt, was ihnen öffentliches Lob vom amerikanischen Botschafter einbrachte. Den Programmgestaltern kam der Verzicht gelegen, hatten sie mit "Hofsängern", "Schoppesängern" und "Kellermeistern" ohnehin eine Gruppe zu viel auf ihrer Wunschliste.

Den meisten Wirbel aber gab es um den "Till", die Symbolfigur des MCC, in der Kampagne 1986 einer der besten Redner auf der großen Mainzer Narrenbühne. Nach Boris Beckers Erfolgen trat er mit einem Tennisschläger auf, dazu in Turnschuhen wie Joschka Fischer, der sich in Wiesbaden so gestylt zum Minister krönen ließ. *"Ich hör, schon jetzt die Brauchtumspfleger der Mainzer Fastnacht ringsumher: Was will der Till mit Tennisschläger, hat der denn keinen Spiegel mehr?"* Auch Willi Görsch war damals als tumber Tennis-Trottel mit einem Schläger aufgetreten, dem gleichen Requisit wie Brandt. Doch während Görsch die schnellen Lacher suchte, kritisierte Brandt gesellschaftliche Missstände. Wieder einmal stellte sich für die Fernsehmacher so die Frage: Politik oder Kokolores?

Die Entscheidung fiel gegen den "Till", nicht überraschend übrigens. "Rundfunk und Presse", hatte der verantwortliche Programmgestalter kurz vorher in einem Beitrag geschrieben, "haben die meisten politischen Themen längst erschöpfend abgehandelt." (siehe Seite 83)

Weg mit der Politik, konnte man das auch übersetzen. So trat in der Gemeinschaftssitzung neben vielen Kokolores-Vorträgen auch ein "Hüpf-Otto" in Erscheinung, in dessen Kostüm der 22-jährige Frank Schröder steckte, ein Profi aus der Unterhaltungsbranche.

Aus: "HÖRZU" Nr.8/1987

1987 (ZDF): "Ääner geht noch"

"Spaßmacher Company" nannte sich eine neue Gesangsgruppe, die 1987 auf Anhieb den Sprung auf die Fernsehbühne schaffte. Nicht mit ausgefeilten Texten und stimmungsvollen Arrangements wie "Gonsbachlerchen" oder "Hofsänger", sondern schrill, schräg und bunt. Der närrische Zeitgeist hatte eine neue Form gefunden. Den spürte man auch ein bisschen bei den Finther "Schoppesängern", wo Heinz Meller als Stimmenimitator von sich reden machte. Trotzdem: Nach dem Kokoloresboom des Vorjahres hatte das ZDF auf politische Vorträge gesetzt. Die Entscheidung fiel um so leichter, da die Bundestagswahl gelaufen war, die Narren also ohne Rücksicht auf die Erbsenzähler in den Parteien aus dem Vollen schöpfen konnten. So debütierte Jürgen Dietz in seiner neuen Rolle als "Bote vom Bundestag". *"Über Geißler kann man denken was man will, es stimmt immer"*, spottete er über den christdemokratischen Querdenker. Treffend seine hintersinnigen Pointen im Stil eines Werner Fink, seines großen Vorbildes. *"Spontaneität muss gut überlegt sein."* Oder: *"Auch ein aufrechter Gang kann manchmal eine krumme Tour sein".*

Fünf von sieben Büttenrednern, zählten die Chronisten, hatten sich politischer Themen angenommen, dazu die meisten Gesangsgruppen. Auch die "Gonsbachlerchen", die als "Grünen-Chor" kamen. Das Vorjahrs-Debakel schien vergessen, das Gefühl, Mainz sei wieder das alte, überwog bei den Zuschauern. Dabei bekamen 1987 erstmals auch die Unionsparteien richtig ihr Fett weg. "Die Kommentare dieser Kampagne sind nicht durchweg ‚schwarz', wie so oft in früheren Jahren. Sie sind auch nicht ‚ausgewogen' um eines irrealen Prinzips willen, sondern sie entsprechen dem, was die Zeitereignisse vorgegeben haben", meinte die "Mainzer Allgemeine Zeitung".

Zwei musikalische Ereignisse verdienten besondere Beachtung. Margit Sponheimer, die Ernst Neger einst für die Bühne entdeckt hatte, holte zum Dank Negers Enkelin Tina zu einem Duett auf die Bühne. Für den Fastnachtshit aber sorgte Horst Becker mit "Ääner geht noch". So ausgelassen wie in der Generalprobe allerdings, wo das Publikum minutenlang den Refrain mitsang und deshalb fast die Sitzung sprengte, ging es bei der Live-Sendung am Freitagabend nicht mehr zu, zumal die Programmgestalter gleich hinter dem Lied eine Ballettnummer als Stimmungsbremse eingebaut hatten.

1988 (ARD): Schmonzesbabbler und Quasselmatadore

Fernsehfastnacht im Olympiajahr. Nach drei Jahren Zwangspause stand der "Till", Dieter Brandt, wieder auf närrischen Brettern. "Als Symbolfigur ist er mit Sicherheit eine wichtige Institution", fragte sich die "Mainzer Rheinzeitung" nach der Generalprobe, "aber war der Till nicht mal bissiger?" Kein Wunder, dass ihm andere die Show stahlen. Hans-Peter Betz zum Beispiel, die "stärkste Ballettmaus westlich des Rheins". Ein Wirbelwind, der nach seinem Bildschirmdebüt 1986 als "Porschefahrer" jetzt neue Maßstäbe in der Bühnenpräsentation setzte (siehe Betz-Interview Seite 166).

1988 zeigte sich den Zuschauern zudem auch ein neues Gesicht. Ein fünfzehnjähriger Bursche, der in die Fußstapfen seines Vaters Karlheinz treten sollte, eines routinierten Mainzer Büttenredners. Mit Timo Rieth zeigte man der Nation, dass auch die Jugend in Mainz eine Chance hat. Den Rest der Fernsehsitzung besorgten ausnahmslos erfahrene Redner und Gesangsgruppen.

Während die Sonntagszeitungen die Sendung noch lobten, brach montags der geballte Unmut des deutschen Feuilletons über die Narren herein. So entdeckte die "Frankfurter Neue Presse" in der Sitzung "mainzerisch-bürgerliche Behäbigkeit", der Rezensent der "Münchner Abendzeitung" ärgerte sich über die "Quassel-Matadore", sein Kollege von der "Süddeutschen Zeitung" über die "Dumm- und Schmonzesbabbler". Der Tiefschlag freilich kam aus Köln. "Das Schlimme an den Mainzer Fernsehsitzungen ist", nörgelte der Kritiker des dortigen "Stadt-Anzeigers", "dass sie jedes Jahr wiederkommen."

1989 (ZDF): Ein Präsident geht

1989 war die Sitzung eines Mannes, der schon beim Start der Fernsehfastnacht 1955 mit dabei war und jetzt Abschied vom Präsidentenamt nahm. Gekonnt hatte Rolf Braun fast ein Vierteljahrhundert das Mainzer Narrenschiff gesteuert. Ein karnevalistischer Allrounder, den keine Medienschelte bremsen konnte. 17,6 Millionen Zuschauer sahen seine Abschiedsvorstellung. "'Nen Mann muß man verwöhne", gab Margit Sponheimer dem scheidenden Präsidenten musikalisch mit auf den Weg.

Wortwitz vom Feinsten hatte wie gewohnt der "Bote vom Bundestag" parat, der den Atomreaktor vor der Mainzer Haustür zum Gegenstand politischer Betrachtungen machte. *"Auch in Biblis besteht keine Gefahr – und wird jeden Tag geringer; alle halten dicht, nur der Reaktor nicht"*. Die "Bänkelsänger" sahen fast schon prophetisch die Folgen der Gesundheitsreform voraus, die den Kassenpatienten die Einheitsbrille bescheren könnte, den "Blümschen Zwicker".

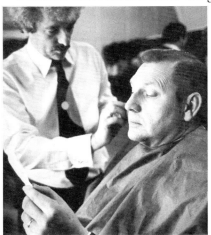

Rolf Braun in der Maske

Der pointierteste Polit-Vertreter auf den närrischen Brettern der Stadt aber schaffte wieder einmal die wichtigste Hürde nicht, die man für einen Bildschirmauftritt braucht, die Sitzung der Programmkommission. Dieter Brandt, der "Till" des MCC, legte sich deshalb öffentlich mit dem scheidenden Sitzungspräsidenten an, der Brandts Nichtnominierung als demokratische Entscheidung der Fernsehmacher verteidigte. "Keiner der Programmverantwortlichen", kritisierte Brand in einem Leserbrief an die Lokalzeitung, "hat den Mut, offen zu sagen, dass sie die klassische politisch-literarische Fastnacht mit den notwendigerweise ernsten und leisen Tönen als närrisches Tabu heute nicht mehr wollen. Gute und pointenreiche politische Prosavorträge sind nicht identisch mit den ernsten und tiefgründigen geschliffenen Versen des klassischen Narren". Worte der Verbitterung waren das, mit denen sich nach Herbert Bonewitz, der sich ins Kabarett zurückgezogen hatte, ein weiteres Büttenass aus der Fernsehfastnacht verabschiedete.

1990 (ARD): Narren feiern deutsche Einheit

Brauns Rückzug aus der Gemeinschaftssitzung versüßte ihm das ZDF 1990 mit einer eigenen Fastnachts-Schau. "Die Narren sind los" hieß der karnevalistische Querschnitt durch deutsche Fastnachtslande, der auf Anhieb einen Marktanteil von 35 Prozent erreichte. Angesichts der neuen ZDF-Sendung mussten sich die Macher von "Mainz bleibt Mainz, wie es singt und lacht" also kräftig ins Zeug legen. Rainer Laub hieß der neue Sitzungspräsident, der Tempo und neuen Schwung brachte.

Im Gegensatz zu seinem Vorgänger war Laub weniger Selbstdarsteller als Mittler. Viel Fingerspitzengefühl verlangte sein Einstand, war 1990 doch die erste Fastnachtskampagne nach Öffnung der deutsch-deutschen Grenze. "Auf Kosten der DDR-Bevölkerung", hatte er schon vorher in einem Interview klar gemacht, "wird keiner bei mir einen Witz machen. Ich meine die ekelhaften Sachen mit den Bananen, Orangen und so ..."

Aber auch so wussten die Mainzer, wie sie mit dem bis dahin einschneidensten Ereignis in der deutschen Nachkriegsgeschichte umzugehen hatten. Närrisch verklärt wurde das Brandenburger Tor zum "schönsten Adventskalendertürche unserer Zeit". Und der "Bote vom Bundestag" beschrieb noch einmal ironisch die Parteitagsrituale der DDR-Altherrenriege: *"1. Akt: Hereintragen der Teilnehmer. 2. Akt: Einstellen der Herzschrittmacher. 3. Akt Lied: Wir sind die junge Garde".* Bissig auch sein Kommentar über Egon Krenz, der kurz vorher die Nachfolge Erich Honeckers als SED-Generalsekretär angetreten hatte. *"Ein grenzenloser Optimist, der sich montags noch Essensmarken für die ganze Woche holte ..."*.

Natürlich fehlte auch der Kokolores nicht, glänzte Hans-Peter Betz in der Rolle des Gockels von Gonsenheim auf einem Mistkarren, sorgten Jochen Kunz als "Opa" und Norbert Roth mit Bemerkungen zu einem Senioren-Klassentreffen für die Ansprache der Zielgruppe am Bildschirm, die – wie die Fernsehforschung belegte – in ihrer Mehrheit inzwischen deutlich über 50 Jahre alt war. Krönung der Sendung aber war wieder einmal das Finale mit den "Hofsängern", deren "So ein Tag, so wunderschön wie heute" kurz zuvor Zehntausende in Berlin beim Fall der Mauer gesungen hatten. Ein Mainzer Fastnachtslied, das damit endgültig zur Hymne aller Deutschen geworden war. Keiner freilich im Saal ahnte damals, dass die Fastnacht und damit auch die Fernsehsitzung ein Jahr später wegen des Golfkrieges ausfallen sollte. (Über die Hintergründe informiert ausführlich das Buch "Mezger/Oelsner/Schenk: Wenn die Narren Trauer tragen. Fastnacht, Fasching, Karneval und der Golfkrieg, Ostfildern 1991)

Prägten die Fernsehfastnacht: die "Gonsbachlerchen"

Karneval auf allen Kanälen

Nach der närrischen Zwangspause, bedingt durch den Golfkrieg, setzten die Programmplaner wieder ganz auf Fastnacht. So schickte das ZDF 1992 gleich an drei Januarabenden das bis dahin Beste aus "Mainz bleibt Mainz, wie es singt und lacht" in den Äther. Bei der Suche nach Bildern aus den Kindertagen der Fernsehfastnacht freilich mussten die Programmgestalter enttäuscht feststellen, dass anfangs noch keine Aufzeichnungsmaschinen mitliefen, welche den Beginn der Fernsehfastnacht hätten dokumentieren können.

Während die Mainzer Traditionssitzung so zum nostalgischen Zeitdokument wurde, versuchte das Fernsehen, die aktuellsten Ausgaben weiter zu modernisieren. Inzwischen nämlich konkurrierte "Mainz bleibt Mainz, wie es singt und lacht" mit vielen anderen Karnevalssendungen in verschiedensten TV-Kanälen. Sie alle mühten sich, das immer anspruchsvollere Fernsehvolk bei Laune zu halten.

1992 (ZDF): Abschiedsgala der "Gonsbachlerchen"

"Die politischste Fernsehsitzung, die seit Jahren aus dem Schloß der rheinland-pfälzischen Landeshauptstadt übertragen wurde", registrierte die "Mainzer Allgemeine Zeitung" nach der Sendung 1992. *"Was passiert in unserem Lande, ist für Deutschland eine Schande"*, hatte der Protokoller angesichts der Gewalttaten gegen Asylsuchende geschimpft. Und Thüringen, wo der in Rheinland-Pfalz gestolperte Ministerpräsident Bernhard Vogel wieder Landesvater wurde, erklärten die Narren frech zum "Vogelschutzgebiet".

Wieder war ein Wahljahr, hatte es die Politiker in Scharen nach Mainz getrieben. Sie konnten diesmal ausgesprochen viele Neulinge in der Bütt erleben. Und auch eine Frau machte Schlagzeilen, die 22-jährige Gaby Elsener als "Weinkönigin". Krönung des Fernsehabends aber war die Abschiedsgala der "Gonsbachlerchen". Mit alten Lerchen-Hits zündeten sie noch einmal ein Bühnenfeuerwerk, erinnerten an die Frühzeiten des Fastnachtschores, der mit akrobatischen Einlagen für besondere Effekte sorgte.

1993 (ARD): Mainz gegen Köln

Mainz oder Köln? Wer genießt mehr närrische Sympathien? Diese Frage stellte sich 1993, als der Privatsender RTL zeitgleich zur Traditionssitzung aus dem Kurfürstlichen Schloss seine Sitzung "Kölle Alaaf" ausstrahlte. Ein Fernsehduell, das die Mainzer mit gut 10 Millionen Zuschauer gegen 4 Millionen bei den Kölnern klar für sich entschieden. Ein Quotensieg dank der politischen Redner. So hatte man neben Karlheinz Franko, dem bewährte MCC-Protokoller, auch den KCK-Protokoller Jürgen Müller nicht ausgespart, der sich kritisch der Postreform annahm. *"E Postleitzahl für jedes Gartehäisje – ihr habt doch werklich was am Streißje ..."* Auch der "Bote vom Bundestag" glänzte wie immer. *"Erich währt am längsten"*, räsonierte er über den straffrei nach Chile ausgewanderten Erich Honecker. *"Über Chile lacht die Sonne – über Deutschland die ganze Welt!"*

Norbert Roth nahm sich als "verkabelter Fernsehgucker" eines ganz aktuellen Themas an. Und Peter Betz war in die Maske des "Katers Stanislaus" geschlüpft. Klar auch wurde in der Sendung, dass die nach dem Abgang der "Gonsbachlerchen" spürbare Lücke bei den Gesangsgruppen weder die "Schnorreswackler" noch die "Singenden Winzermeister" schließen konnten. Und noch etwas fiel aufmerksamen Betrachtern auf. Erstmals wurde "Mainz bleibt Mainz, wie es singt und lacht" groß gesponsert, warb ein Kopfwehmittel-Fabrikant im Vorspann für seine Produkte gegen Kater und Migräne.

1994 (ZDF): Die Spass-Generation kommt

Fast ein Dutzend abendfüllender Fernsehsitzungen registrierten die Chronisten anno 1994. Auf allen Kanälen waren die Narren inzwischen zu Hause, hatte der Zuschauer zunehmend die Qual der Wahl, "Mainz bleibt Mainz, wie es singt und lacht" sein närrisches Monopol längst verloren. Doch statt wie in den Vorjahren dem mündigen Bürger politische Fastnacht zu präsentieren, machte das ZDF aus der Traditionssitzung eine Show, die bei professionellen Beobachtern den Eindruck erweckte, als ob die Mainzer zeigen wollten, "wie gut sie im Showgeschäft mithalten können".

Schon gleich zum Auftakt wurde die neue Richtung deutlich, marschierten statt wie üblich Vertreter der Garden in ihren Uniformen, Ballettdamen im Till-Kostüm auf, gab es drei statt wie gewohnt zwei Tanzeinlagen, dazu muntere Schunkellieder, mit denen man die Aufbaupausen für die immer aufwändiger agierenden Gesangsgruppen überbrückte. Die eigentliche Überraschung aber war Harry Borgner, der bei Finther "Schoppesängern" und Gonsenheimer "Schnorreswacklern" Bühnenerfahrung gesammelt hatte. Mit Variationen des Liedes "Sag mir, wo die Blumen sind" sorgte der Unterhaltungsprofi für den Höhepunkt des Fernsehabends. Ein Allround-Talent, das das Lied im Stile Herbert Grönemeyers, Reinhard Meys, Udo Lindenbergs und Ernst Negers variierte. Ein musikalisches Kabinettstückchen, das Borgners Karriere beförderte und dem Alleinunterhalter Auftritte in der ganzen Republik verschaffte.

Offensichtlich hatte sich 1994 erstmals die heranwachsende Spaß-Generation artikuliert, gingen die Polit-Anteile der Sendung im Kokolores-Alltag unter. 13,6 Millionen Zuschauern gefiel die neue Mischung, weniger den professionellen Kritikern, die schon vor der Sendung die politische Satire auf ein Minimum reduziert sahen. "Fastnacht ‚light' ... dass Mainz eine lange Tradition mit politisch-literarischen Büttenreden hat, scheint für die Programm-Verantwortlichen kaum relevant", schrieb die "Mainzer Allgemeine Zeitung". "Gerade mal drei Redner verteilen in dem Drei-Stunden-Marathon Seitenhiebe an die Adresse der Polit-Größen. Ein Versäumnis erster Güte: Wenn der Narrenstachel in der Tele-Sitzung nicht mehr sticht, darf man nicht erstaunt sein, dass Jugendliche die Nase rümpfen, sobald nur das Wort Fastnacht fällt."

1995 (ARD): Narren überholen Gottschalk

Kurz vor der Sendung wurde das Finale noch einmal geprobt, die Dramaturgie weiter gestrafft. Ja kein Leerlauf, hieß die Devise. Nach seinem erfolgreichen TV-Debüt im Vorjahr sorgte Harry Borgner mit neuen Musik-Parodien vor allem bei den jüngeren Fernsehzuschauern für Beachtung. Im großen Saal des Kurfürstlichen Schlosses aber, stellten Augen- und Ohrenzeugen fest, hatten viele ältere Gäste sichtlich Mühe, "die hervorragenden Imitationen von Joe Cocker oder Helge Schneider nachzuvollziehen. Toleranz für jugendlichere Elemente der Fastnacht war manchem prominenten Gesicht nicht zu entnehmen."

Noch aber waren Narren wie Borgner die Ausnahme, gab sich die Fernsehfastnacht eher bieder. So tanzten bei "Mainz bleibt Mainz, wie es singt und lacht" Weck, Worscht und Woi in Gestalt eines Gonsenheimer Balletts, reüssierte Margit Sponheimer als "Weinkönigin". "Die Mainzer Narren", freute sich die Lokalzeitung über die rund 12 Millionen Zuschauer, "überholten in der Quotenschlacht sogar Star-Entertainer Thomas Gottschalk mit seiner jüngsten "Wetten, dass"-Show im ZDF. Da schalteten nur 11,6 Millionen die Geräte an."

Foto oben: Finale (2004) - Foto rechts: Ballett (2004)

1996 (ZDF): " ‚Keine Experimente' als Konzept ..."

"‚Keine Experimente' als Konzept ist wesentlicher Bestandteil des Erfolgsrezepts dieser Sendung", kabelte der Korrespondent der Deutschen Presse-Agentur nach der Generalprobe. "Narrhallamarsch zum Ein- und Auszug der Akteure, mehr oder weniger launige Worte des Sitzungspräsidenten und über allem der Elferrat – das und nichts anderes erwarten die Zuschauer bundesweit."

Friedrich Hofmann hieß der Neuling auf der Fernsehbühne, der den "Till" neu belebt und die wichtigsten Aufreger des Jahres, Kruzifixurteil, Telekomgebühren und Diätenerhöhung, zur Sprache gebracht hatte. Als Meister des Wortes zeigte sich wieder einmal der "Bote vom Bundestag": *Der Christo will jetzt die FDP verpacken – da genügt ein Taschentuch*. Oder auch: *"In Bonn gibt es keine anonymen Alkoholiker – man kennt sich."* Schlussredner Norbert Roth spendete als "Der Mensch mit den guten Vorsätzen" allen Übergewichtigen Trost.

Neu auf der musikalischen Bühne war das "Geiger-Fränzje" Klaus Gerhard Koop, bis heute einer der Garanten für Stimmung im Saal. "Alle können nach dem närrischen Fernsehabend zufrieden sein", resümierte die ‚Mainzer Allgemeine Zeitung', "ausgeglichenes Programm, politisch und nach Kappenform. Mainz bleibt eben Mainz, da ändert sich in der Einstellung zum Volksfest nicht viel. Auch wenn es das Fernsehen nicht zeigte, es gibt den Nachwuchs in der Bütt, sogar bei den TV-Vereinen. Timo Rieth durfte diesmal als Vorzeigejüngling dabei sein. Andere sitzen in den Startlöchern ..."

1997 (ARD): Aus für "Apollonia"

Schon ein Jahr später aber wurde die Jugend unsanft aus der Sitzung geboxt. Gaby Elsener, die 1997 als "Apollonia" in den Mainzer Sitzungssälen von sich reden gemacht hatte, war der Pechvogel. Nach der Generalprobe wurde ihr Vortrag aus der Fernsehsitzung gestrichen. Dort nämlich waren Zuhörern zwei Bemerkungen aufgestoßen, die dem ungeschriebenen Moralkodex der Gemeinschaftssitzung widersprachen. So wurde Gaby Elsener unter anderem vorgeworfen, die Vergewaltigung von Frauen zu verharmlosen und gegen die Kirche zu polemisieren.

Für die Programmverantwortlichen war ihr Auftritt zunächst kein Problem. Geschmacksache sei das, hieß es beim Sender. "Der SWF", verteidigte die Rundfunkanstalt ihre Nominierung, "ist nicht Erzieher der Fastnacht, und wir haben juristisch prüfen lassen, ob religiöse Gefühle verletzt werden". Altgedienten Fastnachtskämpen aber ging ihre Narrenfreiheit zu weit. Als schließlich auch noch das Gerücht auftauchte, man wolle die Rednerin während ihres Vortrages mit Trillerpfeifen übertönen, und der Südwestfunk plötzlich darum bat, doch noch einige Textzeilen zu streichen, warf die Bedrängte kurz vor der Sendung das Handtuch. "Ich hatte Panik", verteidigte sie sich, "dass es bei meinem Vortrag Störungen gibt."

Der Streit um "Apollonia" füllte schließlich ganze Seiten mit Leserbriefen in den Lokalzeitungen, wo sich die Öffentlichkeit über den Umgang mit der jungen Rednerin erregte. "Das Ansehen der Kirche ist längst geschädigt", verteidigte einer die Rednerin. "Sie verzerrt das bestehende emanzipierte, doch dennoch schön, begehrens- und beschützenswerte Frauenbild und karikiert damit auch die Ängste und Ansichten von Frauen", schimpfte dagegen eine andere. "Es war nämlich letztlich keine Kritik, die Gaby Elsener erfuhr, es war schlicht Zensur, die stattfand".

Die meisten Fernsehzuschauer freilich bekamen von dieser Diskussion nichts mit, sahen eine Sitzung mit wenig Politik und viel Kokolores. Mit einem singenden Thomas Neger auch, der in die Fußstapfen seines Großvaters getreten war. Acht Vorträge, drei Ballettauftritte, dazwischen die üblichen Musiknummern. "Im Zeitalter, da Quoten das Überleben von Sendungen bestimmen, müssen die Mainzer keine Angst haben", resümierte dennoch die "Rhein Main Presse". "Wenn eine ganze Fernsehnation sich herzhaft über Zoten eines Harald Schmidt amüsiert und die RTL-Samstagsnachtshow zur Kultsendung wird, kann sich die Fastnacht aus Mainz allemal sehen lassen".

Foto rechts: Umstrittene Rednerin: Gaby Elsener

Narretei auf allen Kanälen. Ende der 90er Jahre war die Fastnacht zum medialen Dauerbrenner geworden. Mit "Kölle Alaaf", der Kostümsitzung der Kölner Prinzengarde, hatte RTL ein neues närrisches Format etabliert, das 1995 zur erfolgreichsten Unterhaltungssendung der Privatfunker geriet. Eine, die sich zudem rechnete. Bei gut zwei Millionen Mark Produktionskosten verkauften die Kölner zwölf Minuten Werbung, die sie in kleinen Portionen in die Aufzeichnung einstreuten. Spots, die in der Spitzenzeit für dreißig Sekunden über 60.000 Mark einbrachten. SAT1 wollte dem nicht nachstehen, musste sich aus Mangel an närrischen Talenten, die meist schon vertraglich an andere Vereine oder Veranstalter gebunden waren, aber mit einer "Oberaffengeilen Stimmungsparty" am Rosenmontag 1996 begnügen.

In den Chefetagen der Fernsehanstalten herrschte in jenen Jahren eine Art Goldgräberstimmung, wurde um die Übertragungsrechte närrischer Großveranstaltungen heftigst gerungen. Vor allem in Köln, wo der öffentlich-rechtliche WDR mit dem Privatsender RTL um den Rosenmontagszug pokerte. Das Rennen machte schließlich die ARD, die für eine Million Mark ein neues Karnevalspaket mit dem Festkomitee schnürte, das die Übertragung aller wichtigen Sitzungen samt Zügen dem Sender garantierte.

Aber auch Mainz war für die nach Quotenknüllern suchenden Senderchefs erste Adresse. So fanden 1998 gleich vier Sitzungen aus der rheinland-pfälzischen Landeshauptstadt den Weg auf den Bildschirm. Drei ins überregionale, eine ins regionale Programm, wo sich die Sitzung der Mombacher "Bohnebeitel" auf Anhieb zum Publikumsrenner entwickelte. Fast eine Million Zuschauer sahen die Premiere, ein Stück urwüchsigster Mainzer Fastnacht. "Helau aus Mainz" nannte SAT1 seine neue Sendung, den Zusammenschnitt einer Fernsehsitzung im Kurfürstlichen Schloss. Lerchenberger Carneval-Club, Gonsenheims "Eiskalte Brüder" und der Carneval-Club Weisenau stellten die Aktiven für sechs Stunden Programm, von denen freilich nur drei Stunden gesendet wurden. Mit 3,6 Millionen Zuschauern blieb das Experiment aber weit unter den Erwartungen der Programmgestalter, die glaubten, vom Ansehen des Markenprodukts "Mainz bleibt Mainz, wie es singt und lacht" zehren zu können.

Der Grund für die eher magere Zuschauerresonanz aber waren weniger die Leistungen der Aktiven als die sechs Werbepausen, in die der Privatsender die Sitzung zerlegt hatte. Pausen, die den im Umgang mit der Fernbedienung gewieften Zuschauer in Scharen anderen Programmen zutrieben, etwa der gleichzeitig laufenden Sendung "Hessen lacht zur Fassenacht". Gewundert haben dürften sich auch alle, die bei der Aufzeichnung selbst dabei waren, hatte SAT1 doch für die Sendung den Programmablauf total geändert. "Raketen frei zur Narretei" hieß im gleichen Jahr eine kurzfristig ins ZDF-Programm gehievte Sendung am Fastnachtsdienstag, die genau betrachtet eine Art närrischer Resteverwertung der Gemeinschaftssitzung war und an den Erfolg der ein Jahr zuvor ausgestrahlten KCK-Jubiläumssitzung anknüpfen sollte, die mit fast 7 Millionen Zuschauern erfolgreich war.

Ende des zweiten Jahrtausends war das Fernsehen zum wichtigsten Treffpunkt deutscher Frohsinnsapostel geworden, gab es kaum eine Region, wo nicht Kameras die karnevalistischen Darbietungen der Spaß-Elite in Bild und Ton festhielten. Vier Fernsehsitzungen waren das Krönchen, mit dem sich Mainz schließlich schmückte. "Gehen die Narrenschiffe der Nation auf medialen Crashkurs", fragte sich 1999 Dr. Anton Keim, der ehemalige Mainzer Kulturdezernent, nach der Gemeinschaftssitzung "Mainz bleibt Mainz, wie es singt und lacht". Eine Sorge, die sich bald als gegenstandslos erweisen sollte. Denn spätestens am Aschermittwoch, nach Analyse aller Einschaltquoten, war klar: drei Mainzer Fastnachtssendungen neben der traditionellen Gemeinschaftssitzung sind zuviel. So stieg SAT1 aus der Fernsehfastnacht aus, vor allem auch, weil die Mehrheit seiner Karnevalszuschauer nicht zur werberelevanten Zielgruppe der unter 50-Jährigen gehörte. Auch das ZDF gab seine Kastel-Gonsenheimer Gemeinschaftssitzung auf, an deren Stelle mit dem Jahr 2000 neue Faschings-Shows rückten, deren Untertitel wie "Lachen am laufenden Band" schon die neue Richtung verrieten.

"Zu viel Fernsehen schadet uns", hatte der MCV, der noch kurz vorher über eine neue Fernsehsitzung mit dem Südwestrundfunk verhandelt hatte, die TV-Schlankheitskur kommentiert. Waren die Fernsehgastspiele doch ein lukratives Zubrot für die Vereine gewesen. Mit 180.000 Mark hatte SAT1 seine drei Kooperationspartner jährlich entlohnt, jeweils 50.000 Mark Honorar hatte das ZDF nach Gonsenheim und Kastel für die Dienstagssitzung überwiesen. "Wir hätten das Geld gerne weiter genommen", kommentierte man in Kastel den Ausstieg des ZDF, "doch es gab definitiv zu viel Fastnacht im Fernsehen".

1998 (ZDF): "Ha-He-Hi-Helau"

Krach bei den "Hofsängern", der Kapitän gefeuert. Schon vor der Sendung hatten die Medien ihre Schlagzeilen. Bei der Fernsehsitzung aber glänzten wie immer ihre großen Stimmen, hatte Deutschlands bekanntester Fastnachtschor wieder mal das Jahr Revue passieren lassen. Bayerns Anti-Europa-Haltung ebenso besungen wie Voscheraus Rücktritt als Hamburger Oberbürgermeister und Klon-Schaf Dolly. Frischen Wind brachte Friedrich Hofmann in die Sendung, der mit Sonnenbrille und Sportfahrrad auf der Bühne erschienen war: *"Waigel hat vergeblich nach dem Rücktritt gesucht."* Politisch frech wie immer gab sich auch "Der Bote vom Bundestag": *"Es gibt noch immer Eskimos, die den Negern im Busch sagen, was sie falsch machen"*.

Als "Zeitreisender" kam Hans-Peter Betz, der zudem als Sitzungspräsident durch den Fernsehabend führte. Aus den Zeitungen von Überübermorgen las er dem Publikum vor: *"Mainzer und Wiesbadener sind nicht mehr verfeindet. Mainz hat nämlich Wiesbaden eingemeindet"*. Oder: *"Rolf Braun wurde vor zwei Wochen in Rom überraschend seliggesprochen"*. Hintersinniges für die Mainzer, das auch bei den Bundesbürgern ankam. Ebenso wie Norbert Roth, der als "Sechzigjähriger" Probleme wie Impotenz in närrische Verse packte. Deftiges für die Zielgruppe der über 50-Jährigen, in deren Herzen sich auch Hildegard Bachmann als "Prinzessin Moguntia" kalauerte *"Isch hab` so eine vornehme Art, bin als Bürgerliche viel zu schad`."*

Für Gesprächsstoff aber sorgte eine neue Gesangsgruppe, "Aca & Pella" (siehe Foto Seite 12). Sieben junge Männer, ein stimmgewaltiger Klangkörper um den Frontmann Tobias Mann, der mit A-capella-Gesängen aufwartete und damit einem Trend Raum verschaffte, der im Kinohit "Comedian Harmonists" seinen für alle sichtbaren Ausdruck gefunden hatte. "Ha-He-Hi-Helau" schmetterten die Burschen damals in den Saal, die heute als erfolgreiche Goldkehlchen auch außerhalb der Fastnachtszeit von sich reden machen.

1999 (ARD): "Helau in alle Welt, Lachen kost' kein Geld ..."

1999 rutschte die Einschaltquote erstmals unter zehn Millionen, jene magische Grenze, die sich der Südwestfunk als federführende Anstalt als Zuschauer-Ziel gesetzt hatte. Dabei standen hoffnungsvolle Talente neu auf der Bühne, die Sänger Peter Beckhaus und Ulrike Losereith zum Beispiel und ein sympathischer Bursche, der frech auf seiner Gitarre rockte, als "City-Musikmanager" für Mainz musikalisch die Werbetrommel rührte. Mit Tobias Mann klang Mainz ganz anders, weit weg von jeder Schunkel-Romantik.

Politisch hatte sich der Wind in Deutschland gedreht, musste Helmut Kohl für Gerhard Schröder den Platz räumen. Zeit also für den Alt-Bundeskanzler, mal wieder bei der Fernsehsitzung dabei zu sein, die er gut eineinhalb Jahrzehnte gemieden hatte. "Jetzt endlich, nach Amtsverlust und als Ersatz für Bonner Macht", schrieb die "Süddeutsche Zeitung", "durfte er sich in Mainz wieder zum Narren machen. Kohl hockte zwischen zwei Abgeordneten, schunkelte pflichtschuldig mit und bestätigte die angegangene Weisheit, dass Clowns die größten Melancholiker seien."

Schneller als er hatten die Mainzer Fernsehnarren den Politikwechsel verkraftet, die ersten Tage der neuen Regierung, die mit Oscar Lafontaine einen unbequemen Minister im Kabinett hatte, der selbst gern Kanzler geworden wäre. Vom "Oskar Schröder" sprach man deshalb in Mainz, der an den Fäden des "Pinocchio von der Saar" hänge. In Jeans kam der "Bote vom Bundestag", in Anspielung auf Joschka Fischer, den ehemaligen Turnschuh-Politiker, der jetzt als Bonner Minister im Maßanzug Staat machte. 16 Jahre Kohl-Intendanz im Staatstheater Bonn reizten manchen Narren zu Nachbetrachtungen.

"Bei der langen Tradition dieser eigenen Fastnacht hält sich auch der Humor ans Bewährte", meinte die "Süddeutsche Zeitung" nach der Sendung. "Schwiegermütter sind böse, Ehefrauen so träge und ihre Männer nicht mehr die feurigsten. Der politische Witz kommt meist zäh und fast nie vom Fleck, und ohne Viagra hätte man gar ohne Schlüpfrigkeiten auskommen müssen. Vierdreiviertelstunden nackter Frohsinn, unbeholfen ausgedonnert mit ein bisschen Internet und Standortfragen, dazu die immerwährende Drohung: "Helau in alle Welt, Lachen kost' kein Geld ..."

2000 (ZDF): "Gedrucktes Wort zur rechten Zeit, enthüllt Beschiss der Obrigkeit"

"Sinkflug der Fernsehsitzung hält an", titelte eine Lokalzeitung nach der Gemeinschaftssitzung anno 2000, obwohl das Angebot an abendfüllenden Fastnachtsübertragungen aus Mainz gegenüber den Vorjahren halbiert war. Einer der Gründe, der vor allem konservative Zuschauer vergrault haben könnte, war die massive Kohl-Schelte, der wegen einer sechsstelligen Partei-Spende ins Gerede gekommen war. *"Jetzt wird an dem Dicken geschraubt und gedrechselt, er hätte absichtlich Schwarzgeld mit Schmiergeld verwechselt"*, reimte gleich zum Auftakt der Protokoller. *"Wolle mer uns en schöne Abend mache, oder sinn sie auch in der CDU?"*, fragte Jürgen Dietz als Bundestags-Bote, der den "Bimbes-Kanzler" mit Kritik ebenfalls nicht verschonte. *"Wenn sie jemand am Ausgang sitzen sehen mit Hut und Klingelbeutel, werfen sie was rein, es könnte Helmut Kohl sein, der braucht jede Mark"*. Und auch der "Till", der sich erstmals symbolisch aus der Kuppel des Berliner Reichstags, des neuen Parlamentssitzes, meldete, nahm sich der Kohlschen Spendenpraxis an. *"Der CDU-Geldwaschsalon: gewaschen in der Schweiz, getrocknet in Hessen. Bis Kanther in die Schleuder kam"*. *"Gedrucktes Wort zur rechten Zeit, enthüllt Beschiss der Obrigkeit"*, reimte Hans-Peter Betz über die Affäre, der zum Gutenberg-Jubiläum als "Gutenberg" auf der Bühne erschien.

"Gutenberg" Hans-Peter Betz (2004)

"Viel Moral und Stammtischpolitik", fasste die "Stuttgarter Zeitung" den Fernsehabend zusammen "ein bisschen was fürs Auge, Witze aus der Kalauerkiste. Man muss das alles nicht mögen. Aber wenn doch: War es nun lustig oder wenigstens unterhaltsam ? Nun, von Fall zu Fall. Aber ehrlich: zwei Stunden hätten es auch getan." So aber waren es gut vier. Kein Wunder, dass bis zum Finale mit den "Hofsängern" nur ganze 3,3 Millionen Zuschauer durchhielten. "Ein neuer Ernst Neger ist nicht in Sicht", resümierten die professionellen Fernsehkritiker, "dafür gibt es statt des singenden Dachdeckermeisters jetzt einen Blues singenden Brezelbäcker …"

Foto links: Jürgen Müller als "Playboy" (1972)

2001 (ARD): Jauch siegt

Aus Angst, noch mehr Zuschauer zu verlieren, setzte man 2001 auf noch leichtere Fernsehkost – und auf noch mehr Tempo. "Die Zeiten mehrstündiger Überziehungskredite sind vorbei", umschrieb eine Lokalzeitung das neue Konzept nach der Generalprobe. ",Flotter, schlanker, pointierter' lautet die Devise der TV-Gewaltigen, die auch beim altehrwürdigen Fernsehnarren-Schlachtross den durch den Comedy-Boom veränderten Sehgewohnheiten Rechnung tragen. Auch daran mag es gelegen haben, dass die politisch-literarischen Beiträge diesmal auf Sparflamme köchelten, die Kokolores-Nummern hingegen mächtig ins Kraut schossen: Die Quote schunkelt mit."

Alle Anstrengungen aber, das Programm schriller und schneller zu machen und damit neue, junge Zuschauer zu gewinnen, nützten nichts. Noch einmal sackte die Einschaltquote gegenüber dem Vorjahr, waren nur noch 7,89 Millionen Zuschauer bei "Mainz bleibt Mainz, wie es singt und lacht" dabei. Das reichte zwar noch für den närrischen Spitzenplatz, offensichtlich aber hatte die Verjüngung des Programms wenig genutzt. Die meisten der bis zu 50-jährigen Zuschauer verfolgten an diesem Abend Günther Jauchs Quiz "Wer wird Millionär?". Den direkten Vergleich mit dem eher betulichen Bildungsprogramm bei RTL hatte "Mainz bleibt Mainz, wie es singt und lacht" verloren.

Wieder einmal dominierte der Kokolores, dessen Niveau freilich langsam ausgereizt schien. "Die momentane Praxis", stellte die "Mainzer Allgemeine Zeitung" im Hinblick auf die vier sitzungstragenden Vereine MCV, MCC, GCV und KCK fest, "ist ein Auslaufmodell. Es gibt noch mehr Hochkaräter in der Mainzer Fastnachtslandschaft, die wegen ihrer Klubkappen bisher nicht in Betracht kamen. Das muss sich ändern. Wer mit Gottschalk und Comedy um Quoten kämpft, sollte alle Potenziale ausschöpfen. Dann bleibt die Mainzer Fernsehfastnacht langfristig eine feste Größe."

2002 (ZDF): "Ich hab immer noch die gleich ..."

Wie verunsichert die Programmgestalter mittlerweile waren, zeigte sich 2002, als das ZDF die Sendung nach der Generalprobe noch einmal umbaute. So wurden "Aca & Pella", das musikalische Aushängeschild Mainzer Jung-Fastnacht, im Ablauf nach vorne gerückt, um dem Quiz-Papst Jauch bei RTL Paroli zu bieten. Statt dessen wanderte das Geiger-Fränzje Klaus Koop mit seiner "Rosamunde" in den hinteren Sitzungsteil. Weg mit dem Mief der Bürgerfastnacht hieß die Parole, die auch den professionellen Beobachtern der "Mainzer Allgemeinen Zeitung" aufgefallen war. "Nach Jahrzehnten kollektiver Zwangsverklammerung scheint die Mainzer Fernsehfastnacht im aufkeimenden neuen Jahrtausend endlich ihre Fesseln abgelegt zu haben: der notorische Saal-Schunkler ist so gut wie erledigt. Statt dessen schafft sich immer mehr individualrhythmisches Freihand-Klatschen Raum, was den Trend zur Dynamisierung der betagten "Mutter aller Sitzungen" und einer Verjüngung ihrer närrischen Sprößlinge unterstreichen mag."

So ließen "Aca & Pella" gleich zu Sitzungsbeginn aus Mülltonnen-Klängen den auf "Heelau" getrimmten Banana-Boat-Song Harry Belafontes erklingen. Eine Mainzer Hommage an den Zeitgeist. Den kitzelte auch der Frontmann der Truppe, Tobias Mann, als "Musikfiloosof". Der Rest aber gab sich antiquierter, als "Rockefeller vom Gonsbachstrand", "Möchtegern-Till" oder "Burgfräulein" zum Beispiel. Mit Stammtisch-Weisheiten wie sie der "Pensionär" verbreitete: *"Ich hab' immer noch die Gleich', ich häng halt so am alte Zeich".*

Geschickt umgingen die Redner den 11. September. "Die Terroranschläge des 11. September", umschrieben es wortreich die Chronisten, "haben Narben des Schweigens auch in der Bütt hinterlassen". Nur die Folgen kamen zaghaft zur Sprache, etwa die neue Steuer auf Tabakwaren, mit denen die Regierung neue Sicherheitskonzepte finanzieren wollte. *"Rauchen ist zur nationalen Pflicht geworden: Unter Einsatz des Lebens den Kampf gegen den Terror unterstützen".* Statt sich mit zunehmender Gewalt und religiösen Fanatikern inhaltlich auseinander zu setzen, flüchteten die Redner in die Niederungen des Boulevard, musste ein Mallorca-Ausflug des Verteidigungsministers für manche Pointe herhalten. *"Der Scharping wirft nur das Handtuch, wenn es am Swimming Pool gebraucht wird".*

2003 (ARD): "Schnabel und Schwänzje, das Heilegänsje"

"Das neue Konzept der TV-Fassenacht geht auf", frohlockte die "Mainzer Rhein-Zeitung" nach der Generalprobe. Ihre Reporterin hatte ein "furioses Programm und kürzere Vorträge" gesehen. Kurzum eine Sitzung, von deren Erfolg die verantwortlichen Südwestfunk-Redakteure Günther Dudek und Harald Kieffer überzeugt waren. Doch als am Freitagabend nach Gardemarsch und kurzer Begrüßung Tobias Mann mit seiner Gitarre auf den Tischen des Kurfürstlichen Schlosses stand, war abzusehen, das konnte kaum gut gehen. So hatte Günther Jauch mit seinem Millionärsquiz mal wieder leichtes Quotenspiel gegen die Mainzer Fernsehmacher, die zum Verdruss der Stammseher den Protokoller aus der Fernsehfastnacht verbannt hatten und statt dessen einen "Museumsführer" auf die Bühne schickten, der die Zuschauer durchs Mainzer Narrenreich begleitete: *"Schnabel und Schwänzje, das Heilegänsje"*.

Das Bühnenbild war vom Feinsten, ganz modern auch die Regie, die im engen Schlosssaal mit Kamerafahrten und Schwenks aufwartete, dass es dem Betrachter zu Hause fast schwindlig wurde. Die Quittung für die vom televisionären Zeitgeist erfasste Sitzung bekamen die Fernsehmacher vom Zuschauer: 7,35 Millionen Seher, schlechter war die Traditionssendung noch nie eingeschaltet.

"Wenn ‚Mainz bleibt Mainz' die 35. oder 40. Fernsehsitzung ist, die während einer Kampagne ins Wohnzimmer flimmert, kann sie einfach nicht mehr die Traumquoten früherer Jahre erzielen", entschuldigte die "Mainzer Rhein-Zeitung" den Flop. Zum gegenteiligen Ergebnis war die "Allgemeine Zeitung Mainz" gekommen, die "ein närrisches Menetekel" registrierte. "Soll die Sendung nicht komplett abstürzen, bedarf es endlich kultivierender Konzepte. Mit Hektik allein ist jedenfalls gar nichts getan".

Lebhaft wie selten war das Leserbriefecho auf die Sendung, wo jeder jedem die Schuld am Quotendebakel zuwies. "Die Sitzung war von solch einer Hektik geprägt", meinte ein Zuschauer, "dass selbst die Kapelle Mühe hatte, ihre Töne loszuwerden." Ein anderer machte die Redner für das magere Echo verantwortlich. "Die Narrheit war allzu oft vorhersehbar und abgedroschen. Die Politikerwitze, vor allem über Rot-Grün, kursieren zwar zu Recht, aber leider schon seit Monaten."

Kritik gab es vor allem aber am gelangweilten Saalpublikum, mit dem die Redner am schärfsten ins Gericht gingen. "Was haben denn die Politiker als solche auf unserer Sitzung verloren? Außer unsrem Landesvater, dem OB von Mainz und unserer Nachbarstadt Wiesbaden können wir auf die Teufels und Kochs und Gott weiß was verzichten", schimpfte Norbert Roth, einer der "Mitwirkenden und Mitgeschädigten der Fernsehsitzung".

2004 (ZDF): Umbau nach der Generalprobe

"Es gibt ein ungeschriebenes Gesetz: Ein Aktiver, der bei der Generalprobe dabei ist, wird nicht mehr aus der Sitzung herausgenommen", hatte eine Lokalzeitung in ihrem Bericht von der Generalprobe angemerkt, wo der eine oder andere Redner, der beim mehrwöchigen Testlauf in den Mainzer Sälen noch Ovationen gefeiert hatte, sichtlich Mühe hatte, beim Publikum zu punkten. Erstmals nach Jahrzehnten wurden so wieder Redner kurzfristig ausgetauscht, zog das ZDF die Konsequenzen aus einem missglückten Probelauf.

So hatte Norbert Roth als "Häuslebauer" einen Schlussvortrag gehalten, der das Publikum allenfalls zu Pflichtapplaus rührte. Und auch TV-Neuling Adi Guckelsberger erntete als "Reisebürowerbeabteilungsleiter" beim Test nur müden Beifall. An seiner Stelle kam der "Kantinenwirt vom Bundestag", Werner Renkes, zum närrischen TV-Debüt, für Roth sprang die bewährte Hildegard Bachmann in die Bresche. Der Vorgang, urteilte die Mainzer "Rhein-Zeitung", "zeigt symbolisch den aktuellen Zustand der Meenzer TV-Fassenacht – mitten im Umbruch zwischen einer verklärten Vergangenheit und einer ungewissen Zukunft ... Offenbar unschlüssig, was denn nun das Fernsehpublikum am Bildschirm halten könnte, hat die Runde ... in diesem Jahr manche zweifelhafte Entscheidung gefällt."

Die öffentliche Kritik an den Programmgestaltern verstellte den Blick auf die Sitzung, die bewährte Mischung aus politisch-literarischer Fastnacht und Kokolores. Etwas Naserümpfen über eine Bauchrednerin gab es bei den Traditionalisten der Fastnacht, auch über drei Sänger, welche die drei Tenöre auf die musikalische Schippe nahmen. Die lebhafteste Debatte aber entfachte der TV-Neuling Thomas Klumb, der als "Bestattungsunternehmer" ein Tabu-Thema aufgegriffen hatte und tief in der Kiste des schwarzen Humors kramte. *"Er war, das haben wir geschätzt, entgegenkommend bis zuletzt"*, zitierte er die Inschrift auf dem Grab eines Geisterfahrers. Oder: *"Ich möchte mal so sterben wie mein Großvater – selig einschlafen, nicht so mit Händegefuchtel und Schreien wie sein Beifahrer"*.

Mit 8,15 Millionen Zuschauern war man beim ZDF zufrieden, mehr noch mit den Marktanteilen von über 30 Prozent. Doch auch diese Sendung spaltete die Nation, wie Leserbriefe in der "HÖRZU" verrieten. "Schämt man sich in Mainz und beim ZDF nicht, ein derart unterbelichtetes ‚Programm' ins deutsche Fernsehen zu bringen?", schimpfte ein Leser aus Dettum. "Eine tolle Sendung mit dem höchsten Niveau seit Jahren durch die gute Auswahl und die ausgezeichneten Akteure", lobte dagegen eine Zuschauerin aus Isernhagen.

Aphorismen

"Die Mainzer Fassenacht ist an ihre Stadt gebunden. Es ist gewiß nicht das einzige Fest seiner Art auf der Welt, aber es ist ein Fest lokaler Eigenart. Man kann es nicht verpflanzen, man kann es nicht exportieren, man kann es auch nicht normieren oder zentralisieren. Man kann nur eins mit ihm tun, man kann es feiern und sich – selbst wenn man kein Mainzer ist, was vorkommen kann und in Mainz verzeihendes Verständnis findet – gerührt mitfreuen an der Anhänglichkeit und Zärtlichkeit, die der Stadt entgegengebracht werden von denen, die ihr – ob nun kurz oder lang schon – gehören."
(Karl Schramm, Mainzer Autor)

"Auf der Erde leben heute annähernd 5,4 Milliarden Menschen. Einmal angenommen, jeder Zehntausendste erfindet einmal in seinem Leben einen neuen Witz. Das würde heißen, es gibt etwa alle 70 Jahre 540 000 neue Witze, und das wiederum bedeutet jeden Tag 21 neue Witze. Gar nicht so viel, oder?"
(Chris Howland, Witzesammler)

"Fasching ist die Zeit der Konfettischisten."
(Georg Kreisler)

"Machen wir uns doch nichts vor: Alles Randalieren gegen die Mainzer Guckkastenjecken ist doch für die Katz', die haben allemal ein dickeres Fell als wir, und, Narrhalla sei Dank, ist das mit der Määnzer Fassenacht schließlich doch wie mit dem röhrenden Hirsch über unserem Sofa. Wenn wir ihn endlich auf dem Sperrmüll haben, ärgern wir uns über den leeren Fleck an der Wand. Lassen wir also den Hirsch, wo er hängt.
("Frankfurter Allgemeine Zeitung", 1979)

"Die Nacht brauchte sich nach dem bunten Treiben gar nicht auf Mainz herabzusenken, sie haben dort ja ihre Fastnacht, aus der sie kein noch so starker Scheinwerfer herausführen wird. Vielleicht habe man mit dem Programm "ein wenig die Alltagssorgen vertreiben können", hoffte der Moderator am Schluß. Die Luftballons stiegen zur Decke, Papierschlangen ringelten sich zum letzen Mal, das Bundeswehr-Blech ächzte vor militärischer Kraft, dann kehrte zum Glück überall der Alltag ein. Nur Mainz bleibt Mainz."
("Süddeutsche Zeitung", 1999)

Foto rechts: „Hofsänger" (2004)

Wie kommt man ins Fernsehen? Über den Eingang ins Tele-Reich

Die Vorbereitungen für die jährliche Fernsehsitzung beginnen in der Regel schon im Spätjahr, wenn die Fernsehanstalten und die vier an der Sitzung beteiligten Vereine erste Gespräche führen. Dabei werden die Weichen gestellt, im Vorfeld vielleicht auch schon Themen koordiniert. Gleich im neuen Jahr, mit den ersten Sitzungen im närrischen Mainz, beginnt dann die Arbeit des Programmausschusses. Je zwei Vertreter der vier an der Gemeinschaftssitzung beteiligten Vereine und des Fernsehens gehören ihm an. Auf den Fremdensitzungen in Mainz, Gonsenheim und Kastel werden dann die potentiellen Fernsehkandidaten unter die Lupe genommen. Wird sorgsam registriert, wer wie ankommt, wie Redner und Sänger, Ballett und Musikgruppen aufs Publikum wirken.

Kurz vor der öffentlichen Generalprobe am Mittwoch vor Fastnacht kommt der Ausschuss schließlich zur Abschlussbesprechung zusammen, wird das Programm für die Fernsehübertragung zusammengestellt. Ein zähes Ringen ist das oft, zumal jeder Verein versucht, "seine" Akteure publikumswirksam unterzubringen. Können sich die Beteiligten nicht auf ein gemeinsames Programm einigen, wird im Ausschuss abgestimmt, kann gar das Los über einen Auftritt entscheiden.

Zwei Tage vor der Live-Sendung am Freitagabend gibt es einen öffentlichen Probelauf, wird "Mainz bleibt Mainz, wie es singt und lacht" aufgezeichnet, der Mitschnitt anschließend analysiert. Wer beim Publikum durchgefallen ist, wird im besten Fall im Sendeablauf neu platziert, im schlimmsten ganz von der Teilnehmerliste gestrichen – so wie anno 2004, als gleich zwei Redner nach der Mittwochssitzung aufgeben mussten und durch zwei andere ersetzt wurden. Oft auch werden Verse noch einmal umgestellt, Pointen stärker zugespitzt oder ganze Textpassagen gestrichen. Fein-Tuning ist das, der letzte Schliff am Markenprodukt Fernsehfastnacht.

Pünktlich um 20.15 Uhr startet Mainz dann am Fastnachtsfreitag mit der Fernsehsitzung in die Tollen Tage, wird das Kurfürstliche Schloss zum närrischen Zentrum. In der Regel läuft im Übertragungswagen parallel zur Sitzung ein Mitschnitt der Generalprobe vom Mittwoch. Denn sollte bei der Live-Sendung irgend etwas schief laufen, könnte die Regie schnell in die Aufzeichnung umsteigen, bräuchte keiner der Zuschauer auf "Mainz bleibt Mainz, wie es singt und lacht" verzichten. Auch für Probleme auf der Sendestrecke ist man beim Fernsehen bestens gerüstet. Für den Fall der Fälle parkt gelegentlich ein zweiter Ü-Wagen in Schloss-Nähe.

Foto rechts: Fernsehsitzung 2004

Fastnacht für Senioren. Die Zuschauer der Fernsehfastnacht

Briefe, Telegramme und Telefonanrufe, E-Mails und Leserbriefe sind das jährliche Echo auf die Fernsehfastnacht. In ihnen machen sich die Zuschauer Luft, freuen sich oder geben ihrem Ärger Ausdruck. Wer aber sind diese Menschen, die Jahr für Jahr vor dem Fernsehapparat sitzen, vier und mehr Stunden vor dem Bildschirm verbringen?

Nach der Einrichtung eines zweiten und dritten TV-Programmes, mehr noch aber nach der Gründung kommerzieller Fernsehsender, wurde die Zuschauerstruktur der Fernsehsitzung klarer, trennten sich die jungen von den alten Sehern. Ein Prozess, der sich beschleunigte, je mehr Programme der Markt hergab. Mit den Zweit- oder gar Drittgeräten in den deutschen Fernsehhaushalten alterte das Fastnachtspublikum nochmals, hatten jüngere Zuschauer doch jetzt auch im Elternhaus eine Programmalternative. Spätestens in den 80er Jahren gingen die Zeiten, als Jung und Alt den Fastnachtsabend gemeinsam am Bildschirm verbrachten, zu Ende.

Kein Wunder, dass Senioren und Seniorinnen inzwischen zu den Stammsehern von "Mainz bleibt Mainz, wie es singt und lacht" gehören. Sie bilden seit langem die Mehrheit. 2003 zum Beispiel errechnete die ARD für die Zuschauer der Gemeinschaftssitzung ein Durchschnittsalter von 64 Jahren. Ein Jahr später kam das ZDF in seiner Untersuchung der Sendung zu einem ähnlichen Resultat, und auch 2004 war die Mehrheit der Zuschauer über 65 Jahre alt.

Fachleute überrascht das nicht, sind Fasching, Fastnacht oder Karneval im Fernsehen doch vorwiegend Altenprogramme. So ergab eine Analyse aller närrischen Sendungen im Hessischen Rundfunk, vom Fastnachtszug bis zur Sitzung, dass sie vorwiegend von Zuschauern über 65 Jahren genutzt werden. Fast gleich sah das Ergebnis einer Analyse des Südwestrundfunks aus, der bei seinen Fastnachtssendungen 2004 auf ein Durchschnittsalter von 63 Jahren kam. "Rund 84 Prozent der Zuschauer sind älter als 50 Jahre, 55 Prozent älter als 64 Jahre."

Wie das Alter nahe legt, sind die meisten Zuschauer im Ruhestand, bilden Rentner, Hausfrauen und Arbeitslose das klassische Fastnachtspublikum. Auch in Sachen Bildung und Beruf ähneln sich die Zuschauer, stellen Grund- und Hauptschüler ihr Gros. 2004 waren das beim Hessischen Rundfunk 72 Prozent, 78 Prozent beim Südwestrundfunk. Weiterführende Schulen oder die Universität haben nur die wenigsten besucht. Auffallend allerdings ist, dass "Mainz bleibt Mainz, wie es singt und lacht" mit 11 Prozent Abiturienten und Hochschülern ein deutlich gebildeteres Publikum als die meisten anderen Narrensendungen vor dem Bildschirm vereint. Fakten, die vermutlich in den politisch-literarischen

Qualitäten der Mainzer Traditionssendung begründet sind.

* * *

Traditionsverwurzelt ist der typische Fernsehfastnachtskunde. Seine Vorlieben und Lebensgewohnheiten kennt die Markt- und Zuschauerforschung genau, die ihn regelmäßig unter die Lupe nimmt. Weil die Lebenswelten der Menschen aber längst nicht mehr mit Kriterien wie Alter, Schulbildung oder Beruf allein zu fassen sind, hat die Wissenschaft in den letzten Jahren sogenannte Sinus-Milieus entwickelt, die Zuschauer in zehn soziale Gruppen mit jeweils ähnlichen Befindlichkeiten aufgeteilt hat. So kann ein 60-Jähriger heute durchaus auf Rockmusik stehen, ein 20-Jähriger umgekehrt auf Volksmusik. Wertorientierungen sind das, ästhetische und konsumorientierte Präferenzen, die einem ständigen gesellschaftlichen Wandel unterliegen.

"Sinus A23" (Traditionsverwurzelte), "Sinus A12" (Konservative), "SinusB2" (Bürgerliche Mitte) und "Sinus B1" (Etablierte) heißen die für die Mainzer Fernsehfastnacht relevanten Zielgruppen. Vier gesellschaftliche Blöcke aus Unter-, Mittel- und Oberschicht, von denen heute jeder mehr als eine Million Zuschauer bindet. "Konservative" und "Traditionsverwurzelte" gehören zu den Stammsehern der Sendung, nutzen das närrische Angebot aus Mainz besonders intensiv.

Über 60 Jahre sind die Mitglieder dieser Sehergruppen in der Regel. Leute, die Gartenarbeit, Deutsche Schlager und Volksmusik schätzen, stricken, häkeln und gern schneidern. Die statt ins Fitnessstudio oder zum Power-Walking lieber zum Wandern in die Berge und Wälder gehen.

Mit 1,78 Millionen Zuschauern stellten die "Traditionsverwurzelten" 2004 den größten Seherstamm. Geordnete Verhältnisse sind ihr zentrales Lebensziel. Bescheiden und sparsam treten sie gewöhnlich auf, kaufen nur, was sie brauchen. Großzügig ist die Gruppe dagegen Kindern und Enkeln gegenüber. Sparkonto und Lebensversicherung dienen ihrer zusätzlichen Altersvorsorge, weil sie der staatlichen Rente kaum noch trauen. Volkstheater und Heimatfilme finden in ihnen ebenfalls treue Zuschauer, ebenso Schlager-Sendungen und große Unterhaltungsshows. "Nicht unangenehm auffallen, ja keine Extravaganzen" beschreibt die Forschung ihr Leben. "Ordnung und Sauberkeit" heißt ihre Devise, was sich in meist blitzblanken Küchen und aufgeräumten Schlafzimmern zeigt. Schlampige Menschen, zu denen auch Frauen gehören, die rauchen, stören ihre Ästhetik. Pornographie und abstrakte Kunst ist ihnen zuwider, gesellschaftlicher Wandel ein Gräuel. Klein ist ihre Bereitschaft, sich auf Neues und Fremdes einzulassen. Schutzwälle aus Hecken, Zäunen und Gardinen, urteilen die Wissenschaftler, dienen ihnen zum Rückzug in die eigenen vier Wände, wo man sich vor dem Bösen der Welt verschont glaubt, vor Sittenverfall und Überfremdung.

Als offener in ihren Einstellungen, vor allem weil sie durchschnittlich auch um einige Jahre jünger sind, gelten die "Konservativen". Mit 1,14 Millionen Sehern bildeten sie 2004 zwar nur die viertgrößte Zuschauergruppe, "Mainz bleibt Mainz, wie es singt und lacht" aber sehen sie intensiver als alle anderen Gruppierungen. Finanziell stehen die "Konservativen" etwas besser als die "Traditionsverwurzelten" da, was in Studienreisen, Wellness-Urlaub oder gehobener Wohnausstattung zum Ausdruck kommt. Als Elite zur Pflege familiären Erbes verstehen sich die meisten, als Hüter guter Sitten und traditioneller Werte, zu denen vor allem auch die politisch-literarische Fastnacht gehört.

Mit 1,34 Millionen Zuschauern ist die "Bürgerliche Mitte" inzwischen die zweitstärkste Zielgruppe. 30 bis 55 Jahre alt sind diese Zuschauer gewöhnlich, die Hoffnungsträger für die Zukunft der Fernsehsitzung. "Das Leben so angenehm wie möglich gestalten", beschreibt die Forschung ihre Lebenseinstellung, sich leisten können, was einem gefällt – aber flexibel, realistisch und bodenständig bleiben". Es sind die Smart-Shopper von heute, Menschen, die auf Kleidung, Essen, Wohnung und Urlaub Wert legen, sich in ihrer Freizeit aber kaum von den "Traditionsverwurzelten" unterscheiden.

Fast gleich stark (1,22 Millionen Zuschauer) ist die Gruppe der "Etablierten", die für den Anspruch der jährlichen Gemeinschaftssendung bürgt. Es ist die gesellschaftliche Elite, leitende Angestellte und höhere Beamte, Selbständige und Freiberufler. Menschen mit überdurchschnittlich hohem Bildungsniveau, die im Internet ebenso zu Hause sind wie im Theater- und Opernsaal. Es ist die Gruppe, die an den Fortschritt glaubt, gesellschaftliche Auseinandersetzungen nicht fürchtet, trotz aller Flexibilität aber Bewährtes eher bewahrt als verändert.

Eher unterdurchschnittlich sind die übrigen Gruppierungen vertreten, vor allem die hedonistischen Milieus, hinter denen die jungen Vertreter der Spaßgeneration stecken. Menschen, die Leben als Lifestyle inszenieren, die neue Bohème , die am Freitagabend lieber ins Kino oder die Kneipe geht, statt sich früh abends vor den Fernseher zu setzen. Auch die "Modernen Performer" kehren den Mainzer Narren den Rücken, die junge Leistungselite, die sich auf kein bestimmtes Lebensmuster festlegen lässt. Bürgerliche Feste wie die Saalfastnacht sind nicht ihr Ding, lieber gehen sie auf den Sportplatz oder in die Disko.

Weil "Mainz bleibt Mainz, wie es singt und lacht" die jungen Zielgruppen fehlen, ist der typische Zuschauer verheiratet oder verwitwet. Jeder dritte, ergab eine Analyse nach der ZDF-Sendung 2004, lebt allein im Haushalt. Frauen sind das meist, denen die jährliche Übertragung den größten Teil ihrer Popularität verdankt. Denn auf 42 Männer kommen in der Regel 58 Frauen, ein Verhältnis, das sich in den letzten Jahren kaum verschoben hat. Frauen aber schalten die Gemeinschaftssitzung nicht nur häufiger ein, sie sind, wie ältere Umfragen belegen, mit dem Programm auch deutlich zufriedener als Männer. Ginge es nur nach ihnen, wäre die Diskussion, ob die Fernsehfastnacht politisch sein müsse, längst entschieden. Denn Frauen finden Büttenreden mit politischem Inhalt weit weniger interessant als Männer.

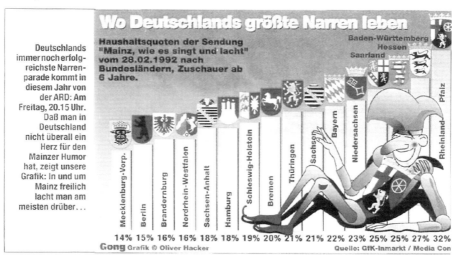

Aus: "Gong" (1992)

Und noch etwas hat die Zuschauerforschung herausgefunden. Die meisten Kunden der traditionellen Gemeinschaftssitzung wohnen in den südwestdeutschen Karnevalsregionen, den klassischen "Sitzungsländern". So war bei der Gemeinschaftssitzung 2003 der Marktanteil der Sendung in Rheinland-Pfalz am höchsten: 55,9 Prozent. 44,7 Prozent waren es in Hessen, 36,4 Prozent im Saarland. Etwas reservierter gaben sich die Zuschauer in Nordrhein-Westfalen (Marktanteil 24,7 Prozent), wo der Heimvorteil des Kölner Karnevals gegenüber der Mainzer Fastnacht Jahr für Jahr die Statistik trübt. Die größten Karnevalsmuffel aber sitzen nach wie vor im deutschen Nordosten, mit 12,7 Prozent Marktanteil in Mecklenburg-Vorpommern, mit 10,4 Prozent in Brandenburg.

Das Zünglein an der Waage. Mainz entscheidet über Marktanteile

Für die Fernsehanstalten sind sie Jahr für Jahr mehr als Routinebetrachtungen, die Blicke auf Einschaltkurven und Zuschauerverhalten. Närrische Sendungen entscheiden über Marktführerschaft, über Wohl und Wehe von Monats- und Jahresstatistiken. Und nicht selten ist "Mainz bleibt Mainz, wie es singt und lacht" das Zünglein an der Waage. So liefern sich ARD und ZDF seit Jahren einen Wettbewerb um die närrischen Meisterehren. In der Regel gewinnt der, der die Mainzer Traditionssendung im Angebot hat. 2004 war dies das ZDF, das mit allen seinen Fastnachtssendungen einen durchschnittlichen Marktanteil von 18,6 Prozent erreichte, 2,5 Prozent mehr als die ARD, die es auf 16,1 Prozent brachte. Betrachtet man nur die abendlichen Übertragungen nach 20 Uhr, wird der Unterschied noch deutlicher, wächst der Vorsprung dank der Mainzer Narren auf 3,7 Prozent.

Der Blick auf die Vorjahre unterstreicht die These. So hatte die ARD, die 2003 mit der Übertragung aus dem Kurfürstlichen Schloss an der Reihe war, mit 16,9 Prozent Marktanteil die Nase vor dem ZDF, das es mit seinen abendlichen Karnevalssendungen nur auf 16,5 Prozent brachte. Im Jahr davor war es wieder umgekehrt, da lagen die Männer vom Lerchenberg mit ihren närrischen Programmen deutlich vor der öffentlich-rechtlichen Konkurrenz.

Bislang haben die Mainzer ihren Fernsehspitzenplatz Jahr für Jahr verteidigt, den Kampf gegen den schärfsten Konkurrenten, die ARD-Sendung "Karneval aus Köln", immer gewonnen. 2004 zum Beispiel lag Mainz mit 8,15 Millionen Zuschauern deutlich vor Köln, das es auf 6,89 Millionen brachte. 30,1 Prozent aller Zuschauer sahen am Freitag vor Fastnacht die Mainzer lachen, 22,3 Prozent am Rosenmontag die Kölner. Ein respektabler Unterschied, der sich auch anno 2003 zeigte, als Mainz gut eine Million Zuschauer mehr als die Kölner hatte.

Noch immer ist Mainz so das Flaggschiff unter den närrischen Unterhaltungssendungen. Wie Fußballweltmeisterschaften, Tour de France oder Olympische Spiele garantiert das Narrenspektakel im Kurfürstlichen Schloss den beiden öffentlich-rechtlichen Kanälen wichtige Zuschauerquoten. Auffallend freilich ist, dass die Einschaltquoten im ZDF prozentual meist ein bisschen besser als bei der ARD sind. Am Alter der Zuschauer jedenfalls kann das nicht liegen, sind die typischen Seher beider großen Fernsehsysteme doch im Durchschnitt deutlich über 50 Jahre alt. Dass es dem einen Sender mehr als dem anderen gelingt, Zuschauer zu motivieren, kann also nur an der Programmzusammenstellung liegen – oder an den Gegenprogrammen, die bei der Betrachtung dieses Phänomens bislang kaum beachtet wurden.

In der närrischen TV-Landschaft ist die Mainzer Marktführerschaft bislang unangefochten. Nicht zu übersehen aber sind seit langem die Konkurrenten. Vor allem Köln mit seinen diversen Angeboten, von der auf jüngere Zuschauer zugeschnittenen RTL-Sitzung "Kölle Alaaf" bis zur traditionellen ARD-Sitzung "Karneval in Köln". "Düsseldorf Helau" heißt der jährliche Mitschnitt aus der nordrhein-westfälischen Landeshauptstadt, "Heut' steppt der Adler" eine Narrensendung aus Cottbus. Dazu kommen in der ARD die jährlichen Sitzungen aus Hessen ("Hessen lacht zur Fassenacht") und Baden-Württemberg ("Fastnacht an Neckar, Rhein und Bodensee") und die Übertragung der Aachener Ordensverleihung "Wider den tierischen Ernst". Seit einigen Jahren neu im Wettbewerb sind die beiden ZDF-Formate "Karnevalissimo" und "Karneval hoch Drei", meist schon Monate vorher in großen Hallen aufgezeichnete Show-Sendungen, die auf ein jüngeres Publikum zielen und mit Fastnacht weit weniger gemein haben als die klassischen Karnevalssitzungen mit Klatschmarsch und Schunkeleinlagen.

Mainz aber scheint für die Zukunft gerüstet, genießt die Gemeinschaftssitzung doch unter allen großen Narrensendungen, von der RTL-Sendung "Kölle Alaaf" einmal abgesehen, bei jüngeren Zuschauern die größte Reputation. Mit 8,7 Prozent Marktanteil unter den 14- bis 49-Jährigen hatten die Mainzer auch 2004 die Nase vorn. Größere Probleme könnten der Sendung allenfalls aus der zunehmenden Verkabelung und Digitalisierung der Fernsehlandschaft entstehen, die es immer mehr Zuschauern erlaubt, auch regionale Programmangebote zu nutzen. Zuletzt profitierte davon vor allem der Bayrische Rundfunk, dessen Traditionssendung "Fastnacht in Franken" anno 2004 3,5 Millionen Zuschauer erreichte, ein neuer Rekord für Sendungen in den Dritten Programmen. Mit ihren Übertragungen aus Franken ist es den Bayern in den letzten Jahren offensichtlich gelungen, neue närrische Identitäten zu schaffen. Ähnliche Erfolge, wenn auch nicht in bayrischer Größenordnung, hat der Südwestrundfunk mit der "Bohnebeitel"-Sitzung erzielt. "Mombach hat die Supernarren" hieß die Übertragung 2004, die bundesweit 1,7 Millionen Zuschauer erreichte. Mit Abstand ließen die Mainzer auch im Dritten Programm alle anderen Sitzungen hinter sich, abendfüllende Sendungen aus Konstanz, Esslingen, Saarbrücken, Koblenz und Frankenthal. Mainz, lässt sich daraus ablesen, ist im deutschen Südwesten noch immer die Nummer Eins in Sachen Saalfastnacht.

Margit Sponheimer und Toni Hämmerle

Wenig Chancen für Neulinge. Frauen und Männer auf der Fernsehbühne

Knapp sechzig Mal waren die Fernsehanstalten bislang bei den traditionellen Gemeinschaftssitzungen in Mainz zu Gast. Insgesamt schickten ARD und ZDF ein Programm in den Äther, das – Jahr für Jahr hintereinander geschnitten – den Zuschauer mehr als eine Woche Tag und Nacht an den Bildschirm fesseln würde. Viele hundert verschiedene Programmnummern hätte dieses Sitzungspaket, doch an die Gesichter hätten sich aufmerksame Betrachter schnell gewöhnt. Denn dem halben Jahrhundert Mainzer Fernsehfastnacht haben nur gut zwei Dutzend Büttenredner ihren Stempel aufgedrückt. Männer und Frauen, von denen es manche zu bundesweiter Popularität brachten. Zu Starruhm gar wie Rolf Braun oder Dieter Brandt, der "Till". Wie Jürgen Dietz, der "Bote vom Bundestag", Herbert Bonewitz oder Willi Scheu, der "Bajazz mit der Laterne". Unvergesslich blieben auch manche Sänger und Sängerinnen, allen voran Ernst Neger, Margit Sponheimer und ihr Förderer Toni Hämmerle (siehe Foto Seite 118). Mehr als dreißig Mal waren die "Gonsbachlerchen" bei der Traditionssendung dabei. Auf noch mehr Auftritte brachten es die "Hofsänger", die der Fernsehfastnacht seit 1956 die Treue halten.

"Blinddarm-Operateur" Friedel Panitz

Knapp 20 Solisten und Gruppen waren 1955 bei der Premiere von "Mainz, wie es singt und lacht" dabei. Eine Truppe, aus der sich schnell ein närrischer Kern schälte, der über Jahre gleich blieb. Geführt von den beiden Vereinspräsidenten Karl Moerlé (MCV) und Jakob Wucher (MCC), denen als Sitzungspräsident Martin Mundo assistierte, legten sie den Grundstein für die Beliebtheit der Sendung. Viele aus der Gründungsmannschaft hatten sich bereits vorher im Rundfunk bewährt. Büttenredner wie Ernst Mosner oder Adolf Gottron, der 1960 als "letzter Arbeitsloser" von sich reden machte. Friedel Panitz, eines der größten Talente der frühen Fernsehjahre, kreierte als "Hotelportier", "Schlafwagenschaffner", "Museumsführer" oder "Pedell" zungenbrecherische Wortschöpfungen wie das von der "pipimotiven Sagazität". Umwerfend seine humoristische Logik. *"Bei Adam und Eva war ja nur das Obstessen verboten, bei Moses waren schon zehn Sachen verboten. Bei den Amerikanern ist alles erlaubt, was nicht verboten ist, bei den Deutschen ist alles verboten, was nicht ausdrücklich erlaubt ist, in Frankreich ist alles erlaubt, auch was verboten ist, und in Russland ist alles verboten, sogar was erlaubt ist".*

Für die politische Fastnacht standen "Till" und "Bajazz" – und Heinz Heuzeroth, der sich in verschiedensten Handwerkerrollen Jahr für Jahr aus der "Bonn-des-Hauptstadt" meldete. Als "Maler Klecksel" sorgte Emil Nothof für eine besondere Farbe im Programm, indem er seine Verse auf der Bühne mit dem Zeichenstift ergänzte. Herbert Jakob brachte als "Bürotrottel" und "Butler" selbst die ältesten Kalauer neu verpackt unters Volk. Unnachahmlich auch Otto Dürr und Georg Berresheim, die als Putzfrauen Karnevalsgeschichte schrieben, als "Frau Babbisch und Frau Struwwelich" das Zwerchfell vieler Millionen Zuschauer traktierten. Für die optischen Höhepunkte in den Kindertagen der Fernsehfastnacht sorgten die "Gonsbachlerchen", eine Sangestruppe aus dem Vorort Gonsenheim, hinter denen Willi Wohn, Joe Ludwig und Herbert Bonewitz als treibende Kräfte steckten. Krönung eines jeden Fernsehabends aber waren die "Hofsänger" und ihr Lied "So ein Tag, so wunderschön wie heute".

Erst Mitte der 60er Jahre, nachdem das ZDF mit "Mainz bleibt Mainz" seine

Putzfrauen-Duo: "Frau Babbisch und Frau Struwwelich"

eigene Gemeinschaftssitzung aus der Taufe gehoben hatte und den Zuschauern nicht die gleichen Gesichter wie in der ARD zumuten wollte, kam Bewegung ins Aktivenkarussell. Neulinge traten jetzt ins Rampenlicht, von denen sich freilich nur die wenigsten auf Dauer behaupten konnten. Zu ihnen zählte vor allem Herbert Bonewitz, der als scharfzüngiger Beobachter der Narrenszene damals zu den Besten in der Bütt zählte.

Herzhafte Lacher garantierten aber auch Männer wie Rudi Zörns, Jochen Kunz

"Piratenshow", Finther "Schoppesänger" (1968)

und Jürgen Müller, der 1965 als "Internatsschüler" Fernsehpremiere hatte. Als "Gastarbeiter", "Gammler" oder "Schönheitsberater" artikulierte Jochen Kunz die Nöte, Sorgen und Ängste des kleinen Mannes. Rudi Zörns packte amüsante Erlebnisse in Verse, die er als "Goldener Hochzeiter" oder "Kurgast in Bad Peng an der Knatter" gemacht haben wollte.

Mit Willi Görsch trat 1977 schließlich ein weiterer Stimmungsmacher ins Rampenlicht. Zusammen mit seinem Partner Egon Häußer landete er einen der größten Karnevalshits: "Wir sind die Tramps vun de Palz". Später alberte er sich als "Doof Nuss" oder "Hotelboy" durch die Fernsehabende. Kokolores hieß diese Form des närrischen Vortrags, deren eifrigster Verfechter Rolf Braun war. Die Fastnacht, war seine Parole, lebt von Klischees, wenn die bedient werden, bleibt der Erfolg nicht aus.

Mit den "Finther Schoppesängern" und den Kasteler "Kreiselspatzen" betraten Mitte der 60er Jahre zwei neue Gesangsgruppen die närrische Bühne. Mehr noch als "Hofsänger" und "Gonsbachlerchen" legten sie Wert auf ausgefallene Choreografien, auf beste Maskenbildner und ständig neue Kostümierungen. Und Margit Sponheimer trat in die Fußstapfen Ernst Negers, dessen Rolle sie langsam übernahm. Auch ihre Lieder konnten die Seele streicheln und das Herz berühren.

Ende der 70er Jahre war Zeit für den nächsten Generationenwechsel. Der

Kasteler "Kreiselspatzen" (1981)

"Bajazz" hatte ausgedient, Platz gemacht für eine neue Form politischer Fastnacht, die Jürgen Dietz personifizierte (siehe Interview Seite 187). Mit ihm wurde die Kritik aus der Bütt frecher, die Themenpalette größer. Nach jährlich wechselnden Typenvorträgen hatte Dietz 1987 mit dem "Boten vom Bundestag" schließlich seine Rolle gefunden, die zum neuen Aushängeschild politischer Fastnacht wurde. Statt gereimt kam die Gesellschaftskritik jetzt in Prosa.

Der bedient sich auch "Gutenberg" Hans-Peter Betz, der zur Jahrtausendwende in diese Rolle geschlüpft war. Zuvor hatte er mit immer aufwändigeren Maskeraden für frischen Wind gesorgt. Zeitgemäß und politisch präsentiert sich inzwischen auch der "Till", der sich Jahr für Jahr symbolisch aus der Kuppel des Berliner Reichstages meldet.

Als "Hausmann" hatte Norbert Roth 1983 TV-Premiere. Sein Vortragsstil wurde schnell zum Markenzeichen. Mit den Händen, die wie beim klassischen Clown in weißen Handschuhen steckten, fuchtelte er Jahr für Jahr seine Pointen unters Volk. Bedächtiger, aber nicht weniger witzig, gibt sich Michael Emrich, auch er seit einem Jahrzehnt Stammgast auf den närrischen Brettern. Als einzige Frau zählt dazu inzwischen auch Hildegard Bachmann, die 1997 als "Hongkong-Reisende" auf dem Bildschirm debütierte (siehe Interview Seite 158).

Auch musikalisch hat die Fernsehfastnacht einige Veränderung erfahren. Nachdem Margit Sponheimer 1995 von der närrischen Bühne abgetreten war, konnten sich dort andere profilieren. Horst Becker als "singender Brezelmann" zum Beispiel oder Klaus Koop, der als "Geiger-Fränzje" einem Mainzer Original huldigt, das in den Nachkriegsjahren mit einer Geige durch die Stadt und ihre Vororte gezogen war. Mit "Aca & Pella" modernisierte sich die Fernsehfastnacht schließlich noch einmal, hielten neue Rhythmen und Melodien Einzug. Außerdem setzte ihr Frontmann Tobias Mann als Solist neue Maßstäbe mit Nummern, die man bis dahin eher im Kabarett als auf der Narrenbühne vermutet hätte. Tobias Mann verkörpert die neue närrische Spaß-Generation, die nichts mehr gemein hat mit den schunkelseligen Weisen ihrer Väter und Vorväter. Rock und Pop sind ihr Element, Musik von heute statt Schlager von gestern.

Conferencier und Strippenzieher Zur Rolle des Sitzungspräsidenten

Die Fäden jeder Sitzung hält der Präsident zusammen, der "Ankermann", der das Narrenschiff steuert. Sein Amt reicht zurück in die Kindertage der organisierten Fastnacht, ins frühe 19. Jahrhundert, als er als Chef des Komitees die Richtung vorgab. Ein wortgewaltiger Vordenker, eine Autorität im Rat der Narren. Seine Rolle hat bis heute überlebt, auch wenn manch junger Mainzer Karnevalsverein inzwischen auf ein Komitee verzichtet – und damit auch auf einen Sitzungspräsidenten.

Den ersten Fernsehsitzungen präsidierte aus Proporzgründen eine Doppelspitze. Damals wechselten sich die Vertreter der beiden größten Mainzer Karnevalsvereine in der Präsentation der Sendung ab. Unterstützt oft noch von einem Moderator, der den Zuschauer in die Sendung einführte und ihn mit den wichtigsten närrischen Ritualen bekannt machte. 1965 aber begann ein neues Kapitel in der Fernsehfastnacht, wurde die Sitzungspräsidentschaft auf einen Mann zugeschnitten, auf Rolf Braun, der dieses Amt fast 25 Jahre ausfüllen sollte. Mit Braun erhielt die Fernsehfastnacht ein Gesicht, die An- und Absagen der einzelnen Programmnummern neues Gewicht. Nicht immer zur Freude der Aktiven, die hin und wieder mit ansehen mussten, wie gewitzte Moderationen ihren eigenen Erfolg schmälerten. Mit Braun regierte ein Präsident, der aus der Begrüßung der Ehrengäste, Programmüberleitungen und Zuschauerinformationen eine Schau machte, kaum zu bremsen von den Programmgestaltern, die so oft gewaltige Überziehungen der Sendung hinnehmen mussten.

Braun war die Identifikationsfigur, die den Zuschauern auch als Kontaktperson zu Mainz und seinen Narren diente. Lange Jahre verkörperte er sozusagen die Fernsehfastnacht. Von ihm verlangten die Zuschauer Vortrags- und Liedertexte oder Rat, wenn sie nicht weiter wussten. Braun war gefragt als Lebenshelfer und Grußwortschreiber, vor allem aber als Autogrammlieferant. Immer wieder erreichten ihn Einladungen zu Grillfesten und Schiffstouren, zu Feiern aller Art oder gar zum Kurzurlaub mit Familienanschluss. Hin und wieder steckte in den Briefen an ihn auch mal ein kleiner Geldschein, Ergebnis spontaner Sammlung in einer Kneipe, wo das Programm aus Mainz zur allgemeinen Erheiterung beigetragen hatte.

Brauns Rolle war politisch umstritten. Den Linken war er zu rechts, den Rechten zu links. "Ich habe durchaus Verständnis für Witz und Humor", schrieb ihm ein Herr aus dem bayrischen Trostberg einst nach einer Fernsehsitzung, "doch das, was man heuer wieder über Franz-Josef Strauß sagte, überschritt die Grenze des Vertretbaren." Gegenteilige Sorgen plagten einen Herrn aus Schotterbach.

"Durch die Ausnutzung einer Dir anvertrauten Fastnachtsveranstaltung zu Zwecken für CDU-CSU-Wahlpropaganda", schrieb der dem Sitzungspräsidenten, "treten Gehirnlosigkeit und Charakter-Armut hervor. Spätestens, wenn Dir die ersten russischen Raketen um die Ohren fliegen, sollst Du erkennen, daß Du an dem erneuten Untergang, der auf uns zukommt, mitschuldig geworden bist."

1989 ging die Ära Braun zu Ende, gab er die Moderation der Fernsehsitzung auf. Weil sich ein profilierter Nachfolger aber nicht anbot, einigten sich die vier an der Gemeinschaftssitzung beteiligten Vereine, von da ab aus ihren Reihen künftig jedes Jahr einen neuen Sitzungspräsidenten zu stellen. Gleichzeitig verständigte man sich darauf, die Begrüßung der Ehrengäste zu begrenzen. Eine Entscheidung, die dem Tempo der Sitzungen zugute kam.

War Rolf Braun die personifizierte Fernsehfastnacht, ist der Sitzungspräsident heute nur einer unter vielen. Ein Conferencier, der durch den Abend führt. Keiner jedenfalls, den die Zuschauer heute vermissen würden. Kein Wunder, dass man sich in Mainz inzwischen einig ist, "Mainz bleibt Mainz, wie es singt und lacht" künftig wieder ein dauerhaftes Gesicht zu geben, einen Sitzungspräsidenten, der die Sendung stärker als jetzt repräsentieren soll.

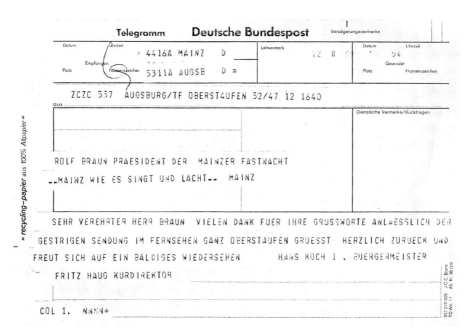

Glückwunschtelegramm an Rolf Braun. Absender: Kurdirektor Oberstaufen

Jahrmarkt der Eitelkeiten - Die Redner und ihr "Publi-Kummer"

Als die Mainzer Fastnacht 1955 Bildschirmpremiere hatte, nahm vom Publikum im Saal kaum jemand groß öffentlich Notiz. Die knapp tausend Gäste im Kurfürstlichen Schloss sangen, klatschten und schunkelten, gaben so eine Bilderbuchkulisse, vor der sich die Aktiven sonnten. Eher beiläufig notierten die Chronisten in den Gründerjahren der Fernsehfastnacht, wenn sich der damalige Landesvater, Ministerpräsident Peter Altmeier, unter die Narren gemischt hatte oder wenn ein Landesminister in die Kameras lächelte. Bonner Politprominenz blieb der Veranstaltung damals fern, sah sich das Telespektakel, sofern es der Terminkalender zuließ, lieber am Bildschirm an.

TV-Promis: Peter Altmeier und Helmut Kohl

1963 wagte sich erstmals ein Bonner Spitzenpolitiker auf das närrische Parkett. Heinrich von Brentano, damals CDU-Fraktionsvorsitzender, war der erste überregional bekannte Politiker, der die Popularität der Fernsehsendung nutzte, um sich Millionen Zuschauern zu zeigen. Die Prominenz hatte die Fernsehübertragung als Plattform zur Selbstdarstellung entdeckt. "Mainz, wie es singt und lacht" wurde zum neuen Jahrmarkt der Eitelkeiten.

Den Regisseuren des Fernsehens kam diese Entwicklung gelegen, bauten sie die öffentlich bekannten Gesichter doch ganz bewusst in ihr Programm ein. "Wenn ein Redner von Helmut Kohl spricht", freute sich Wolfgang Brobeil in einem Interview, "dann sind unsere Kameras auf Kohl. Dann nehmen wir ihn rein, um seine Reaktion zu sehen. Wir versuchen also möglichst, jede Pointe im Saal mit der Kamera vorzubereiten, so dass wir den Betroffenen gleich ins Bild rücken können".

Bundesprominenz, die auf den Bildschirm drängte, gab es genug. 1964 brachte Vize-Kanzler Erich Mende gleich zwei Minister und eine Handvoll Bonner Abgeordneter nach Mainz mit, für die der Protokollchef der Gemeinschaftssitzung eigens ein paar Verse zur Begrüßung geschrieben hatte: *"Zu Gast jedoch sind Bundesspitzen, die – als Minister sonst gekrönt – heut mit uns lachen, schunkeln, schwitzen, als wär'n se das aus Bonn gewöhnt. Ja, und auch Bundestagsmitglieder wir unter uns als Gäste seh'n, die dann am Freitag treu und bieder sich die Diäten selbst erhöh'n."*

Die vielen Politiker beeindruckten damals auch die professionellen Beobachter der Sitzung, die von jetzt an die Prominenz im Saal genau unter die Lupe nahmen. "Humba, humba ‚humba, tätärää..." schmetterte Freiherr von und zu Guttenberg, als ob das mitreißende Lied des singenden Dachdeckermeisters Ernst Neger sein neuster politischer Schlachtruf wäre. Sein Nebenmann Dr. Kohl half unüberhörbar mit, die angrenzenden Tische der Prominenz wider die Ordnung des zu dieser Stunde schon weit vorgerückten Programms der Gemeinschaftssitzung von MCV und MCC zu neuen „Tätärää"-Wellen aufzuwiegeln ..."

Mit der Prominenz im Saal wuchs auch die Zahl der Kameras. Mit vieren waren die Fernsehmacher 1964 im Kurfürstlichen Schloss vertreten, von denen eine ausschließlich auf das Publikum gerichtet war und den Zuschauern so ein ganz neues Sehgefühl vermittelte. 1965 waren es fünf elektronische Augen, von denen mindestens zwei die Menschen im Saal im Visier hatten, die Damen und Herren an den langen Tischreihen. "Sorgen sie dafür", hatte der Sitzungspräsident die Narrenschar vorsorglich ermahnt, "dass sie zu jeder Zeit im Bild sind".

Ende der 60er Jahre, als ARD und ZDF um die beste Narrensendung wetteiferten, waren die Gemeinschaftssitzungen zum Treffpunkt von Politikern und Geschäftsleuten geworden, die oft erst wie Willy Brandt in letzter Minute anreisten. Hämisch notierten die Kritiker damals das Wettrennen der närrischen Organisatoren um die Ehrengäste. "Die etablierte Narrengesellschaft des 1. Programms konnte mit drei Bundesministern als Sitzungsteilnehmer aufwarten", freute sich die Koblenzer Rhein-Zeitung 1968. "Das zweite Programm hatte nur einen. Ätsch".

Zahl und Namen prominenter Mainz-Besucher wurden genau registriert, ihre Fotos schmückten die Titelseiten der Zeitungen. Spätestens Anfang der 70er Jahre war die Fernsehfastnacht zu einer Prestige-Veranstaltung geworden, populär wie der Ball des Sports. Davon profitierten vor allem die Programmgestalter, die mit den prominenten Saalgesichtern einen Großteil der Sendezeit füllten. "Der Anteil der Publikumsbilder", errechnete ein Medienwissenschaftler für die Jahre 1975-1977, beträgt durchschnittlich eine Stunde.

Besonders groß war das Aufgebot politischer Prominenz im Wahljahr 1976. Helmut Kohl, damals Kanzlerkandidat der Union, hatte Ernst Albrecht, den neuen Ministerpräsidenten von Niedersachsen, und den Berliner CDU-Vorsitzenden Peter Lorenz um sich geschart, den eine Entführung bundesweit bekannt gemacht hatte. "Dies ist eine einseitige politische Propaganda unter dem Deckmantel einer Unterhaltungssendung", entrüstete sich nach der Sendung der rheinland-pfälzische DGB-Vorsitzende, der den Fernsehausschuss des Südwestfunks aufforderte, künftig auf die Übertragung aus Mainz zu verzichten.

Genutzt hatte die Schelte freilich wenig. "Weil Wahlkampf fast so lustig ist wie Fasching", schrieb die "Frankfurter Allgemeine Zeitung" 1979 angesichts der anstehenden Wahlen zum rheinland-pfälzischen Landtag, "hat man das Mainzer Auditorium gleich zu einer Art Wahlparty gemacht". Gerhard Stoltenberg, Friedrich von Weizsäcker und Lothar Späth hatten ihren Gastgeber, den rheinland-pfälzischen Ministerpräsidenten Bernhard Vogel, publikumswirksam in die Mitte genommen.

Im Lauf der Jahre rückten die prominenten Gäste immer mehr in den Mittelpunkt der Übertragungen, nahmen die Bilder aus dem Publikum einen immer größeren Anteil an der Sendung ein. Durchschnittlich 24-mal, errechnete der Medienwissenschaftler Klaus Rost bei seiner Analyse der Sendungen 1975-77, wurde während eines Gesangsvortrages ein Zwischenschnitt aus dem Publikum gezeigt. 28-mal wurden Gesangsgruppen unterschnitten, 26-mal jeder Redner. "War in der Bütt von Glatzen die Rede, gab es zufällig eine Reihe wohlpräparierter Glatzköpfe zu sehen", analysierten die Fernsehkritiker damals das Ritual. "Sang Ernst Neger sein ‚Heile Gänsje' durften die Millionen Zuschauer an der Rührung älterer Damen teilhaben. Gab es Schlüpfrig-Zotiges vom Podium, dann stand prompt eine Galerie von Dekolletés der unterschiedlichsten Ausgestaltung zur Auswahl."

Beschleunigt hatte diese Entwicklung die Einführung tragbarer Kameras, mit denen man dem Publikum noch dichter auf den Pelz rückte. Doch je mehr Wind das Fernsehen um die prominenten Gäste machte, um so stärker merkten Zuschauer und Kritiker, wer da eigentlich saß. "Die da im Saal sitzen, oben wie unten, tun es nicht zum Spaß, sondern aus Pflichterfüllung und Prestigebedürfnis: In beiden Welten, der realen wie der verkehrten, sind sie Funktionäre, Würdenträger und Amtsinhaber", analysierte 1980 die "Frankfurter Allgemeine Zeitung". Schon ein Jahr zuvor war der "Vorwärts", das Sprachrohr der SPD, zu

Sitzungsgast Willy Brandt (1968)

Scherz mit Nerz und Ferz

Nein, ihre Mainzer Tele-Fasnacht, lassen sich die Erlauchten aus dem Kreis der oberen Tausend, die Geld und/oder die Beziehungen haben, in den kostbaren Besitz einer der raren 762 Eintrittskarten für „Mainz bleibt Mainz" zu

Mainzer Notizen

gelangen und das Narren-Spektakel im Schloß haut-an-hautnah miterleben zu können, nicht vermiesen. Waren die Veranstalter denn noch bei Trost, als sie Erlauchten - allerdings wegen des verspäteten Geistesblitzes auch nur in Teilauflage - den Eintrittskarten die Aufforderung beilegten, man möge doch „möglichst lustig" erscheinen - auch äußerlich meßbar an Masken und Kostümen? Ja, wissen die Obernarren nach 25jähriger Telefasnachtspraxis noch immer nicht, worum es geht, wenn man an diesem Abend aus freien Stücken - Nerze, Chiffon und Seidenes an Smokings gepreßt - vier Stunden lang bei lebensbedrohlicher Fernsehlampen-Hitze und in drangvoller Enge dahinleidet? Da kommt man schließlich nicht hin, damit die 35 Millionen Daheimgebliebenen auf ihren Mattscheiben ein möglichst farbenfroh-lustiges Bild vorfinden, sondern weil die Chancen, selbst für die Dauer von Minisekunden über den Bildschirm zu flimmern, nicht ungünstig stehen, vorausgesetzt, die Kameraleute vermögen zeigenswerte Gesichter und aufregende Dekolletés (zu denen man das eigene zählt) von anderen wohl zu unterscheiden. Ja, es soll sogar welche geben, die den Männern hinter der Kamera mit diskreten Hinweisen wie „Reihe 7, Platz 15" ein verlockendes Scheinchen vor die Nase halten, um, wenn nicht wegen der Schönheit, so doch wenigstens aufgrund des Geldes mit aller Gewalt ins Bild zu kommen. So mußte der große Maskerade- und Kostümierungs-Appell, dieser Furz in den Hirnen von ein paar Lustigmachern, logischerweise zu einem Reinfall geraten, denn je besser die Maske, desto geringer schließlich auch die Chance, von neidisch Daheimgebliebenen erkannt oder von sonstwem entdeckt zu werden. Selbst das Versprechen des obersten Verantwortlichen der Tele-narrenschau, Wolfgang Brobeil, daß man mit Maske eine um 100 Prozent größere Mattscheiben-Chance habe, bewirkte nicht viel.

Auch Landesvater Vogel entschied sich nach kürzerem Zögern gegen das in seiner Amtsstube bereitliegende Schinderhannes-Kostüm: Er ließ es dabei bewenden, sich und die anderen CDU-Prominenten, Späth, Stoltenberg und Weizsäcker mit Narrenkappe und bunter Fliege bis zur Unkenntlichkeit zu verkleiden. Ehrlich gesagt, mir wäre zumindest für den kühlen Klaren aus dem Norden ein lustigeres Kostüm eingefallen! Dagegen lehnte Klaus von Dohnanyi selbst jeden Kappen-Zirkus ab, er ging gestern abend lediglich als SPD-Spitzenkandidat ins Schloß. Dafür wußte aber dann sein Parteifreund, OB Jockel Fuchs, was er dem Ansehen seiner Narrenhochburg schuldig ist. Er präsentierte sich den holden Närrinnen und Narrhalesen als honoriger Mainzer Ratsherr aus dem 17. Jahrhundert. Ganz anders wiederum der Elferat der Narrenschau. Um nichts in der Welt hätten sich die eitlen Herren auf der Bühne da droben den Smoking vom närrischen Leib reißen lassen, denn nur in ihm stellt man ja etwas dar. Nur Tele-Sitzungspräsident Rolf Braun ließ mit einer kanariengelben Krawatte durchblicken, daß er die Kostümierungsfrage ein bißchen leichter nimmt. Herr Brobeil, der Vater von „Mainz bleibt Mainz, wie es singt und lacht", beklagte unlängst, daß die Mainzer Telefasnacht immer schwärzer werde. Das hat er natürlich nur im Hinblick auf die Kleiderordnung gemeint. Aber eine „Sitzung ohne Nerz und ohne Ferz", wie sie Gonsbachlerchen-Boß Joe Ludwig mit seiner abwegigen Kostümierungs-Idee da vorgeschwebt war, läßt sich erfolgreich wohl allenfalls in der Vorstadt-Fasnacht propagieren. Mainz aber bleibt eben Mainz, wie es eitel ist! HEIDI PARADE

Aus "Die Rheinpfalz" (24.2.1979)

einem ähnlichen Ergebnis gekommen. "Unten, im Publikum, sitzen Honoratioren, oben, auf der Bühne, sitzen Honoratioren, zwischendrin, in der Mitte, stehen Honoratioren in der Bütt – der Mainzer Hof-Karneval ist eine Persiflage auf sich selbst und seine Tradition geworden. Dies ist die größte Narrheit, die sich die Mainzer in der Geschichte ihres Festes je erlaubt haben; sie liefern – ungewollt sicher, aber immerhin – eine unnachahmliche Karikatur des Spießertums in der Leistungsgesellschaft."

Je mehr das Saalpublikum in den Mittelpunkt des Interesses rückte, je mehr auch sich die Klatsch-Kolumnisten (siehe Artikel S. 84) im Kurfürstlichen Schloss drängten, je mehr wuchs bei den Narren das Unbehagen. Der erste, der das Saalpublikum öffentlich und kritisch unter die Lupe nahm, war Herbert Bonewitz. Als "Platzanweiser" las er ihm 1981 die Leviten. *"Das ist dann der Gipfel...für einen "Chef de la Plaace"...weil: da wimmelt's ja gradzu von "Ehren-Vipse"... und alles voll... also, voll von "Repräservative".... aus Regierungen, Parteien und Gewerkschaften... aber nur die allerobersten "Sozial-Simulatoren!" Und stellenweise sogar massenhaft...vor allem die Damen...die jeweilige "gnä Frau Gemahlsgattin"...meist mit tief ausgeschnittenem Dekolleté...da fahrn die Kameras immer so gern enei...damit die Leute drauße am Bildschirm endlich mal erfahrn,wo hier bei uns in Meenz der Humor sitzt!"*

Mit seinem Auftritt artikulierte Bonewitz den zunehmenden Unmut der Aktiven über das Saalpublikum, über das "Gipfeltreffen der Pseudo-Schickeria", die im feierlichen Einheits-Look, die Herren im dunklen Anzug, die Damen im festlichen Kostüm, jährlich ins Schloss strömte. Auch den Programmgestaltern des Fernsehens wurde die Kulisse langsam zu grau, zumal man schon lange in Farbe statt Schwarz-Weiß sendete. Zum 25-jährigen Jubiläum der Fernsehfastnacht forderten sie deshalb das Publikum auf, Frack, Smoking und Abendkleid zu Hause zu lassen und bunt kostümiert zu erscheinen. Doch die Bitte der Fernsehmacher fand kaum Gehör. Die meisten kamen wieder "im kleinen schwarzen deutschen Frohsinnsanzug".

Kurfürstliches Schloss
Suche ganz dringend für Freitag, 23.02.01
2 Eintrittskarten für die Fernsehsitzung
- zahle jeden Preis -
☎ (01 77) 5 45 22 61

Aus: "Allgemeine Zeitung" Mainz (12.2.2001)

"Warum", fragte sich die "Mainzer Allgemeine Zeitung" 1982, "müssen es immer fast dieselben Leute sein, die die Zuschauerkulisse bilden? Könnte man nicht ein Rotationssystem erfinden, damit die gleichen Gesichter nur alle zwei oder drei Jahre mal wieder zu sehen sind?" Inzwischen nämlich kontrollierte eine Spezies die Sitzungen, die an den Kameras im Saal mehr Gefallen zu haben schien als an den Darbietungen auf der Bühne. Eine Gesellschaft aus Konzernchefs und Behördenlenkern, Landes-, Lokal- und Regionalpolitikern, eitlen Vereinsbossen und Geschäftsleuten. Männer und Frauen, die zu einem Großteil das Bühnenprogramm bereits aus anderen Veranstaltungen kannten. Bis zu 2.000 Mark, klagte Sitzungspräsident Rolf Braun 1984 auf einer Diskussionsveranstaltung über die Zukunft der Fernsehfastnacht, würde diese Gesellschaft für eine Eintrittskarte bezahlen, andererseits aber über die Fähigkeit verfügen, "mit den Fingernägeln zu klatschen".

Die erste Garde der Politprominenz freilich hatte Mainz schon damals den Rücken gekehrt. "Es hat Zeiten gegeben", schrieb die "Mainzer Allgemeine Zeitung" 1985, "da drängten Politiker förmlich in die Fernsehsitzung. In der Tat – das war einmal." Nur hin und wieder machte die rar gewordene Bonner Politriege von sich reden, so wie 1993, als die damalige Bundestagspräsidentin Rita Süßmuth ausgelassen auf den Stuhl stieg. Während Bundesminister wie Nobert Blüm, der seine närrische Ader hin und wieder auch als Büttenredner unter Beweis stellte, sich in Mainz sichtlich wohl fühlten, taten sich andere schwerer. "Wer sich die Ministerbilder von der Mainzer Fastnachtssitzung betrachtet, dem fällt auf", brachte ein Leserbriefschrieber 1992 in der "Mainzer Allgemeinen Zeitung" zur Kenntnis, "wie wohl sich offenbar der Rüsselsheimer in seiner Haut fühlt. Er nimmt aber auch das verdrossene Gesicht eines Bundesministers aus dem Norden zur Kenntnis".

Im Lauf der 90er Jahre wandelte sich das Bild des Sitzungspublikums. Langsam setzte sich die Kostümierung der Saalgäste durch. Statt im viel zitierten "Frohsinnsanzug" kamen immer mehr in Kostümen. In Verkleidungen ganz nach dem Geschmack der Fernsehmacher, die an neuen bunten Bildern immer interessiert waren. Jeder ausgefallen Kostümierte hatte so fast die gleiche Chance ins Fernsehen zu kommen wie der Prominente am Tisch nebenan. Kein Wunder, dass es die woanders hinzog. Nach Aachen zum Beispiel, wo die Ordensverleihung "Wider den Tierischen Ernst" Deutschlands altgediente Polit-Riege neu vereinte. Prominente aus Show und Sport wurden Gäste bei RTL, das 1996 bei "Kölle Alaaf" den Rennfahrer Michael Schuhmacher begrüßen konnte.

Köln und Aachen beflügelten auch die Mainzer, die sich 1997 den Boxer Ronny Weller ins Schloss holten, der bei Selters und Salzletten staunend das Treiben auf der Bühne verfolgte. Ein Jahr später war das Radidol Rudi Altig im Kurfürstlichen Schloss zu Gast und saß neben der CDU-Familienministerin Claudia Nolte und dem FDP-Bundesvorsitzenden Wolfgang Gerhard. 1999 kam nach langer Pause wieder einmal Helmut Kohl nach Mainz, der sich von einem übereifrigen Sitzungspräsidenten vor einem Millionenpublikum für sein Lebenswerk danken ließ. "Ältere Herren, viel davon bartverhangen, setzen sich eine Schellenkappe auf und verkünden brüllend ihre Heiterkeit", schrieb die "Süddeutsche Zeitung" damals über das Saalpublikum. "Die Damen an ihrer Seite sind auch nicht mehr die Jüngsten, dafür oft in Goldlamé gefaßt und vielfach von der Höhensonne gezeichnet. Gern trägt man auch ein komisches Hütchen auf dem Kopf, das besonders lustig wackelt, wenn man die Hände im Takt zusammenprätscht oder mit dem Nachbarn engumschlungen die Bank entlangschaukelt. Wer da nicht in die tiefste Depression abstürzt, hat kein Herz".

Ein Jahr später konnte der Sitzungspräsident neben dem "roten" Landesvater Kurt Beck auch dessen "schwarze" Kollegen aus Baden-Württemberg und dem Saarland begrüßen, dazu den neuen CDU-Fraktionsvorsitzenden Friedrich Merz. "Sollte den Politikern von den Narrenpossen etwas peinlich gewesen sein, so ließen sie es sich jedenfalls nicht anmerken. Sie lachten, mal leicht gequält, mal aus vollem Herzen, immer pflichtschuldigst, wenn die Fernsehkameras sie ins Visier nahmen, ganz egal, was die Narren da gerade mit Helau und Tusch über ihren Köpfen ausschütten mochten", beobachtete die "Stuttgarter Zeitung". Zwar kam die Polit-Prominenz inzwischen nicht mehr nur im dunklen Schwarzen, historische Uniformen und Klamotten aus dem Fundus machten aus den populären Männern und Frauen aber noch lange keine Stimmungskanonen. So zwängte sich Bundesverkehrsminister Kurt Bodewig anno 2001 in eine alte Bahnhofsvorsteher-Uniform, klemmte sich der hessische Ministerpräsident Roland Koch eine närrische Fliege als Minimalverkleidung um den Hals.

Die Kritik am Saalpublikum blieb so weiter bestehen. "Trotz Freikarte scheinen nicht einmal die Promis guter Laune", schimpfte die "Mainzer Allgemeine

Sitzungsstammgast Kurt Beck (2004)

Zeitung" nach der letzten Fernsehsitzung 2004. "Insbesondere Politikern sollten künftig vorab die Mundwinkel nach oben geschminkt werden. Oder besser: sie bleiben zu Hause, wenn ihnen nicht zum Lachen zumute ist". "Verkauft Eure Sitzungskarten endlich an Menschen, die Spaß an der Fastnacht haben", meinte ein Leserbriefschreiber. "Die mit Freude eine Sitzung besuchen und die sich deshalb auch entsprechend beteiligen." Noch schärfer gingen die Akteure der Fernsehfastnacht 2004 mit dem Publikum ins Gericht. "Verkauft doch einmal 40 Prozent der Eintrittskarten an der Abendkasse und nicht im Vorverkauf, denn sonst werden die alten Seilschaften wieder aktiviert. Und lasst die Mainzer, die sich noch freuen können, in den Saal. Lasst uns wieder eine Mainzer Sitzung und kein närrisches Programm unter Mitwirkung von Mainzer Büttenrednern haben", meinte einer.

Inzwischen ist allen Beteiligten klar, dass der Zuschauerschwund der letzten Jahre auch mit den Gästen im Saal zu tun hat, den prominenten Gesichtern. Vereine und Fernsehanstalten vereinbarten deshalb vor kurzem, sich in den kommenden Jahren wieder verstärkt um bekannte Politiker zu bemühen. Vom Zuschauerprofil könnte das passen, genießt "Mainz bleibt Mainz, wie es singt und lacht" doch den größten Zuspruch bei einem Publikum, das altgedienten Politikern noch immer ein großes Maß an Sympathie entgegenbringt.

Sozialwissenschaftler freilich sehen das anders, verweisen auf den Wandel der Society-Kultur, die im letzten Jahrzehnt eine neue "Prominenzrasse" geschaffen habe. Während Prominenz früher auf Leistung oder gesellschaftlichem Ansehen

Ballett

basierte, schaffen die Medien inzwischen ständig neue Prominente, die ihre Popularität der Tüchtigkeit ihrer Selbstdarstellung verdanken. Jeder, so hat das Beispiel Daniel Küblböck bewiesen, kann heute in kurzer Zeit zum Prominenten werden. Leistung braucht es dazu nicht, es reicht die konzentrierte öffentliche Aufmerksamkeit. Im Hinblick auf jüngere Fernsehzuschauer heißt das, neben prominenten Leistungsträgern auch jene Medienprominenz zu platzieren, die ihren Status öffentlichkeitswirksamen Aktivitäten verdankt, Gesichter, die dem Betrachter aus anderen Sendungen vertraut sind. Das aber könnte die älteren Zuschauer verstören. Jene mit den Mechanismen der Eventgesellschaft weniger vertraute Generation, die Prominenz noch immer mit Elite gleichsetzt.

"Allen wohl und niemand weh"??? Zum Selbstverständnis des Narren

"Die Natur", spottete Herbert Bonewitz einmal, "hat unter 100 Menschen eine einzige Fehlkonstruktion hervorgebracht. Das ist der Narr, der die anderen 99 unterhalten soll." Büttenredner können Seismographen der Gesellschaft sein, kritische Zeitgenossen in der Tradition freiheitsliebender Vordenker, wie sie im Vormärz die Mainzer Fastnacht bestimmten. Aber auch Demagogen eines Systems, willfähriges Sprachrohr selbstgefälliger Mehrheiten, Meinungs- und Stimmungsmacher in einer Person.

"Was wir machen", erklärte der Büttenredner Ernst Mosner einmal, "ist politische Air Condition". Mosner, der in den 30er Jahren vor einem Glas sterilisierter Gurken über die Euthanasie- und Sterilisationsgesetze der Nationalsozialisten meditierte, wollte mit seinen Vorträgen auf gesellschaftliche Missstände aufmerksam machen. "Ich will als Narr Kritik üben, aber kein Hofprediger für irgendein System sein". So verstand sich auch Willi Scheu (siehe Interview Seite 200), der "Bajazz mit der Laterne". Besonders witzig waren seine Vierzeiler nie, dafür aber saßen sie. "Ich hab' das Eisen anzufassen, auch wenn's die Finger mir verbrennt", formulierte er einmal sein närrisches Selbstverständnis. Ähnlich war das Credo des Dieter Brandt, der als "Till" Fastnachtsgeschichte schrieb. "Der politische Narr muss heiße Eisen anpacken, muss auch an Wunden rühren, selbst auf die Gefahr hin, dass er eher Betroffenheit als spontanen Beifall weckt".

Kritik aus der Bütt, lautet das Selbstverständnis der meisten Fernsehfastnachter, darf nicht beleidigen und verletzen. "Der, den ich angreife, muss selbst darüber lachen können", umschrieb der Büttenredner Adolf Gottron einmal diese Aufgabe. "Wir kämpfen mit dem Florett, nicht mit dem Säbel", formulierte es der "Bajazz". "Anstand und Geschmack", schrieb der "Till" einmal, sollten die Richtschnur für jeden Redner sein. "So muß die Grenze zwischen dem Witz, der ironischen Persiflage, zum plumpen Persönlichkeitsangriff gewahrt bleiben. Der Betroffene muß in der Lage sein, über den Witz, der über ihn gemacht wird, noch selbst lachen zu können, wobei eine Portion Eigenhumor natürlich vorausgesetzt wird. Die Narrenfreiheit darf sich nicht über das Grundrecht der Würde des Einzelnen hinwegsetzen ..."

Obwohl Fälle von Zensur nie groß öffentlich bekannt wurden, hat das Medium Fernsehen seine eigene Art, mit den Aktiven umzugehen. Mancher Vortrag kam so erst in einer Light-Version auf Sendung. 1976 zum Beispiel meinte der "Fahrer einer Staatskarosse" in den Sitzungen, für Herbert Wehner sei Politik "noch ein echtes Anlügen". Später in der Fernsehsitzung hieß es: "Ja es gibt Politiker, wenn die einsteigen, mach' ich immer gleich den Lügesitz bereit". Der

Passus über Franz Josef Strauß ("Gegen eines muß ich mich wehren, wenn es heißt, Strauß hat eine faschistische Vergangenheit. Stimmt nicht. Der Mann hat Zukunft.") fiel gleich ganz aus der Fernsehversion. "Es gibt keine politische Zensur", verteidigte Wolfgang Brobeil, der Programmgestalter, damals seinen Eingriff. "Aber es gibt eine Geschmackszensur. Wenn ein Redner einen Politiker unfair angreift, geschmacklos ihm Dinge unterschiebt, die einfach nicht stimmen, dann rede ich ihm zu und sage: ‚Hören Sie, diese Partie können Sie nicht bringen, die Behauptungen sind nämlich falsch, das grenzt an Verleumdung. Das ist schlechter Geschmack, taktlos.' Dann sagt er meistens: ‚Ja, Sie haben recht, lassen wir das lieber raus'."

Einer der Schlüssel zum Selbstverständnis Mainzer Narren ist das Motto "Allen wohl und niemand weh". Eine Parole, welche die Kölner Narren schon im Jahr 1840 ausgegeben hatten. Ein Leitfaden wie der immer wieder gehörte Spruch "Die Fastnacht muss sauber bleiben". Für Zoten, heißt das, ist im Karneval eigentlich kein Platz, ebenso für Angriffe auf staatliche und kirchliche Institutionen. Zu denen gehörte lange Jahre der Bundespräsident, den die Programmgestalter besonders während der Ära Lübke in Schutz nahmen. Ganz im Gegensatz zu den Kabarettisten, denen die Auftritte des damaligen Staatsoberhauptes immer wieder neuen Stoff lieferten.

Zu den Tabu-Themen im katholischen Mainz aber zählte vor allem die Kirche mit dem Papst an der Spitze. So gab es nach seinem letzten Deutschlandbesuch 1981 eine lebhafte Diskussion, ob der ranghöchste Katholik närrisch betrachtet werden darf. Ausgelöst hatte den Meinungsstreit Joe Ludwig, der als "Domschweizer" Millionen Fernsehzuschauern damals den Papstbesuch in Mainz schilderte. *"En Domschweizer, Leit, ob ihr's glaabt oder nit, stand schon dicht an de Kanzel, doch noch nie in de Bütt, un fregt sich vielleicht arg bigottisch un eilig: Is in Määnz dene Narr'n werklich gar nix mer heilig? Doch beruhigt eich, geliebte Diözesanen samt Heidekinner und Jung-Sakristanen! Wenn Moderne die kirchliche Würde verrenke, emanzipierte Kaplâncher ans Heirate denke, do werd mer gewiß in so seltsame Tage aach en Domschweizer noch in de Fastnacht ertrage!"*

Kirchenmänner aus ganz Deutschland waren von der Rede begeistert. Doch es gab auch andere Stimmen. "In meinem Wahlkreis Höxter-Lippe bin ich des Öfteren angesprochen worden", schrieb ein Bundestagsabgeordneter dem Sitzungspräsidenten, "daß der Papstbesuch in unpassender Weise zum Gegenstand karnevalistischer Unterhaltung gemacht wurde". Im Namen seiner Wähler forderte der Abgeordnete die Mainzer deshalb auf, "in Zukunft diese aus meiner Sicht besondere Stellung des Papstes bei der Programmgestaltung zu berücksichtigen".

Auch Hans-Peter Betz musste erfahren, was es heißt, Kritik an der Kirche und ihren Institutionen zu üben. Anno 2000 hatte er die Beratungspraxis der Katholischen Kirche in Sachen Abtreibung unter die Lupe genommen, die damals aktuelle Diskussion um Beratungsscheine für Frauen in Not, die der Mainzer Bischof bis zuletzt verteidigt hatte. *"De Karl Lehman hat Courage"*, reimte Betz aus diesem Anlass, *"doch die Kerch' hot nix begriffe un' de Karl zurückgepfiffe, scheinheilig klingen die Choräle der alten Furienkardinäle. Der Schein, der ist dort illegal. Bei diesem Bodenpersonal, glaub ich, wär' Jesus stante pede aus der Kirche ausgetrete."* In den Mainzer Sälen kam die klare Stellungnahme zur Haltung des Mainzer Oberhirten an, nicht so bei einem Teil des Fernsehpublikums, das seinem Ärger in Briefen Luft machte. "Was erlauben Sie sich, so über die Heilige Römische Kirche herzuziehen", schrieb ein Pfarrer aus der Eifel an Betz. Ein anderer wollte ihm gar einen Mühlstein um den Hals hängen und ihn im Meer versenken, erinnert sich Betz an die Reaktionen von damals.

In Sachen Fernsehfastnacht aber gibt es noch andere Hindernisse, die ihre Gestalter bei der Zusammenstellung der Programme berücksichtigen müssen. So wurde einst der Vortrag eines "Blinddarm-Operators" (Foto Seite 119) vom Sendeplan gestrichen, weil man meinte, diese Art von Humor den vielen Patienten in Krankenhäusern und anderen bettlägerigen Zuschauern nicht zumuten zu können. Dabei gehörte der Vortrag in den Mainzer Sitzungssälen damals zu den besten der Kampagne. 2004 war es ein "Bestattungsunternehmer", der seine Witze über die menschliche Endzeit machte und sich damit auf vielen Bühnen feiern ließ, im Fernsehen aber nur mit einer "entschärften" Fassung auftreten durfte.

Die Beispiele zeigen, dass jeder Fastnachtsvortrag von seinem Umfeld abhängig ist. "Es gibt viele Witze", gestand Adolf Gottron (Foto Seite 139) einmal, "die können Sie jedem einzeln erzählen, aber nicht, wenn die Leute alle zusammen sind. Wenn dieselben zusammen sind, denen Sie es einzeln erzählt haben könnten, dann schämt sich jeder vor den anderen, geniert sich, weil er sich sagt: Darüber habe ich jetzt gelacht, darüber dürfte ich aber nicht lachen".

Neue Problemfelder tauchten nach der Wiedervereinigung auf, galt es doch, den Prozess des Zusammenwachsens nicht zu diskreditieren. "Auf Kosten der DDR-Bevölkerung wird keiner bei mir einen Witz machen. Ich meine die ekelhaften Sachen mit den Bananen, Orangen und so", hatte Rainer Laub, der damalige Sitzungspräsident, schon gleich nach Öffnung der deutsch-deutschen Grenzen klar gemacht. Ende der 90er Jahre aber legten die Büttenredner auch im Fernsehen die Samthandschuhe ab, mit denen sie bis dahin den Einigungsprozeß begleitet hatten. So unterstellte der "Bote vom Bundestag" in einem Vortrag 1997 den "Ossis" mangelnden Arbeitswillen. Wer die Ohren mit beiden Händen zuhalte, meinte er damals sinngemäß, habe diese nicht frei, um damit zu arbeiten. Eine Botschaft, die in den Mainzer Narrensälen ankam, vielen Fernsehzuschauern aber bitter aufstieß. Vor allem aus dem Osten kamen böse Briefe. "Es ist eine traurige Tatsache, daß wir im Osten eine Arbeitslosenzahl von über 20 Prozent haben. Ganz sicher aber ist, daß diese Zahl nichts mit Faulheit zu tun hat, die uns hier kollektiv unterstellt wird", schrieb ein Zuschauer aus Erfurt, den mehr noch als der Büttenredner Dietz die Leute im Kurfürstlichen Schloss ärgerten. "Noch bitterer aber war die Reaktion im Publikum. Es applaudierte lang und anhaltend ohne jeden Buhruf. Hier den Schluß zu ziehen, daß der Büttenredner genau die Meinung der Mehrheit der Anwesenden wiedergegeben hat, liegt nahe. Der Mißton in dieser Sendung ist hierzulande von vielen wahrgenommen worden. Fastnachtssendungen sind nicht der Ort, wo man sich sachlich mit deutsch-deutschen Problemen auseinandersetzen soll und kann. Es sollte auch nicht der Ort sein, wo man ein Fünftel der Nation abqualifiziert".

Die Kritik aus dem Osten offenbarte ein Dilemma, das bis dahin so deutlich nie sichtbar wurde, auch wenn eine Doktorarbeit schon 1978 vor dem Problem warnte. "Randgruppen, auf deren Kosten Lacher erzielt werden sollen, sind in den Sitzungssälen nicht zu finden, wohl aber vor den Bildschirmen". Nicht alles, was in Mainzer Sälen ankommt, heißt

Büttenredner Adolf Gottron

das, muss auch anderswo Beifall finden. Unterschiedliche Lebenswelten und kulturelle Divergenzen verlangen nach differenzierter Betrachtung, zieht man sich nicht auf Stammtisch-Niveau zurück. Eine Gratwanderung ist das für jeden Redner, Sisyphus-Arbeit, die viel Einfühlungsvermögen verlangt.

Auffallend ist, wie sich unter dem Einfluss des Fernsehens die Themenwahl langsam verändert hat. Basierten die Vorträge und Darbietungen der Gesangsgruppen anfangs verstärkt auf medienunabhängigen Primärerfahrungen, auf eigenem Erleben zum Großteil, wurden sie im Lauf der Zeit immer häufiger von medienabhängigen Sekundärerfahrungen gespeist. Schon Mitte der 70er Jahre traf dies, wie der Medienwissenschaftler Klaus Rost in seiner Dissertation nachgewiesen hat, auf mehr als die Hälfte aller Programmnummern zu. Vor allem die politischen Redner machten sich die von den Massenmedien geprägte zunehmende Personalisierung der Politik zu Nutze. "Bei Herbert Wehner", analysierte Rost, "ist es das Stereotyp seines aufbrausenden Temperamentes und aggressiven Verhaltens im Umgang mit anderen, bei Helmut Kohl das seiner Schwäche gegenüber Franz Josef Strauß und der bayrischen Schwesterpartei CSU. Solcherart gezeichnete Bilder von Personen und Situationen sind den Fastnachtern und dem Sitzungspublikum offenbar geläufig, ihre Vorstellungen davon scheinen weitgehend deckungsgleich zu sein. So kann sich einem Beobachter vieler Sitzungsveranstaltungen der Eindruck aufdrängen, daß es häufig schon genügt, wenn ein närrischer Akteur zum Beispiel das Stichwort "Strauß" gibt; mehr ist gar nicht nötig, die Besucher im Saal lachen, weil sie das, was inhaltlich folgen wird, bereits erahnen – eine einheitliche Vorstellungswelt als Konsequenz der Massenkommunikation..."

In den letzten Jahren hat sich diese Entwicklung beschleunigt. Heute ist es Angela Merkels Frisur oder Wolfgang Thierses Bart, der für eine bestimmte politische Einstellung steht, Gerhard Schröders Vorliebe für italienische Maßanzüge oder Rudolf Scharpings Liebesbäder. Die Personalisierung sozialer und politischer Verhältnisse kommt den Unterhaltungsbedürfnissen heutiger Generationen am nächsten, ist aber umstritten, weil sie den demokratischen Willensbildungsprozeß, der sich in regelmäßigen Wahlen für jeden sicht- und spürbar artikuliert, auf Äußerlichkeiten reduziert. Auf Banalitäten genauer betrachtet, die Politik auf Persönlichkeitsmerkmale reduzieren.

Geht die Entwicklung so weiter, könnten die politischen Büttenredner bald ebenso wie die Kabarettisten ausgedient haben. Je mehr nämlich reale Politik als eine Mischung aus Absurditäten und Belanglosigkeiten wahrgenommen wird, desto schwerer hat es der Zeitkritiker, gesellschaftliche Fehlentwicklungen und Missstände öffentlich zu artikulieren. Wenn politische Debatten zum Kasperletheater verkommen und die Trivialisierung des Alltags zum gesellschaftlichen Fortschritt erklärt wird, hat der Narr als Mahner weitgehend ausgedient. Wenn die Welt wirklich Kopf steht, ist die Narrheit am Ende.

Abbildung rechts: "Till". Zeichnung eines 10jährigen Mädchens aus Cuxhaven (Zuschauerpost zur Fernsehsitzung)

KARNEVAL FÜR DAS AUGE. MIT DEM FERNSEHEN GEWANN DIE FASTNACHT AN TEMPO

Waren es in der Hörfunkära Wort und Musik, die wirkten, wurde im Fernsehzeitalter die Optik bestimmend. Am besten zeigten dies anfangs die Auftritte der Gesangsgruppen, die lange Jahre das Bild der Fernsehfastnacht prägten. "Ich habe den Gruppen immer wieder gesagt, ihr müsst Euch bewegen", erinnerte sich Wolfgang Brobeil in einem Interview. "Ihr könnt nicht immer wie ein Gesangverein dastehen, sondern ihr müsst kleine Dialoge, Szenen, Witze dazwischen bringen".

Zwei Gesangsgruppen waren anfangs mit von der Partie, die 1926 gegründeten "Hofsänger" und die "Gonsbachlerchen", die sich 1952 zusammengefunden

Bewährte Sitzungseröffnung: Einzug der Garden

hatten. Die "Hofsänger" wurden als Persiflage auf steife Gesangskulturen ins Leben gerufen und im Sog der Fernsehfastnacht zu dem deutschen Fastnachtschor. "Die Gesangsgruppe wirkt durch ihre Disziplin, ihre einheitliche äußere Erscheinung und die künstlerischen Vorbildern und Normen entsprechenden gesanglichen Leistungen, wobei die Texte der Lieder nicht unbedingt im Vordergrund des Publikumsinteresses stehen", analysierte eine Volkskundlerin ihre Wirkung.

Fühlten sich die "Hofsänger" von Anfang an dem politischen Karneval verpflichtet, verstanden sich die "Gonsbachlerchen" eher als singende Spaßvögel. Als erste Fastnachtsgruppe im Fernsehzeitalter entwickelten sie eine eigene Dramaturgie, stellten ihren Auftritt jedes Jahr unter ein anderes Motto. "Hofsänger" und "Gonsbachlerchen" wurden so zum Vorbild vieler anderer Gruppen, die später ihren Weg auf den Bildschirm fanden. "Wir waren damals eine lustige Meute", erinnerten sich Mitglieder der Kasteler "Kreiselspatzen" an ihre Anfänge. "Wir haben gesungen und einer konnte Gitarre spielen. So haben wir begonnen, Programme zu machen. Am Anfang haben wir es wie die "Hofsänger" gemacht, Potpourris gesungen mit Themen aus Politik und Unterhaltung ..." Mitte der 60er Jahre aber setzten die "Kreiselspatzen" hinter ihr Potpourri eine kleine Show – und die wurde wichtig fürs Fernsehen. So zeigte der erste Bildschirmauftritt der Gruppe nur ihre kurze Seppelhosen-Show (Foto Seite 46), nicht aber ihr einstudiertes Potpourri. "Das Jahr darauf haben wir uns gesagt, was stellen wir uns noch da vorne hin und singen ein Potpourri, machen wir doch gleich eine komplette Show." Damit aber gewannen Kostüm- und Maskenbildner an Einfluss, Choreographen und andere Spezialisten, die den Trend zur Show weiter forcierten – und natürlich auch das Tempo.

Waren zu Anfang der Fernsehfastnacht Vorträge von 10-12 Minuten an der Tagesordnung, gelten heute 7-10 als Nettozeiten, die sich mit Applaus und Vortragspausen allerdings verlängern können. 15-20 Minuten Auftrittszeit werden Gesangsgruppen zugebilligt. Parallel zum Tempo auf der Bühne sind auch die Bilder schneller und beweglicher geworden. Um den Zuschauer zu fesseln, analysierte Klaus Rost in seiner Dissertation, erzeugt das Fernsehen Bilder, die es im Saal so eigentlich gar nicht gibt. "Bei allen, besonders aber bei den ruhigeren, weniger aktionsreichen Präsentationsformen – und das ist der medienspezifische Unterschied zu Sitzungsabläufen im Saal – kann Bewegung künstlich hergestellt werden; das heißt, daß die Bildregie mit kameratechnischen Mitteln Effekte erzielt und Bewegungselemente einbringt, die in den Darbietungen der Aktiven real nicht enthalten sind. Möglichkeiten gibt es viele, zum Beispiel Einstellungswechsel zwischen Detail und Totale, verschiedene Einstellungsperspektiven (-winkel), Kamerafahrten, Zoomfahrten und Kameraschwenks. Besonders häufig sind Bildschnitte, wechselnd zwischen Aktiven und Publikum, bei Gesangsbeiträgen Überblendungen verschiedener Bilder, die schunkelndes Publikum zeigen; und schließlich kann ein Kameramann die Bilder in Bewegung bringen, indem er eine tragbare elektronische Schulterkamera im Schunkelrhythmus des Publikums hin und her schwenkt."

Auch den Rednern wurde mit der Zeit immer klarer, dass das Fernsehen eigentlich ein Medium der Bilder ist, weniger des Wortes. Zu den ersten, die dies erkannten, gehörte Hans-Peter Betz. In ihm personifizierte sich der Abschied von der Bütt, dem traditionellen Bühnenrequisit und die Hinwendung zu neuen Formen närrischer Präsentation. Die Optik, lehrten die Auftritte des Hans-Peter Betz, bestimmt die Fernsehsitzung mehr und mehr. Selbst Sänger und Sängerinnen tragen dem inzwischen Rechnung, kommen in immer ausgefalleneren Kostümierungen. Wie etwas präsentiert wird, scheint wichtiger als das, was präsentiert wird.

Hans-Peter Betz aber verkörpert noch einen zweiten wichtigen Wandel in der Fastnacht. Reimte er anfangs noch in Versen, bestimmt heute Prosa seine Texte. Wie Betz haben auch andere Fernsehfastnachter in den letzten Jahren das enge Reim-Korsett abgestreift, nicht unbemerkt von den Zuschauern übrigens. "Ich beobachtete einen gewissen ‚Werteverfall' unter dem Aspekt der ‚literarischen Fassenacht'", schrieb ein Leser 2004 nach der Gemeinschaftssitzung an die Lokalzeitung. "Fünf der sieben Wortvorträge waren in Prosa gehalten ... Klar ist es leichter, eine Pointe in Prosa zu verpacken, aber dann unterscheidet sich die Mainzer Fassenacht leider bald nicht mehr von vielem, was landauf, landab an Kabarett angeboten wird. Ohne Frage ist es auch mehr Arbeit, einen Vortrag in Reimform zu verfassen. Es wäre schön, wenn sich die ‚Fernseh'-Vereine in Zusammenarbeit mit den TV-Verantwortlichen wieder auf diese Tradition besinnen würden."

Auch die Umstellung vom Reim auf Prosa kam übrigens dem Tempo der Sitzungen zugute. "Wenn du zwölf Pointen hast," erklärt Herbert Bonewitz das Phänomen, "kannst Du bei einem Reim-Vortrag mit 12 Vierzeilern auskommen. Bei einem Prosa-Vortrag brauchst Du für die gleiche Zeit mindestens 36 Pointen." Mit der Zahl der Pointen aber wuchs auch die Zahl der Lacher. Eine Entwicklung, die ihre Impulse aus der Comedy-Szene bezog, wo eine Pointe die andere jagen muss, um das Publikum bei Laune – und damit am Bildschirm zu halten.

"Um Gottes Willen nichts Ernstes!" Wie politisch ist die Fastnacht?

Fastnachtssitzungen müssen Spaß machen. In Mainz sind sich darüber alle einig. Umstritten freilich ist, wie politisch sich die Akteure auf der Narrenbühne geben sollen und dürfen. Vor allem in den großen Innenstadtvereinen gilt die Saalfastnacht noch immer als Hort demokratischer Tradition, als Plattform gesellschaftlicher Kritik. Im Rügerecht wurzelt dieser Anspruch, in einem närrischen Selbstverständnis, das bis ins Mittelalter reicht – getreu dem Motto "Kinder und Narren sagen die Wahrheit."

Gesetzlich ist das Recht des Narren, Kritik zu üben und so über seine Mitmenschen zu urteilen, heute nicht mehr verbrieft, anders als im Mittelalter, als weltliche Herrscher mancherorts den Narren für eine begrenzte Zeit juristische Gewalt übertrugen. Vielerorts gab es Narrengerichte, die gesellschaftliche Verstöße öffentlich zur Sprache brachten. Institutionalisierte närrische Einrichtungen wie in Stockach oder Münster, wo diese Narrengerichte noch heute unter großer publizistischer Beachtung tagen. In der Regel sind sie mit einem oder mehreren Anklägern ausgestattet, aber auch mit Verteidigern, die für alle Torheiten eine Entschuldigung suchen. Mit Personen, die sich für eine begrenzte Zeit unter der Narrenkappe das Recht herausnehmen, über ihre Mitmenschen öffentlich zu richten.

"In einer Zeit, als allgemeine Kritikfreiheit nicht bestand", stellte die "Neue Juristische Wochenschrift", das angesehenste juristische Organ Deutschlands, 1988 fest, "war das Privileg, kritisieren zu dürfen, ein wichtiges Fastnachtsrecht. Die Organisation der Fastnachtsobrigkeit als institutionelle Stütze der Kritikfreiheit zeigt an, dass man in Gemeinschaft stärker ist als einzeln. Die fehlende Gewaltenteilung in den Fastnachtsreichen erklärt sich daraus, daß das Fastnachtsreich ein Gegenreich von kurzer Dauer ist, aus dem Spott, Humor und Witz auf die alltäglichen Verhältnisse ausgeschüttet wird. Es war auf die alltäglichen Verhältnisse bezogen selbst ein Element der Gewaltenteilung in einer zeitlichen Dimension ... Weil der weise Narr auch den dummen Narren spielen kann, ist jedes Narrenreich ambivalent und entzieht sich einer Festlegung in der einen oder andern Richtung. Wie es in Erscheinung tritt, hängt von den Zeitläuften, der herrschenden Weltsicht und den einzelnen Akteuren ab, die es vielleicht auf die Doppelbödigkeit abgesehen haben."

Auch der neue Sitzungskarneval, 1823 in Köln aus der Taufe gehoben, war genau betrachtet eine Art Narrengericht. Vor dem Richterstuhl der Narrheit, institutionalisiert in Form eines närrischen Komitees, aus dem schließlich der Elferrat hervorging, kamen die Torheiten des Lebens zur Sprache. Kleinigkeiten wie neue Modetrends, aber auch Gewichtiges wie die Unterdrückung der Meinungsfreiheit, die in der Zensur der Presse ihren sichtbaren Ausdruck fand. Spätestens mit der Neugründung der Bundesrepublik aber wurde dem närrischen Rügerecht ein Großteil seiner Legitimation entzogen. Jeder konnte jetzt zu jeder Zeit alles sagen und tun, sofern er sich im Rahmen der Gesetze bewegte, die den Bürgern einen Freiraum verschafften, wie sie ihn bis dahin nie gekannt hatten.

Zu den wenigen Ventilen, innerhalb dieses geschlossenen Systems kontrolliert und pointiert Dampf abzulassen, gehört der Karneval, der so eine Art volkseigene Überdruckkammer ist. Unmut und Ärger kann der Bürger so loswerden, seinen Volksvertretern in der Bütt zum Beispiel die Meinung sagen. Eine Funktion, die ihm sonst nur im Rahmen von Leserbriefen zukommt, etwas aufwändiger in Gestalt von Unterschriftensammlungen, Demonstrationen und Bürgerinitiativen.

"Fastnachtsnarren", erkannte die "Neue juristische Wochenschrift" in ihrem schon zitierten Aufsatz, "sind keine Systemveränderer, zumindest sind sie bisher nicht als solche hervorgetreten. Sie kritisieren und rügen auf der Grundlage der Fragwürdigkeit menschlicher Existenz und der Unzulänglichkeit allen menschlichen Handelns, immer eingedenk der metaphysischen Dimension des Menschen, die alle irdische Macht in Grenzen weist. Mittel der Kritik sind Spott, Parodie und Umkehrung der Verhältnisse ..."

Auch in Mainz war das schon immer so, löckten die Narren gern wider den Stachel, gehörten Politik und Karneval zusammen. Eine Symbiose, die der ehemalige Mainzer Kulturdezernent Anton M. Keim in seinem Buch "11 Mal politischer Karneval" ausführlich beschrieben hat. Mit seiner "Weltgeschichte aus der Bütt", so der Untertitel, zementierte Keim den Mythos der Mainzer Fastnacht als revolutionäre Veranstaltung. Das Komitee machte er zum Revolutionstribunal, die Narrenmütze zum Symbol jakobinischen Freigeistes. Dabei hatten die Väter der Fastnachtsreform 1837/38 das Fest weniger als politische Demonstration als eine neue Form gesellschaftlichen Lebens verstanden. Als Fortsetzung einer Entwicklung, die zuvor schon in Köln, Aachen, Düsseldorf und Koblenz zur Gründung närrischer Vereine geführt hatte. Wie überall galt es auch in Mainz, das bis dahin in Verruf gekommene Fest neu zu ordnen, Ausschweifungen und Zügellosigkeit in den Griff zu bekommen. Ein Auftrag, dem sich die meist aus dem gehobenen Mittelstand stammenden Narren damals verbunden fühlten.

"Die Grundprincipien dieser Gesellschaft sollen keine anderen sein, als durch Frohsinn und Wohlthun diese Tage zu begehen, denen zum Grundpfeiler streng unterliegen muß, dass alle sowohl Staatsrechtliche als bürgerliche und Kirchliche Verfassungen oder Personalitäten unangetastet bleiben müssen", schrieben die Väter der Fastnacht in ihre Satzung. Als Mitglieder zugelassen waren nur in Mainz lebende Bürger, die "sich eines unbescholtenen Rufes zu erfreuen hatten". So waren die ersten organisierten Narren Prototypen der neuen Besitz- und Bildungsbürger. Männer, welche die Zukunft in der Stabilisierung der Gegenwart sahen.

Diesen Anspruch vertritt ein Großteil der organisierten Narren noch heute, auch wenn man sich nach außen viel liberaler gibt. Narren und Publikum, schrieb der Journalist und Medienwissenschaftler Klaus Rost 1978, "sind in ihrer Existenz gesichert, mit Staat und Gesellschaft einverstanden. Sie möchten nicht verändern, sondern das Erreichte verteidigen, die eigenen Normen behaupten gegenüber all denen, die sich nicht anpassen können oder wollen. Wenn in dem Begriff des Konservativen das Moment des Erhaltens, der Skepsis gegenüber Neuerungen eingefangen ist, dann kann die Mainzer Sitzungsfastnacht als überwiegend konservativ bezeichnet werden".

* * *

Dass die Mainzer Fastnacht heute als eine politische wahrgenommen wird, ist vor allem zwei Männern zu verdanken, die Mitte des 19. Jahrhunderts mit satirischen Schriften und närrischen Essays in Zeitungen und Zeitschriften von sich reden machten. Eduard Reis und Ludwig Kalisch gaben dem Fest seinen revolutionären Anstrich. Ludwig Kalisch war der Prototyp des politisch-literarischen Karnevals. Ein Literat, der nach Studien in Heidelberg, München und anderen Städten 1842 nach Mainz gekommen war, wo er die kurz zuvor gegründete Narrenzeitung "Narrhalla" zu einem viel gelesenen Blatt machte (siehe auch: A. M. Keim, Ludwig Kalisch, Karneval und Revolution; Ingelheim, 2003).

Wegbereiter der politischen Fastnacht: Ludwig Kalisch

Eduard Reis brachte 1844 die "Neue Mainzer Narren-Zeitung" auf den Markt. Ein unterhaltend-informatives Magazin, das "Laster und Gebrechen" aufdecken wollte. Mit ihren Publikationen schrieben Reis und Kalisch, die als Büttenredner nicht besonders aufgefallen waren, das politisch-literarische Image der Mainzer Fastnacht fest. Ihre Blätter waren Forum eines neuen liberalen Bürgertums, das in der Narrheit vor allem den Kampf gegen die Zensur sah.

Weg mit den alten Zöpfen, närrische Karikatur aus dem Vormärz

Nach der gescheiterten März-Revolution von 1848 wurde die große Politik im Karneval ganz klein. "Viele Büttenredner", bilanzierte Keim in seinem Buch über den politischen Karneval die zweite Hälfte des 19. Jahrhunderts, "finden wir auf verlorenem Posten in einer Welt, in einem Land, in dem der Bürger weitgehend entpolitisiert ist, das heißt kollektiv auf gewissenhaftes, der individuellen Ratio unterworfenes Verhalten in öffentlichen, in politischen Dingen verzichtet".

Nach dem Ersten Weltkrieg versteckten die politischen Redner ihre Meinung zunächst in Mundartversen. "Was sich bis 1930/31 in den Büttenreden an Parteienkritik ausdrückt", so der Karnevals-Analytiker Keim, "liegt weit unter dem Pegel der allgemeinen Unpopularität, die politische Parteien in Deutschland im Grunde schon immer genossen haben." Das änderte sich, als die Weimarer Republik mit ihren vielen Parteien ins Visier der Narren geriet. *"Schaut nur zum deutschen Reichstag hin"*, reimte einer für viele, *"und höret das Gequassel – sind da noch Volksvertreter drin? Das ist ja nur Schlamassel!"* Die Vielfalt politischer Strömungen reduzierte sich, närrisch fokussiert, auf eine Krankheit der

Gesellschaft, die ein guter Doktor heilen könne. Hitler hieß der vermeintliche Messias, den mancher Büttenredner herbeigesehnt hatte. *"Hitler, der große Stratege"*, reimte einer 1931, *"führt uns herrliche Zeite entgege..."*

Mit der „Machtergreifung" der Nationalsozialisten und der Gleichschaltung kulturellen Lebens wurde aus dem Volksfest Fastnacht schließlich ein Propagandainstrument. *"Määnt ihr, for Fastnacht und so Zeug, do wär noch Platz im Dritte Reich?"*, fragte Seppel Glückert, einer der wenigen Mainzer, die den braunen Machthabern die Stirn boten. Ein überzeugter Katholik, der mit Grausen sah, wie die Nazis die kirchlichen Wurzeln der Fastnacht leugneten und das Fest als urgermanischen Fruchtbarkeitskult neu zu installieren suchten. Auch Martin Mundo versuchte den kleinen Freiraum zu nutzen, den er wie Glückert seiner großen Popularität verdankte. *"Soll ich? Oder soll ich nit?"*, fragte er sich 1934. *"Vorträg halte, ich sags vorher: Das ist dieses Jahr sehr schwer ... Red mer was vun Politik, fühlt mer sich nit frei im G'nick ..."*

Redner wie Glückert oder Mundo mussten sich im Lauf der Jahre immer mehr in Wortspiele und Metaphern flüchten. Doch auch wenn die beiden hin und wieder wider den Stachel löckten, die Mainzer Bütt war nie ein nationalsozialistisches Widerstandsnest. Von den Freiheitsidealen des Vormärz waren die Büttenredner in den späten 30er Jahren so weit weg wie Weimar von Berlin.

Erst nach dem Krieg besannen sich die Narren wieder verstärkt ihrer politisch-literarischen Tradition. Sie war einer der Schlüssel für den Erfolg, den die Büttenredner schließlich in Funk und Fernsehen hatten. *"Ich muß nun mal politisch reden, das ist mein Amt, von Alters her. Doch recht zu machen einem jeden, das kann ich nicht, das ist zu schwer,"* reimte der "Bajazz mit der Laterne" 1959. *"Würd ich die SPD hofieren, dann fänden viele das wohl nett. Die CDU würd's kritisieren, und ich, ich hätt'n Stein im Brett. Doch zög ich gegen sie vom Leder, weil nach der CDU mein Sinn, wär' ich sofort der ‚Schwarze Peter', obwohl ich protestantisch bin ... Aus diesem Grund hab ich beschlossen, das ist der Weisheit letzter Schluß: Es wird auf jeden scharf geschossen, es trifft ja doch nicht jeder Schuß!"*

Gingen Redner wie der "Bajazz" in den 50er und 60er Jahren noch mit dem Zeigefinger in die Bütt, propagierten unverhohlen den konservativen Parteienstaat, setzt die heutige Generation politischer Redner auf ein Publikum, das politische Ansprache nicht als Bevormundung, sondern als Anteilnahme versteht. Dahinter steckt eine neue Einstellung zum Staat und seinen Institutionen, ein gesellschaftlicher Wandel. Ein Prozess, der manchem Redner Probleme machte. "Sarkasmus überwiegt die Ironie," schimpfte angesichts dieser Entwicklung Dieter Brandt, der als "Till" über Jahre die Fahne der politisch-literarischen Fastnacht hochgehalten hatte. "Viel zu viel Redner sind heute darauf fixiert, ins Fernsehen zu kommen und deshalb bereit, ihre Reden von vornherein publikums- und medienwirksam zu gestalten unter Verzicht auf eigene Aussagen und Werturteile ... Um diese Wirkung zu erzielen, werden die Vorträge oft mit unpolitischen, derben Witzen, teilweise auch mit abgedroschenen Kalauern durchsetzt, und manch einer scheut sich nicht, ein Bonmot einzuflechten, das vier Wochen vorher im STERN veröffentlicht war oder das er selbst drei Jahre zuvor mit großem Erfolg zum Besten gegeben hatte ..." Für Redner und Sänger scheint der Massengeschmack zur alleinigen Leitschnur geworden zu sein. Politische Fastnacht ist über weite Strecken zur Parodie von Politikern geworden, die längst karikiert werden wie Schlagerstars und Spitzensportler. Doch die Fastnacht, sieht Herbert Bonewitz die Entwicklung gelassen, ist noch immer ein Spiegelbild der Gesellschaft, "früher mehr SPIEGEL, heute mehr BILD."

Wie politisch die Fernsehfastnacht sein muss, wurde erst kürzlich wieder groß und breit in Mainz diskutiert. Anlass war die Entscheidung des Fernsehens, anno 2003 bei "Mainz bleibt Mainz, wie es singt und lacht" auf den Protokoller zu verzichten, auf die Inkarnation der politisch-literarischen Fastnacht sozusagen. Ein Sturm der Entrüstung war die Folge, es gab seitenlange Leserbriefe in den Lokalzeitungen. Ein Betriebsunfall, klagten die ob der öffentlichen Diskussion erschrockenen Karnevalschefs, die dafür sorgten, dass der Protokoller ein Jahr später wieder mit von der Partie war.

Bleibt die Frage, wie Politik in der Fastnacht heute aussehen muss – oder kann. Zweifelsohne hat sich mit dem gewandelten Verständnis für Politik und Politiker auch die politische Fastnacht verändert. "Wer auf Sitzungen schunkelt", fand der Volkskundler Herbert Schwedt bei seiner Bestandsaufnahme der Mainzer Fastnacht heraus, "der hat es geschafft". Unter den Sitzungsbesuchern, so ermittelte der Wissenschaftler 1975, sind CDU-Freunde in der Mehrheit, SPD-Anhänger dagegen unterrepräsentiert. Das galt in vielen Jahren auch für die inhaltliche Gestaltung der Fernsehfastnacht, wo Kritikern dieses Ungleichgewicht immer wieder aufgefallen war. Besonders unangenehm im Wahljahr 1976, als Beobachter den Eindruck gewannen, bei der Veranstaltung im Kurfürstlichen Schloss "handele es sich nicht um eine gemeinsame Sitzung der närrischen Korporationen der Gutenberg-Stadt, sondern um eine Huldigungsfete am Hof des Kurfürsten Helmut von der Pfalz". Sogar der Fernsehausschuss des Südwestfunks unter der Leitung des späteren ZDF-Intendanten Stolte musste sich damals mit der Sendung beschäftigen.

Zwar ist das Publikum der Fernsehfastnacht heute in seiner politischen Grundeinstellung nicht viel anders strukturiert als damals, auf der Bühne aber gibt man sich weltoffener und liberaler. "Der Narr", definierte Herbert Bonewitz seine heutige Aufgabe, "sollte eine Bürgerinitiative auf zwei Beinen sein: respektlos, frech, kritisch – auch gegenüber seinem Publikum". Ein Anspruch, dem inzwischen immer mehr Redner auf den närrischen Brettern nahe kommen, Männer wie der "Bote vom Bundestag", Jürgen Dietz, oder Hans-Peter Betz als "Gutenberg". In Sachen politischer Fastnacht haben sie neue Maßstäbe gesetzt, Formen erprobt, die Parallelen zum Kabarett zeigen. Setzt sich der Trend fort, worauf vieles hindeutet, wird die Kluft zwischen Kabarett und Karneval kleiner. Eine Entwicklung, welche eine Professionalisierung der Fernsehfastnacht weiter beschleunigen könnte.

Die revolutionäre Kraft, die der Mainzer Fastnacht im Vormärz innewohnte und entscheidend zu ihrem Image beitrug, wird wohl für immer Geschichte bleiben. Noch immer aber ist der Sitzungskarneval ein Forum demokratischer Meinungsbildung, eine Plattform, auf der die Bürger ihre Befindlichkeiten artikulieren können. Dass die jedes Jahr anders sind, versteht sich von selbst. "Humor", umschrieb ein holländischer Soziologe diesen Zustand, "ist in vielen Fällen nicht einfach ein Ventil, das an einem System angebracht ist, um überflüssigen Dampf abzulassen, sondern ein äußerst raffiniertes Instrument zur Verstärkung und Aufrechterhaltung des Status quo und des damit verbundenen Machtapparates".

Werbeprospekt für Mainzer Sitzung in München 1985

Zur Ehre der Stadt und zur Freude des Handels. Fernsehfastnacht als Wirtschaftsfaktor

"Mainz bleibt Mainz, wie es singt und lacht" ist die neben den Auftritten der Bundesliga-Kicker unbestrittene beste Mainz-Werbung. Millionen Menschen bringen die Stadt dank der jährlichen TV-Sitzung mit Fastnacht zusammen und wecken im einen oder anderen Zuschauer noch immer den Wunsch, die bunte Mischung aus Show und Tradition einmal selbst zu erleben, Mainz und seine Bürger näher kennen zu lernen. Für die Touristikzentrale, die in Mainz den Fremdenverkehr lenkt, ist der Werbewert der Fernsehsitzung nicht zu bezahlen. Millionen, schätzen Fachleute, müssten die Mainzer Jahr für Jahr mindestens locker machen, wollten sie die gleiche Zahl von Menschen, welche die Gemeinschaftssitzung jährlich sehen, mit Anzeigen und Werbespots erreichen.

Schon 1957 kam der Werbewert der Fernseh- und Radiositzungen erstmals öffentlich zur Sprache. "Wenn andere Städte zehntausende Mark für Werbebroschüren ausgeben müssen, so bringen das der Stadt Mainz der Fernsehfunk und der Rundfunk sozusagen ins Haus", stellte die Lokalzeitung damals freudig fest. "Der Verzicht auf dieses oder jenes Mainzer Werbeheft wäre deshalb durchaus gerechtfertigt. Dafür sollte dann der Zuschuß für den Rosenmontagszug erhöht werden. Eine solche Mehrausgabe ist in jedem Fall eine fruchtbare Investition. Mainz muß einige Anstrengungen machen, um seinen Ruf als Fremdenverkehrsstadt zu wahren. Die größte und zugkräftigste Werbung aber ist und bleibt die Fastnacht".

Den Etat von Stadt und Karnevalsvereinen belasten die Fernsehsitzungen nicht. Im Gegenteil, für ihre bunte Selbstdarstellung werden die Narren gut bezahlt, gibt es viele hunderttausend Euro Honorar. Von dem Geld freilich sehen Redner, Sänger und Ballettgruppen kaum einen Cent. Dem einen oder anderen tut das zwar weh, doch sind die Mainzer stolz auf diesen Nulltarif, zu dem die Männer und Frauen auf der Bühne ihr Bestes geben. Genau dieser Amateurstatus nämlich ist es, welcher der Mainzer Fernsehfastnacht bis heute ihren Spitzenplatz in der Publikumsgunst sichert.

Für die Narren zahlen sich die Bildschirmauftritte trotzdem aus. Viele sind inzwischen gefragte Redner, gesuchte Conferenciers im Rahmen von Firmenpräsentationen oder Mundartspezialisten, die sich bei Funk und Fernsehen auch außerhalb der Fastnacht ein Zubrot verdienen. Um gute Vorträge reißen sich Künstleragenturen, die bei Vertragsabschluss bis zu hundert jährliche Auftritte garantieren. Für Honorare, die sich schnell zum Gegenwert eines Luxuswagens addieren. Zu Summen, die leicht ein Jahreseinkommen übersteigen können.

Große Versuchungen sind das, denen die meisten Redner aber widerstehen, weil sie den Versprechungen der Agenten nicht trauen.

Auch die Phonoindustrie wusste den Marktwert der Fernsehfastnachter früh zu schätzen. So wurden als eine der ersten 1959 die "Mainzer Hofsänger" ins Tonstudio gebeten, um zwei Lieder einzuspielen, welche die Sänger am Ende jeder TV-Sitzung zum Besten gaben. "Sassa" und "So ein Tag, so wunderschön wie heute", Deutschlands heimliche Nationalhymne, wie man den Song gern titulierte. Mehr als eine Million Mal wurde die Platte verkauft. Auch die beiden Putzfrauen, Frau Babbisch und Frau Struwwelich, Ernst Neger, Margit Sponheimer und Rolf Braun präsentierten sich schon früh als Schallplattenstars.

Manchmal auch setzte die Phonoindustrie auf närrische Zugpferde, die dann gar nicht an den Start gingen. "Es hat schon Fälle gegeben", schrieb eine Mainzer Zeitung 1968, "in denen Platten von Mainzer Karnevalisten geprägt wurden in der sicheren Erwartung, daß sie in der Fernsehsitzung auftreten und damit so bekannt werden, daß ihre Platten sich anschließend leicht verkaufen lassen. Als der Fernsehauftritt dann ausfiel, war der Jammer groß und das Geschäft klein".

Mitte der 60er Jahre machte "Der Spiegel" die Nebengeschäfte der Narren öffentlich, wurde bekannt, dass die "Gonsbachlerchen" gegen Abendgagen zwischen 1.000 und 2.500 Mark durchs Land tingeln. "Mit Abstand am meisten verdient der blinde Gießener Telephonist Toni Hämmerle an der karnevalistischen Plattenproduktion. Hämmerles bundesdeutscher Fastnachts-, Fußball- und Bierschlager "Humba, humba, täterä" brachte ihm nach eigener Aussage rund 50.000 Mark ein – zwölf Pfennig kassierte er von jeder der 400 000 verkauften Platten". Wenn Firmen von Vorträgen oder anderen Darbietungen Schallplatten aufnehmen, so verteidigte Oberbürgermeister Jockel Fuchs damals die Narren, die sich von dem Nachrichtenmagazin angegriffen fühlten, sei das noch lange keine Kommerzialisierung der Mainzer Fastnacht. Jeder Staatsbürger habe das Recht, sich für die Nutzung seines geistigen Eigentums auch bezahlen zu lassen.

"Einige Mainzer Fastnachter", recherchierte die "Frankfurter Allgemeine Zeitung" 1979, "bestritten inzwischen mit Humor und Gesang zu einem guten Teil ihren Lebensunterhalt. Wenn sie in der Fernsehbütt nicht auftreten können, sinke schlagartig ihr Marktwert. Nur so sei es zu erklären, daß einer der Narren – nachdem er aus dem Fensehprogramm gestrichen worden sei – dem verantwortlichen Redakteur mit einem Schadensersatzprozeß gedroht habe, daß einer der bekanntesten Fastnachtsbürger aus Mainz kniefällig darum gebeten habe, wieder in die Sendung aufgenommen zu werden".

Besonders Rolf Braun, der langjährige Sitzungspräsident, wurde immer wieder mit Angeboten von Firmen und Verbänden konfrontiert. Als er eines Tages die Stadt Oberstaufen als seinen Kurort nannte, was die ihm mit einer Woche Kuraufenthalt vergoldete, boten ihm andere Touristikzentralen bis zu 10.000 Mark, wenn er ihre Qualitäten ebenfalls im Fernsehen preise. 1965 brachte Braun als "Schweiz-Urlauber" vor Millionen Fernsehzuschauern das Ferienparadies Schweiz ins Gespräch, was ihm und seiner Familie einen 14tägigen Urlaub in Glarus einbrachte und das Angebot auf einen gut dotierten Job in der Hotelbranche.

Vom Ruf der Fernsehfastnacht zehren inzwischen viele Akteure. So touren die "Hofsänger" Jahr für Jahr durch die Lande, unterhalten auf Kreuzfahrtschiffen ihr Publikum. Hin und wieder sind es gar ganze närrische Pakete, die zu "Mainzer Abenden" geschnürt und auf Tournee geschickt werden – wie jüngst im Allgäu, wo selbst die noch einmal im Rampenlicht stehen, die sich wie Margit Sponheimer eigentlich schon lange von der närrischen Bühne verabschiedet haben.

Aber nicht nur die Narren profitieren von der Fernsehfastnacht. Auch der lokale Einzelhandel verdankt der jährlichen Gemeinschaftssitzung einiges. Vor allem in den 50er Jahren belebte "Mainz, wie es singt und lacht" regelmäßig vor Fastnacht den Absatz der Rundfunk-und Fernsehhändler. Mit dem Hinweis auf die Übertragung aus dem Kurfürstlichen Schloss warben sie in großen Anzeigen gezielt neue Kunden. Selbst der Blumen- und Getränkehandel hatte in jenen Jahren viel Grund zur Freude. Da sich am Fernsehabend die Menschen gern gegenseitig besuchten, brachten viele ihren Gastgebern kleine Geschenke mit, Präsente, die sich in den Bilanzen niederschlugen. Auf die Werbewirksamkeit der Sendung setzte nicht zuletzt auch die Sektindustrie, die mit Wohlwollen registrierte, wenn der Sitzungspräsident den Zuschauern am Bildschirm zuprostete. Zehntausende vor dem Bildschirm taten es ihm zu Hause gleich, was der Branche einen kräftigen Umsatzschub brachte.

Der öffentlich-rechtliche Status des Fernsehens, der jede Schleichwerbung verbietet, hat die Zuschauer bisher davor bewahrt, dass Mitwirkende vor den Kameras groß beschenkt werden, so wie es in Mainz sonst allgemein üblich ist. "Ich könnte jeden Abend für fünfzigtausend Mark Geschenke verteilen", gestand Sitzungspräsident Rolf Braun einmal in einem Interview, "wenn ich die Firmen nur ein- oder zweimal beim Namen nennen würde".

Zwischen Quote und Qualität. Wie geht's weiter?

Nach fünfzig Jahren Fernsehfastnacht beginnt ein neuer Abschnitt in der Geschichte von "Mainz bleibt Mainz, wie es singt und lacht". Bald schon laufen die alten Verträge zwischen den vier die Sitzung gestaltenden Vereinen und den Fernsehanstalten aus, müssen Narren und TV-Sender neu zusammenfinden. Leicht wird das nicht, sind doch die Interessen beider Partner unterschiedlich. Wollen die einen möglichst preiswert quotenstarke Sendungen machen, geht es den anderen darum, ihr Markenprodukt Fastnacht möglichst teuer und unverfälscht unter die Leute zu bringen. Ein Kompromiss muss sich da finden, einer, der Deutschlands meistgesehener Fastnachtssendung weiter einen Stammplatz auf dem Bildschirm garantiert.

"Mainz bleibt Mainz, wie es singt und lacht" ist noch immer ein Ereignis. Ein Event, wie es neudeutsch heißt. Ohne Not sollte man deshalb die Sendung nicht aufgeben, sie auch nicht auf einen anderen Tag verlegen. In der Rückschau hat sich der Termin am Fastnachtsfreitag bewährt, mehr jedenfalls als die beiden ebenfalls schon erprobten anderen Wochentage Mittwoch und Donnerstag. Nach der Weiberfastnacht im Rheinland und den ersten Umzügen im Schwäbisch-Alemannischen markiert Mainz am Freitag vor Fastnacht heute bundesweit den Übergang zu den Tollen Tagen. Eine Schlüsselstellung, die es zu verteidigen gilt. Das aber heißt auch, die Sendung weiter live auszustrahlen. Denn die Unmittelbarkeit des Erlebens, wenn auch nur am Bildschirm, gehört zu den wichtigsten Voraussetzungen für eine erfolgreiche Gemeinschaftssitzung.

Unter den an der Sendung Beteiligten gibt es niemand, der Sendeplatz und Live-Charakter in Frage stellt. So geht es in der Zukunftsdiskussion also vorwiegend um Formen und Inhalte. Um die Frage, wie man die Mainzer Fastnacht möglichst vielen Zuschauern näher bringt. Anders ausgedrückt: wie sich Qualität und Quote zusammenfügen. Närrische Puristen halten diesen Spagat für schwierig, manche gar für unmöglich. Je mehr sich die Fastnacht dem Medium anpasse, so ihre Argumentation, verliere sie an Authentizität. Als Positivbeispiel verweisen sie in der Diskussion auf die Mombacher "Bohnebeitel", deren Sitzung der Südwestrundfunk in seinem regionalen Fernsehprogramm fast ungeschnitten überträgt. Eine Form der Fastnacht, die dem Anspruch vieler Karnevalisten sicher am nächsten kommt.

Mit "Mainz bleibt Mainz, wie es singt und lacht" aber lässt sich die Mombacher Sitzung so wenig vergleichen wie eine Fernsehdokumentation mit einer Unterhaltungsshow. Schon in der Bildgestaltung ist der Unterschied zwischen beiden spürbar. Schaut die Kamera in Mombach Akteuren und Publikum nur über die Schulter, versucht sie sich im Kurfürstlichen Schloss mit waghalsigen Kamerafahrten als elektronischer Stimmungsmacher. Vor allem im Hinblick auf jüngere Zuschauer dürfte sich an dieser Einstellung wenig ändern. Allerdings sind inzwischen fernsehdramaturgische Grenzen erreicht, muten Regie und Bildschnitt den Stammsehern mitunter ein Tempo zu, dem viele nicht mehr zu folgen bereit sind.

Bleibt die Frage nach dem Feintuning. Mehr Kokolores? Mehr Politik? Mehr Wort, weniger Musik? Schunkeln oder rocken? Nach allem, was die Fernsehforschung weiß, was die Auswertung von Zuschauerbriefen und Verlaufskurven gebracht hat, besteht kein Anlass für große Änderungen. Das freie Narrenwort ist unverzichtbar, von Herzen aber muss es kommen, gewollt und gekonnt. Themen und Typen sind gefragt, Menschen, die was zu sagen haben. Redner und Rednerinnen, die das Narrenschiff auf Kurs halten.

Letzten Endes aber müssen sich die Programmgestalter nach dem richten, was der Mainzer Markt an närrischen Talenten hergibt. Das heißt: Die Zukunft der Sendung liegt nicht beim Fernsehen, sondern bei den Mainzern. Sie allein haben es in der Hand, ihrer Fastnacht auf dem Bildschirm ein Gesicht zu geben. Denn "Mainz bleibt Mainz, wie es singt und lacht" ist noch immer ein Markenartikel. Ein bekannter und gut eingeführter, einer mit bester Reputation dazu.

Qualität vor Quote sollte auch künftig der Grundsatz heißen. Dafür spricht vor allem auch die hohe Zahl gebildeter Zuschauer. Mit mehr als zehn Prozent Abiturienten oder gar Hochschulabsolventen vereint die "Mutter aller Fernsehsitzungen" ein Publikum, das um ähnliche Veranstaltungen sonst einen weiten Bogen macht. Ein Plädoyer für eine politische Fastnacht ist das auch, für das freie Narrenwort. Für ein Stück Demokratie, um das die Väter der Fastnacht mehr kämpfen mussten als ihre Erben im Fernsehzeitalter.

Zwar sind Presse- und Meinungsfreiheit heute im Grundgesetz garantiert, bieten die Leserbriefspalten der Tages- und Wochenpresse genügend Raum für gesellschaftliche Kritik. Karnevalisten und Kabarettisten aber können sie nicht ersetzen, Menschen, die laut sagen, wo das Volk der Schuh drückt. "Mainz bleibt Mainz, wie es singt und lacht" muss der närrische Seismograph dieser Republik bleiben. Ein Gradmesser der Freiheit, eine Plattform bürgerlichen Grundkonsenses. Revolutionen wie im Vormärz werden die Fernsehfastnachter auch künftig nicht ausrufen. Es reicht, wenn sie die Gesellschaft auf ihrem Weg in die Zukunft kritisch begleiten.

Hildegard Bachmann. Die Type aus Drais

"Zur Fastnacht kam ich durch meinen Vater. Der hat in Drais die Rekruten vereidigt. Das habe ich als Kind immer ganz toll gefunden". Hildegard Bachmann gehört zu den vielen Narren, deren Talent im Elternhaus wurzelt. Schon als 13-jährige stand die gebürtige Wiesbadenerin erstmals mit ihrem Schwager auf der Karnevalsbühne. "Die Leute hatten Tränen gelacht". Heute gehört sie zu den meistgefragten Akteuren. Nicht nur, weil sie eine Frau ist, sondern weil ihre Verse und Lieder zum Besten gehören, was Mainz zu bieten hat. Vor allem aber ist Hildegard Bachmann eine Type. Ein närrisches Naturtalent, dem man ansieht, dass ihr die Fastnacht Spaß macht.

Nur wenige Jahre währte ihre Bühnenabstinenz, die Hildegard Bachmann nutzte, ihre beiden Töchter groß zu ziehen. Für die hatte sie als 23-jährige nicht nur alle Fastnachtsauftritte aufgegeben, sondern auch ihre Laufbahn als Bundesbahnbeamtin. Als Altenpflegerin verdiente sie zwischendurch ihr Geld und als Sachbearbeiterin bei einer Baufirma, wo sie bis 2002 mehr als ein Vierteljahrhundert tätig war.

Ihre Heimat ist Drais, von hier stammt ihr Vater. Hier auch leben die Menschen, denen sie aufs Maul schaut. Liebenswerte Zeitgenossen, die in Bachmanns Mundartgedichten, Kurzgeschichten und Erzählungen zu kleinen Helden werden. Und auch in ihren närrischen Liedern und Vorträgen geht es meist um die, die ihr besonders nahe stehen.

"Ich lebe in einem Umfeld, aus dem das Ganze herauswächst. Wir sind lauter Verrückte". Kein Wunder, dass sich die meisten Geschichten und Vorträge um die eigene Familie ranken. Schon beim Fernsehfastnachtsdebüt 1997 war das so, als Hildegrad Bachmann von einer Hongkong-Reise erzählte. "Meine Schwester hat damals in Hongkong gewohnt, da sind wir ein paar Mal hingeflogen". Auch ihr Mann musste immer wieder für Büttenreden herhalten.

Hildegard Bachmann aber ist nicht nur Akteurin in der Bütt. Wenn es verlangt wird, moderiert sie auch mal einen Heimatabend oder bereichert mit ihren Sprüchen ein Dorffest. Beim Rheingauer Mundart-Verein spielt sie Theater, für den Kasteler Carneval-Club schreibt sie närrische Vorspiele. Fünf Bücher hat sie geschrieben, die nächsten sind in Arbeit. 1987 entstand "Als ich e Kind noch war", Erzählungen aus der Nachkriegszeit, die 1989 eine Fortsetzung fanden. 1992 entstand "Dämmerstündche", vier Jahre später "Quellkartoffele un Hering", dann "E ganz ofach Geschicht" (Untertitel: "Weihnachtliches uff

Die Type aus Drais: Hildegard Bachmann

Rhoihessisch") und „Wonn's en Has war, war's en Has" heißt ihr vorerst letztes Werk. Heimat- und Mundart-Literatur, die Hildegard Bachmann am liebsten auf Lesungen zum besten gibt.

Als Büttenrednerin ist sie noch immer ein Exot auf der närrischen Bühne, eine Frau unter lauter Männern. "Anfangs", erzählt sie, "hatte ich große Bedenken, aber ich hätte keine zu haben brauchen. Die meisten Kollegen haben mir alle sehr geholfen, sind mir entgegengekommen". Vielleicht auch, weil Bachmann, Jahrgang 1948, so war wie sie. Eine, die den Kokolores liebte. Die Gabe hat, sich auch selbst mal auf den Arm zu nehmen.

1997 standen Sie erstmals auf der Fernsehbühne. Kam das überraschend?
Ich war völlig ahnungslos. Ich weiß noch, dass ich damals einmal gefragt hatte, wie man in die Fernsehsitzung kommt und wie das so geht. Dass es dann aber so schnell geht, hätte ich nicht gedacht. Es war schlimm, wirklich schlimm. Ich bin fast kaputt gegangen, obwohl ich das Publikum ja eigentlich gewöhnt war ...

Wie haben Sie gelitten?
Wie ein Tier. Ich konnte nichts mehr essen. Ich war depressiv, fertig. Man leidet wirklich wie ein Hund. Da ist nichts mehr mit Freude. Man kann das Gefühl nicht abfangen.

Ein Jahr später standen sie als "Prinzessin Moguntia" auf der Fernsehbühne. War das Lampenfieber da weniger?
Nein, nein, nein. Dienstagabends haben die Fernsehleute mir gesagt, dass ich wieder dabei bin. Da habe ich gesagt: "Ohne mich". "Warum?", war deren Frage. "Weil ich es nicht überlebe!" Da haben die alle gelacht. "Da braucht Ihr nicht zu lachen, ich werde es nicht machen." Schließlich aber haben sie mich "bebabbelt". Letzten Endes habe ich auch alles gut überstanden.

Rolf Braun spielte vor seinen Auftritten als Sitzungspräsident auf seiner Heimorgel, um sich zu entspannen. Was machten Sie?
Ich habe mir Schallplatten gekauft, Kassetten mit Beruhigungsmusik. Ich weiß noch genau, da bin ich eingeschlafen. Aber als ich wieder wach wurde, war das Lampenfieber wieder da. Mittlerweile aber habe ich begriffen: So ein Auftritt bedeutet eigentlich nichts, es geht ja nur darum, die Menschen ein bisschen zum Lachen zu bringen. Diese Fähigkeit habe ich von unserem Herrgott geschenkt bekommen. So sehe ich das inzwischen, und das gebe ich einfach weiter. Der liebe Gott hat mir auch jedes Mal beigestanden, bevor ich auf die Bühne bin.

Woher hatten Sie die Idee für den Auftritt als Weinprinzessin?

Irgendwie wollte ich mal ein schönes Kleid anziehen ... Wie ich auf den Vortrag gekommen bin, weiß ich nicht mehr. Ich weiß nur, in einer halben Stunde war der ganze Vortrag fertig. Zwischendurch hat mir Ulrike Losereith die Noten aufgeschrieben, die mich dann auch auf der Bühne begleitet hat.

Sie sind auch schon in Köln aufgetreten ...

Eine Katastrophe. Aber ich war gewappnet. Ich war mir im Klaren, den Humor, den die dort oben haben, den will ich nicht. Die erzählen nur uralte Witze, sublöd und unter der Gürtellinie, so dass ich schon ahnte, dass bei meinem Vortrag in Köln keiner lacht. Ich selbst habe an diesem Abend in Köln auf der Bühne aber so lachen müssen, weil ich gesehen habe, wie das Publikum ums Verrecken nicht lachen wollte. Später erhielt ich eine Einladung nach Düsseldorf. Da habe ich dem Mann dort am Telefon gesagt: Bestehen sie nicht auf meinem Auftritt, Sie werden mit mir einen Reinfall erleben.

Dafür sind Sie rund um Mainz um so gefragter. Sind die Gastspiele durch die Fernsehpräsenz mehr geworden?

Nein. Ich habe einen festen Stamm von Vereinen, für die ich in die Bütt gehe, da bleibt für Gastspiele gar keine Zeit. Außerdem werde auch ich immer älter.

Hildegard Bachmann ist eine Type. Ein Mainzer Original, über das man schon lacht, wenn es in irgendeiner ausgefallenen Kostümierung die Bühne betritt. Hilft das beim Publikum, weil das Publikum die Type inzwischen fast mehr schätzt als das, was sie letzten Endes präsentiert?

Ja, das ist so. Manchmal denke ich wirklich: "Oh, Gott. Ich schwätze ja nur dummes Zeug." Ich würde lieber auch was Intelligenteres bringen. Aber dann weiß ich nicht, wie das Volk reagiert. Das Gehaltvollere bringe ich dann in meinen Mundartbüchern zu Papier.

Wie sind Sie zum Reimen gekommen?

Im Büro habe ich das erstemal gereimt. Da war einer, der hat mich furchtbar aufgeregt. Über den habe ich dann ein Gedicht gemacht. Da habe ich gedacht, was ist denn da los, du kannst es ja. So hat das angefangen.

In ihren Büchern finden sich vorwiegend Prosatexte, was ist schwieriger?

Prosa ist schwieriger. Wenn ich nicht reime, muss ich mich viel tiefer fallen lassen. Da steckt dann auch viel mehr Herz drin.

Mundart oder Hochdeutsch? Was macht einen guten Vortrag aus?

Mundart kommt aus dem Herzen. Das heißt aber nicht, Hochdeutsch käme nicht aus dem Herzen. Ich muss dazu sagen: Ich kam als Fünfjährige nach Drais und habe das reinste Hochdeutsch gesprochen. Ich war ein sehr feines Mädchen. Zwei Wochen später sind wir dann zur Großmutter nach Eltville gefahren und dann hat die Oma geweint, weil ich wieder Platt gesprochen habe. Heute spreche ich so, wie ich will. Mit Mundart können sie die Menschen viel besser erreichen.

Sie schreiben ihre Vorträge immer auf die letzte Minute?

Ich warte bis zum Letzten. Und dann weiß ich, jetzt geht es nicht mehr anders. Eigentlich renne ich immer wieder davor weg. Am ersten oder zweiten Weihnachtsfeiertag fange ich gewöhnlich an zu schreiben. Ich hatte einmal einen Vortrag schon vorher fertig, das war aber langweilig. Druck gehört dazu, das ist auch bei anderen Büttenrednern so.

Sie sind katholisch. Was bedeutet der Glaube für Sie?

Der Glaube ist für mich eigentlich alles. Er gibt mir die Gewissheit: Ich kann mich auch zurücklehnen. Ich kann immer auf Hilfe vertrauen. Die nehme ich auch an. Deswegen weiß ich, der ganze Erfolg, die Fernsehauftritte, der Jubel des Publikums, das ist zwar schön. Aber das ist nur geschenkt.

Beten Sie?

Immer. Ich bete immer. Vor jedem Vortrag mit ganzer Kraft. Das hilft. Da denke ich: Was soll dir denn passieren? Nichts kann mir passieren!

Sie gehen sonntags in die Kirche?

Nein. Aber ich bin ein sehr gläubiger Mensch.

Haben Sie die Fernsehauftritte verändert?

Die haben mich stark gemacht. Was sie verändert haben? Ich kann mich nirgends mehr großartig blicken lassen. Überall werde ich angesprochen, viele auch wollen meine Vorträge haben. Früher habe ich die verkauft, das Geld ging dann an den Tierschutz, ans Tierheim. Heute gebe ich meine Vorträge nicht mehr her. Da sagen die Leute, dann nehme ich sie einfach aus dem Fernsehen. Dann sage ich, gut, dann nehmen Sie sie eben aus dem Fernsehen. Von mir aus können sie ja meine Vorträge halten. Nur Geld dürfen sie dafür nicht nehmen.

Haben Sie mal einen ihrer Vorträge woanders gesehen?

Ja, im Fernsehen. Zum Beispiel im Südwestrundfunk, wo die besten Vorträge aus Rheinland-Pfalz vorgestellt und prämiiert wurden. Da sitze ich zu Hause, sehe die Sendung und denke, das gibt's doch gar nicht. Da hält ja einer meinen Vortrag. Der hat dann auch den ersten Preis gewonnen. Während ich noch gucke, geht schon das Telefon: "Hast du das gesehen, der hat ja deinen Vortrag gemacht?" Das fand ich gar nicht lustig. Das Jahr davor war ein Frankfurter im Hessen-Fernsehen. Der hat auch den ersten Preis gemacht mit einem Vortrag von mir.

Über das Publikum der Fernsehsitzung ist viel geschimpft worden. Ist das wirklich so schlimm?

Wie soll ich das erklären: Ich sag mir einfach, ich geh raus auf die Bühne und gebe mein Bestes. Was die unten im Saal machen, ist mir scheißegal. Da sind Leute dabei, die haben meinen Vortrag schon zehnmal gehört. Wie kann man da noch eine normale Reaktion erwarten. Die anderen sind oft nur da, weil sie im Fernsehen gesehen werden wollen. Denen ist egal, wer auf der Bühne steht. Einmal, das weiß ich noch genau, bin ich auf der Bühne gestanden und habe dieses riesige Loch gespürt. Ein Riesenloch. Da war mir sofort klar, hier kannst Du nichts erreichen. Also habe ich nur noch an die Leute vor dem Bildschirm gedacht ...

Hans-Peter Betz. Vom "Porschefahrer" zum "Gutenberg"

Fernsehzuschauern sind seine Bühnendarbietungen unvergesslich. Seine Paraderollen als Hexe "Gundula" oder Kater "Stanislaus", seine skurrilen Auftritte als "Zeitreisender" und "Gonsbachtaler", sein Erscheinen als "Brautigam" mit meterlangem Schleier. Mit ausgefallenen Figuren bereicherte der Gonsenheimer Hans-Peter Betz in den beiden letzten Jahrzehnten die Fernsehfastnacht, mit szenischen Arrangements, die Maßstäbe setzten. Wie in keinem anderen Redner manifestierte sich in Hans-Peter Betz der Abschied von der Bütt, die Hinwendung zu neuen Formen närrischer Präsentation. "Da steht er auf seinem Mistkarren, wedelt mit den Flügeln, scharrt mit dem Fuß", beschrieb ein Beobachter seinen Auftritt als "Gockel" 1990. Ein Erzkomödiant, dessen Schilderung bis zur Hackordnung der Hühner reichte – "unten das Suppenhuhn, oben die Legehenne".

Mit mehr als einem Dutzend Auftritten gehört er längst zum Stammpersonal von "Mainz bleibt Mainz, wie es singt und lacht". Kaum einer aber weiß, Fernsehpremiere hatte Betz im Männerballett des Gonsenheimer Carneval-Vereins. "Wir kamen in Regenmänteln, darunter kurze Hosen. Wir tanzten auf die Melodie ‚Der Kommissar geht um'. In den Sälen war das ein Riesenerfolg". Doch der Euphorie in den Turnhallen folgte die Realität im Kurfürstlichen Schloss. Licht und Atmosphäre stimmten nicht. "Wer kann schon lachen, wenn zehn ältere Herren in Regenmänteln auf der Bühne herumstolpern", hieß es in einem der vielen Briefe, die Betz und seine Truppe nach dem Fernsehauftritt erreichten.

Für Betz aber war es der Einstieg ins närrische Mainz, die Wiederaufnahme fastnächtlichen Tuns, das er schon als Redner und Sitzungspräsident im Fußballclub der heimatlichen Nordpfalz gepflegt hatte. 1978, nach dem Studium von Sport, Deutsch und Politikwissenschaften, hatte es den Referendar Betz nach Mainz verschlagen, wo er an verschiedenen Schulen praktizierte. Heute ist er Rektor im Schulzentrum auf dem Lerchenberg, ein sportlicher Typus Jahrgang 1952. Ein sozial interessierter Zeitgenosse, der sich vom Kokolores-Fastnachter zum politischen Narren entwickelte, dem er in der Rolle des "Gutenberg" schließlich Gestalt verlieh.

Als "Tennisspieler" gab er 1984 sein Solo-Debüt auf der Mainzer Bühne, zwei Jahre später las er als "Porschefahrer" dem närrischen Volk die Leviten. Ein Vortrag, mit dem Betz im Fernsehen erstmals ein Millionenpublikum fand. Ein Jahr

Hans-Peter Betz als "Hexe Gundula" (1994)

später kam der Vater zweier Töchter als "Werdender Vater", danach folgten seine Paraderollen "Ballettmaus" (1988), "Gockel aus Gunsenum" (1990), "Kater Stanislaus" (1993), "Hexe Gundula" (1994), "Badebüttenredner" (1995), "Brautigam" (1996), "Gonsbachtaler" (1997) und "Zeitreisender" (1998). 1999 folgte ein Zwiegespräch mit Jürgen Emich, ein Jahr später der erste Auftritt als "Gutenberg".

Hans-Peter Betz, ein Fußballfan, ist eine der neuen Mainzer Narrentypen. Einer, der die Tradition achtet, sich aber denen nicht verschließt, die mit alten Zöpfen wie gemeinsamen Schunkelliedern oder abgedroschenen Klischeevorträgen wenig anfangen können. Einer, der nicht nur als Redner oder Sitzungspräsident auf der Bühne agiert, sondern als Programmgestalter auch hinter den Kulissen zu agieren weiß. Seine Nase für das, was das Volk denkt, wissen auch die Medien zu schätzen. Zum Beispiel der regionale Rundfunksender, der ihm eine wöchentliche Kolumne eingeräumt hat.

Sie haben mit Typenvorträgen Fernsehgeschichte geschrieben, mit ausgefallenen Auftritten Millionen begeistert? Was hatten Sie denn gewöhnlich zuerst im Kopf, den Vortrag oder die Maskerade?

Ich bin immer von der Optik ausgegangen. Bei der "Ballettmaus" zum Beispiel habe ich im Fernsehen so einen "Watz" gesehen, einen Kerl, der getanzt hat. Da habe ich mir gesagt, dass kann man besser machen, wenn man das noch mit Text verpackt. Dann bin ich zu einer Nachbarin, die Ballettunterricht gegeben hat. Die hat mir ein paar Dinge gezeigt, die habe ich nachgemacht. Da wusste ich, da ist humoristisches Potential drin. So ähnlich war das auch mit dem Kater, dem Gockel oder der Hexe. Die Optik hatte ich dabei immer vor Augen.

1995 sind sie dann in einer Badewanne aufgetreten.

Da war Joe Ludwig dran schuld. Der hat zu mir gesagt, du musst mal in die Bütt gehen. Da habe ich geantwortet, das will ich nicht, da ist man so eingeengt. Da hat der gemeint, das ist aber traditionell und traditionsbewusst. Da habe ich ihm gesagt, das ist überhaupt nicht traditionsbewusst. Die Redner gehen doch nur in die Bütt, weil sie nicht wissen, wo sie mit ihren Händen hin sollen und weil sie ihre Vorträge nicht auswendig können. Die brauchen doch einen Platz, wo sie ihren Text hinlegen können. Trotzdem habe ich zum Joe gesagt: Ich geh in die Bütt, aber anders als du denkst.

Dann gab es 1998 einen "Zeitreisenden" mit einem skurrilen Gefährt ...

Das stand damals in meiner Gonsenheimer Stammkneipe. Ein Freund von mir hat mir das Fahrrad entsprechend umgebaut. Nach meinem Auftritt hat man mir vorgeworfen, mir sei das Material wichtiger als der Inhalt meiner Rede. Das mag stimmen ...

Die Performance, wie man heute sagt, war ihnen so wichtig?

Ja, ich erinnere mich noch, welche Arbeit es war, die Hexe damals so hinzukriegen, wie ich sie wollte. Da war ich im Theater, wo man mir einen Gesichtsabdruck machte und eine Gummimaske fertigte, die auf den Millimeter passte. Wenn das dann toll geschminkt wird, erkennt dich die eigene Mutter nicht mehr. Das sind Dinge, die außergewöhnlich sind, die noch keiner auf der Bühne gemacht hat.

In den letzten Jahren sind sie dann in die Rolle des "Gutenberg" geschlüpft, haben die Reime durch Prosa ersetzt, sind zum politischen Redner geworden.

Politisch interessiert war ich schon immer, für drei Jahre sogar bei den Jusos engagiert. Politik ist zwar kein Lebensinhalt, aber für mich von hohem Interesse. Irgendwann, denke ich, ist die Zeit für Kokolores rum, sollte man sich trauen und den Mut haben, politische Aussagen zu machen.

Was kann die politische Fastnacht heute leisten?

Ich kann mir vorstellen, dass Lokalpolitiker einen Heidenrespekt haben, dass sie auf der Bühne durch den Kakao gezogen werden. Obwohl ich mir nicht sicher bin. Manchmal habe ich den Eindruck, ihnen ist nur wichtig, dass sie überhaupt Erwähnung finden. Trotzdem denke ich, dass man gerade im kommunalen Bereich mit einem politischen Vortrag etwas erreichen kann. Allerdings ist es schwierig, mit rein Mainzer Themen einen Vortrag zu gestalten, weil das Publikum auch in Gonsenheim mit rein Mainzer Themen gar nichts mehr anfangen kann.

Man hat den Eindruck, die Fernsehfastnacht ist liberaler geworden, die Rechtslastigkeit ist verschwunden.

Die ist deshalb nicht mehr da, weil die Vorträge nicht mehr da sind. Ein "Bajazz" war ja rechtslastig. Beim "Till" wusste man nie genau, wo er wirklich hingehört. Aber ich sehe ja, auch in den Vereinen hat sich einiges geändert, früher saßen da fast nur Leute mit schwarzem Parteibuch ...

Will das Fernsehen überhaupt, dass ein Büttenredner für die eine oder andere politische Position klar Stellung bezieht?

Beim Südwestrundfunk sagt man mir immer: Wir wollen einen klaren Standpunkt, wir wollen nichts Wachsweiches. Auch wenn das Publikum pfeift, den Leuten vom Fernsehen ist das egal. Für die ist die Polarisierung wichtig, das Spiel mit den Emotionen, die wollen heute, dass es zur Sache geht. Als Herbert Bonewitz einst das Publikum beschimpfte und ausgepfiffen wurde, haben die Fernsehgewaltigen den Atem angehalten, heute würden sie wahrscheinlich jubeln. Das ist ja Resonanz – und Resonanz, egal ob positiv oder negativ, ist gut für die Quote.

Wie ist das bei Ihnen mit dem Lampenfieber?

In den ersten Jahren bin ich bald kaputt gegangen. Bei meiner Fernsehpremiere als "Porschefahrer" hatte ich in einer Woche fünf Kilo abgenommen. Ich war so aufgeregt, konnte nichts essen. Wenn ich jetzt auf die Bühne komme, habe ich damals gedacht, sehen dich Millionen Leute. Dieses Gefühl ist auch während des Vortrages nicht verschwunden. Viele haben mir erzählt, wenn du erst mal auf der Bühne stehst, ist alles weg. Bei mir war das nicht so. 1989 war ich dann so schwer krank, dass ich fast an einer Virusinfektion gestorben wäre. Seit dieser Zeit aber habe ich kein bisschen Lampenfieber mehr. Ich rege mich nicht mehr auf. Ich merke sogar manchmal, es wäre besser, wenn ich mehr Spannung aufbauen könnte.

Wie entstehen Ihre Vorträge?

Ich schreibe das ganze Jahr auf, was interessant ist, speichere es im PC oder halte es auf einem Zettel fest. Das kann ein noch so blöder Spruch sein. Heute morgen zum Beispiel fragte mich die Friseuse, kennen Sie eine Wurst mit "U"? "Uffschnitt". Bescheuert, aber glauben Sie, so was kommt in einer Sitzung an.

Welche Resonanz haben Ihre Fernsehauftritte beim Zuschauer gefunden, gibt es Post?

Die meisten Briefe kamen bei dem Kater, das waren begeisterte Schreiben. Bei den politischen Vorträgen heute ist die Resonanz gespalten, da gibt es auch manches anonyme Schreiben, wilde Beschimpfungen. Meine Frau regt sich da immer auf. Ein typisches Beispiel ist ein Ehepaar aus Bad Kreuznach, die schreiben mir nach jeder Sitzung. Bei den Kokolores-Vorträgen waren sie ganz begeistert, jetzt sind sie etwas reservierter ... Eines hat sich auch geändert: Bei den Kokolores-Vorträgen wollten die Leute immer den Text, das ist jetzt nicht mehr der Fall.

Beruflich arbeiten sie als Schulleiter auf dem Lerchenberg. Welche Rolle spielt da die Fastnacht?

Die Fastnacht ist ein wichtiges Integrationsinstrument. Das wird völlig unterschätzt. Die Kinder haben einen Heidenspaß am Jugendmaskenzug zum Beispiel. Die Türken an meiner Schule sagen immer: An "Helau" gehen wir aber mit. Ich höre aber auch die Töne auf manchem Rosenmontagszugwagen, wie da über die da unten gedacht wird. Da kann es einem schlecht werden ...

Ist es da nicht wichtig, dass in der Sitzungsfastnacht Themen wie die Integration von Ausländern zur Sprache kommen, dass sich Redner als sozial verantwortungsbewusste Menschen verstehen, auf der Bühne für Gemeinschaft und Solidarität eintreten und nicht weiter Vorurteile schüren? Es gibt ja immer auch noch die Vorträge, wo sich Mann und Frau gegenseitig beschimpfen, wo die einen über die anderen herziehen.

Diese Klischee-Vorträge gehen mir total gegen den Strich. Ich habe mich einmal mit Rolf Braun im Programmausschuss der Gemeinschaftssitzung fürchterlich gestritten, weil er gesagt hat, die Fastnacht lebt nur von Klischees – und Klischees halten die Fastnacht hoch. Da bin ich völlig anderer Meinung. Von diesem Standpunkt müssen wir weg, von den Vorträgen mit der emanzipierten Frau und dem dummen Mann. Von Ehepaaren, die sich gegenseitig an die Gurgel gehen. Wer will denn das wirklich hören? Wir müssen zulassen, dass auf der Bühne Themen zur Sprache kommen, die ausgefallener sind, wobei ich zugeben muss, dass je älter ich werde, je schwerer mir das fällt.

Was macht den modernen Sitzungspräsidenten aus? Wie hoch ist sein Anteil am Erfolg eines Abends?

Ganz wenig. Der moderne Sitzungspräsident kann das nicht mehr machen, was Rolf Braun einst gemacht hat, der ja die Hälfte einer guten Sitzung ausmachte. Erstens gibt es eine solche Figur nicht mehr. Und zweitens nehme ich dadurch den übrigen Leuten auch etwas weg. Ich kann mich erinnern, dass Braun als Präsident in seinen An- und Abmoderationen fast mehr Witze erzählt hat als der Redner vorher.

Sollten sich die Fernsehfastnachter aber nicht wieder auf einen Sitzungspräsidenten einigen? Das rollierende System nach dem Ende der Ära Braun war ja kein Publikumserfolg.

In zwei Jahren soll es soweit sein, auch das Fernsehen drängt auf einen Präsidenten.

Könnte das auch jemand von außen sein, ein professioneller Conferencier zum Beispiel?

Nein, das will keiner der an der Sendung beteiligten Vereine.

Herbert Bonewitz. Zwischen allen Stilen

"Der Narr sollte weder links noch rechts, geschweige denn im Zentrum der unverbindlichen Mitte stehen. Denn traditionell gesehen ist er ein radikaler Ex-Zentriker, also ein Ver-rückter". Herbert Bonewitz gehört zu den Aushängeschildern Mainzer Sitzungsfastnacht, aber auch zu den bissigsten Kritikern organisierter Fröhlichkeit. Trotz seiner Kabarettkarriere hat er die närrischen Auftritte nie ganz aufgegeben. Beim einen oder anderen Vereinsjubiläum tritt er so auch heute noch hin und wieder ins Rampenlicht, hilft, wenn er gebraucht wird – so wie im Januar 2004, als er in Gonsenheim kurzfristig für einen erkrankten Protokoller in die Bresche sprang.

Dem jungen Herbert, den es 1945 nach einem Bombenangriff auf Mainz in den Vorort Gonsenheim zu den Großeltern verschlagen hatte, rieten die Eltern einst von brotlosen Künsten ab. Musisches, erinnert sich der Sohn noch heute, "trauten sie nur Zigeunern und Straßenmusikanten zu." Nach dem Abitur hatte Bonewitz die Absicht, Kunst zu studieren, doch Vater und Mutter wollten aus ihm einen Juristen machen. Also folgte der Sohn dem elterlichen Rat, hängte das Studium aber schon bald aus Langeweile an den Nagel. Machte statt dessen eine kaufmännische Lehre, die "hauptsächlich im Einholen von Frühstück, Mittagessen und Kaffee bestand". Zum Graphiker und Werbeleiter schließlich ließ er sich im Fernstudium ausbilden.

Anfang der 50er Jahre stand Bonewitz als Pianist erstmals auf närrischen Brettern. "Ich konnte auf die Bühne gehen, mich ans Klavier setzen, irgendjemand begleiten. Peinlich war nur, wenn mich jemand vorstellen wollte, meinen Namen nennen". Der aber sprach sich schnell herum. Denn was den Hallenhandballtorhüter und Judo-Kämpfer Bonewitz von anderen Klavierkünstlern damals unterschied, war die Fähigkeit, das Piano auch mal mit den Füßen zu traktieren. Eine Kunst, die er mit den "Gonsbachlerchen" auch in den ersten Fernsehsitzungen zeigen durfte.

Als sich Mitte der 60er Jahre gesellschaftlicher Unmut in außerparlamentarischer Opposition artikulierte, meldete sich der Pianist und Arrangeur der "Gonsbachlerchen" auch zu Wort. Als "Aktiver" und, ein Jahr später, als "Frau des Aktiven" sagte er der Karnevals-Schickeria die Meinung. Es folgten weitere Rednerrollen, in denen er karnevalistische Rituale und Personen aufs Korn nahm.

1972 setzte sich Bonewitz wieder ans Klavier. Mit dem Lied "Lieb Fassenacht, magst ruhig sein" integrierte er Kleinkunstelemente auf der Narrenbühne. "Das

Herbert Bonewitz als "Hofnatz mit dem Dippche" (1981)

war der Durchbruch", erinnert er sich. "Das gab's nirgends, dass ein Redner einen Vortrag halb sprach, halb sang". Mitte der 70er Jahre war Bonewitz der ungekrönte Mainzer Narrenkönig. "Plötzlich aber merke ich, dass ich das, was ich sagen will, auf der Fastnachtsbühne in 20 Minuten nicht darstellen kann".

Bonewitz suchte nach neuen Möglichkeiten, die er schließlich im Kabarett fand. Im Winter 1975 hatte "Ein Narr packt aus" Premiere. Ein Programm, das am Rosenmontag 1976 auch Millionen Fernsehzuschauer sehen konnten. Bonewitz aber machte sich mit seinen Vorträgen nicht nur Freunde. Besonders hart ging 1977 eine überregionale Tageszeitung mit ihm ins Gericht, nachdem er als Platzanweiser das Saalpublikum auf die Schippe genommen hatte. "Dieser Typ, der sich auch außerhalb der Kampagne über die Kampagne lustig macht, gehört eigentlich nicht in das von Abermillionen geliebte Programm. Seine Publikumsbeschimpfung diesmal bewegte sich erneut an den Grenzen des Humors. Wenn dieser Minderheitenvogel schon dabei sein muss, dann sollte wenigstens vorher genau angekündigt werden, zu welcher Uhrzeit. Dass damit ein paar Schlaumeiern, die nur ihn sehen wollen, ein schöner Abend beschert würde, soll uns, die schenkelklopfende und schunkelnde Mehrheit nicht stören ..."

Auch in der "HÖRZU" löste die rund 20-minütige Publikumsbeschimpfung des Gonsenheimers eine Leserbrief-Kontroverse aus. "Herbert Bonewitz bewies sehr viel Mut, sein Publikum auf solche Weise bloßzustellen", schrieb ein Zuschauer aus Kaarst, während ein anderer aus Essen resümierte, "nur der gute Bonewitz brachte nicht den richt'gen Witz". Briefe, die andeuteten, wie Bonewitz sein Publikum weiter polarisieren sollte.

Bonewitz aber blieb weiter kritisch, zog immer wieder wortreich gegen die Verflachung des Karnevals zu Feld, als "Musikprofessor" oder als "Hofmatz mit dem Dippche", einer satirischen Attacke auf die Traditionsgestalten Mainzer Fastnacht. Glanzrollen der Fernsehgeschichte waren das, Highlights der Gemeinschaftssitzung.

1985 aber stieg Bonewitz aus der Fastnacht aus, konzentrierte sich ganz auf seine kabarettistischen Programme, die ihn kreuz und quer durch die Bundesrepublik führten. "Lauter liebe Leut" hieß sein letztes, für das im März 2003 der Vorhang fiel. Inzwischen lässt es Bonewitz ruhiger angehen. Jazzt und juxt sich gemütlich durchs Leben. So hat er einen Asterix-Band ins Määnzerische übersetzt, Denkmalsfiguren wie den "Till" vor der Gonsenheimer Turnhalle entworfen. Noch immer zieren seine Illustrationen manches Magazin, ist er bei Jubiläen und Feiern gern gesehener Gast.

Sie waren bei der Premiere der Fernsehfastnacht 1955 dabei, standen viele Jahre selbst in der Bütt, und verfolgen "Mainz bleibt Mainz, wie es singt und lacht" noch heute regelmäßig am Bildschirm. Was hat sich in dem halben Jahrhundert eigentlich verändert?

Bei den ersten Sitzungen war das Fernsehen nur Gast, hat die Kameras aufgestellt und übertragen. Die Vereinspräsidenten Wucher und Moerlé haben bestimmt, wer wann und wo auftritt. Als das ZDF schließlich hinzukam, wurde der Einfluss der Sendeanstalten stärker, die schließlich bestimmten, wo sie wen haben wollten. Da mussten wir plötzlich für unseren Auftritt proben. Anfangs gab es das nicht, wurde wie bei einem Fußballspiel einfach übertragen. Die berühmte Mittwochssitzung kam erst später, die Generalprobe, in deren Rahmen der Ablauf genau geprobt wurde. Da wurde immer mehr dirigiert, ging es teilweise hoch her. Damals hatte die Sendung auch einen ganz anderen Stellenwert in der Presse, nahmen alle Fernsehzeitschriften, BILD und die großen Sonntagszeitungen von Mainz Notiz. Vier, fünf, sechs Seiten waren da oft mit Berichten über die Fernsehfastnacht gefüllt. Heute ist die Gemeinschaftssitzung ein Ereignis, das in der überregionalen Presse kaum noch stattfindet. Eins, zwei Leserbriefchen, wenn's hoch kommt, sind die Resonanz. Früher gab es wochenlang Wirbel, fragten sich die Zeitungen, wer kommt rein, wer bleibt draußen? Mit dem Aufkommen privater Sender, der Ausweitung der TV-Unterhaltung, ist das verschwunden.

Sie waren einer der ersten Prosa-Redner auf der Bühne?

Nicht ganz. Politische Redner wie Ernst Mosner oder Heinz Heuzeroth hatten das schon in den 50er und 60er Jahren praktiziert. Nur die Kokolores-Leute wie Rolf Braun oder Rudi Zörns haben alle gereimt. Da habe ich mir gesagt: "Wenn du dich von denen absetzen willst, musst du Prosa machen". Kokolores-Redner wagen sich da kaum ran. Für sie ist es einfacher, zu reimen. Wenn du zwölf Pointen hast, kannst Du bei einem Reim-Vortrag mit 12 Vierzeilern auskommen. Bei einem Prosa-Vortrag brauchst du für die gleiche Zeit mindestens 36 Pointen.

Ist ein Reim-Vortrag heute nicht auch ein bisschen angestaubt?

Er ist auch versaut durch die "Krischer", wie wir sagen. Durch die Redner, die so schreien, die Überzeugungskraft mit Lautstärke verwechseln. Die "Krischer" haben ja auch immer einen ordinären Touch, wenn die so drauflos reimen und brüllen. Das ist überholt, heute sind fast alle Fastnachtsvorträge in Prosa. Auch im Fernsehen ist der Reimvortrag so gut wie ausgestorben. Oder gibt es einen Comedian, der in Reimen spricht? Vielleicht überlebt der Reim im Protokoll, das ist ja noch der letzte Traditionsvortrag in der Mainzer Fassenacht.

Was unterscheidet eigentlich den Comedian vom modernen Fastnachter?

Nichts, da gibt es keinen Unterschied, vielleicht der Geschmack. Die Comedians im Fernsehen bewegen sich heute dort, wo sich früher die Fastnachter auf Herrensitzungen bewegt haben. Ich dachte, das alles wäre durch Emanzipation und sexuelle Aufklärung überholt. Was viele Comedians machen – Ingo Appelt ist da ja ein Paradebeispiel – bewegt sich meist unterhalb der Gürtellinie. Da hört man Ausdrücke, die man an Fastnacht noch nie gehört hat und auch nie hören wird. Das ist der einzige Unterschied heute zwischen Fastnacht und Comedy: Die einen bewegen sich oberhalb, die anderen unterhalb der Gürtellinie.

Als Sie von der närrischen Rostra auf die Kabarettbühne wechselten, hatten Sie Angst, der neuen Karriere könnte das Karnevals-Image schaden. War das so?

Ich habe gedacht, das sei ein Hemmnis. In Wirklichkeit war das sogar von Vorteil. Ich hatte dadurch einen Bekanntheitsgrad, den man nur durchs Fernsehen erzielen kann. Der war zwar durch die Fastnacht geprägt, aber die Leute, die zu mir ins Kabarett kamen, hatten damit überhaupt keine Probleme. Ein paar kabarettistische Puristen hatten da Probleme, aber dem breiten Publikum war das völlig Wurscht. Die wollten Spaß haben, sich amüsieren und auf niveauvolle Art unterhalten werden. Eine kulturelle Trennung wie in Mainz zwischen feinem Kabarett und ordinärem Karneval gibt es woanders nicht ...

Woran liegt das?

Das muss traditionell begründet sein. Die Bürger, die in Mainz Karneval feiern, beobachten mit Argwohn, was sich im Kabarett tut. Wir haben ja in Mainz eine Kabarettszene, die anders als in Köln viel politisierter ist. Das "Unterhaus" war ja anfangs auch ganz links gewesen. Die wirklich politischen Köpfe wie Degenhardt, Wader oder Süverkrüp fühlten sich eher in Mainz zu Hause als in Köln. Da ist in Mainz noch immer ein großer Kontrast: Hier die Rechten in der Fastnacht, dort die Linken im Kabarett.

Sie sind aber doch selbst der lebende Beweis, dass das auch in Mainz anders geht.

Ja und nein. Ich bin höchstens der Beweis, dass man in beiden Sparten überleben kann. Der Beifall, den ich noch heute bei Jubiläumsauftritten auf der närrischen Bühne bekomme ist wie früher ungebrochen. Und im Unterhaus habe ich bei ausverkauften Vorstellungen die gleiche Resonanz. Ich bin wahrscheinlich der einzige, der sich auf beiden Podien behaupten kann. In Ansätzen habe ich das jetzt allerdings auch bei Lars Reichow erfahren, der ja nicht nur auf der Kabarettbühne zu Hause ist, sondern inzwischen auch bei der Prinzenkürung in Frankfurt erfolgreich mitgemischt hat.

Unterscheidet sich das Kabarett- vom Karnevalspublikum?

Da ist kein großer Unterscheid, sieht man davon ab, dass die Darbietungen im Kabarett auf einem ganz anderen Niveau stehen und auch ganz andere Ansprüche an das Publikum stellen. An Fastnacht bin ich nur Teil des Ganzen, da kommen die Leute ja nicht wegen mir, sondern wegen der Sitzung. Im Kabarett aber kommen sie speziell zu mir, bringen Zeit für mich und meine verschiedenen Rollen mit. An Fastnacht dagegen habe ich nur 10 oder 15 Minuten und eine Rolle. Das ist schon ein Unterschied. An Fastnacht musst du innerhalb Minuten Stimmung machen, die Leute in kürzester Zeit von null auf hundert bringen. Im Kabarett kannst du dich ganz allmählich steigern.

Bei der Fernsehfastnacht gibt es die Tendenz, die Darbietungen von Jahr zu Jahr temporeicher zu machen – und damit auch kürzer. Hat das auch Bonewitz schon zu spüren bekommen?

Das war immer ein Problem. Dabei habe ich den Programmgestaltern immer wieder gesagt: Es gibt keine Vorträge, die zu lang sind. Es gibt nur Vorträge, die langweilig sind.

Wollte man Ihre Vorträge auch zensieren?

Als "Platzanweiser" habe ich einmal die Zensur umgangen. Da hat man mich gebeten, bestimmte Passagen wegzulassen. So hatte ich unter anderem gesagt, dass wir "Platzanweiser" den Ernst Neger als "Handkäs-Heino" begrüßen, die Margit Sponheimer als "Latwersch-Callas", den Willi Scheu als "Rente-Bajazz". Dem MCV hat das gar nicht gefallen, das wäre eine Verhöhnung seiner Aktiven. Da haben die vom Fernsehen gesagt, also lassen sie das weg. Da habe ich gesagt, warum soll ich das weglassen, das ist doch lustig. Die Leute lachen doch. Nein, war die Antwort, das wollen wir nicht. In der Life-Sendung habe ich dann am Ende meines Vortrages gesagt: Ach so, mir fällt ja noch was ein. Ich wollte ja noch sagen, wie wir unsere Akteure hinter der Bühne so nennen, aber ich darf leider nicht sagen, dass wir zum Neger "Handkäs-Heino", zur Sponheimer "Latwersch-Callas" und zum Scheu "Rente-Bajazz" sagen. In diesem Sinne also Helau! Da war natürlich hinter der Bühne was los. Besonders sauer waren die vom Fernsehen, die vom Missbrauch einer Live-Sendugn sprachen. Als wäre das eine Gotteslästerung gewesen. Dabei hat die Sponheimer herzlich darüber gelacht.

Rolf Braun mit KCK-Ballett (ZDF-Werbefoto 1985)

Rolf Braun. Vom Büttenredner zum Sitzungspräsidenten

Wie kein anderer verkörperte Rolf Braun das jährliche Tele-Spektakel. Fast 25 Jahre lang (1965-1989) führte er als Sitzungspräsident durchs Programm, wuchs Millionen Zuschauern ans Herz. Als "Bundes-Campingnese" war er schon 1955 bei der Fernsehpremiere von "Mainz, wie es singt und lacht" dabei. Mit einem Typenvortrag, dem viele andere folgen sollten. Auch politisch machte er immer wieder Schlagzeilen. Kritiker störte es, dass der mächtigste Mann der Fernsehfastnacht seit 1973 im Dienst der damals CDU-geführten rheinland-pfälzischen Landesregierung stand. "Der Kohl fühlt sich mittlerweile schon so sehr als Landesfürst, dass er sich einen eigenen Hofnarren engagiert", wurde damals in Mainz gelästert. Groß in die Schlagzeilen geriet Brauns Doppelrolle vor allem 1975, als der Sitzungspräsident und Regierungsdiener Rolf Braun den bayrischen Ministerpräsidenten Franz-Josef Strauß attackierte und so die Hauspostille des CSU-Chefs, den "Bayernkurier", zu einer bissigen Replik veranlaßte.

"Überzogener Beamteneifer nützt, auch wenn er narrenkappenbedecktem Kopf entspringt, nicht unbedingt dem, dem genützt werden soll", kritisierten die Münchner den Mainzer. Ausgelöst hatten die Verstimmung ein paar Verse, mit denen Braun im Wettlauf um die Kanzler-Kandidatur zwischen dem Rheinland-Pfälzer Kohl und dem Bayern Strauß Partei für Kohl ergriff. *"Laß ihm Gesundheit bis ans Ende, laß ihm seine Wähler und Prozente, laß ihn noch viele Siege feiern, aber laß ihn auch in Bayern"*, hatte Braun ganz im Sinne seines Dienstherrn damals zu Papier gebracht.

Als Kadett bei der Kasteler "Jokusgarde" hatte Rolf Braun 1937 seine närrische Laufbahn begonnen. Über 100 Vorträge hat er seitdem geschrieben, Zwiegespräche, Lieder und Eröffnungsspiele. Redner und Gesangsgruppen profitierten von seiner Dichtkunst. Unter seiner Präsidentschaft reifte der Karneval-Club Kastel vom Vorortverein zum närrischen Spitzenclub.

Als „Bundes-Campingnese" waren Sie 1955 bei der Premiere der Fernsehfastnacht dabei ...

> Das war ein großes Ereignis damals. Mit dem Metier konnten wir noch gar nicht umgehen. Wir hatten riesiges Lampenfieber. Neu war vor allem das Echo. Bisher hatten einem nur Mainzer geantwortet. Jetzt kam plötzlich Post aus Hamburg, München ...

Und der Postbote bekam immer mehr zu tun?

> Zwanzig bis dreißig Briefe kamen nach der ersten Sendung. Später Hunderte. Dabei waren die Adressen oft sehr skurril. "Rolf Braun, Besitzer

einer Oma" war da zu lesen oder "Oberster Clown von Mainz", "Faschingsanführer" oder "Chefsprecher des Karnevals". Ein anderer schrieb an "Deutschlands bekanntesten, beliebtesten, populärsten, erfolgreichsten Humoristen von internationalem Format". Die meisten Zuschriften waren positiv, aber natürlich luden auch viele ihren Ärger ab. Manche beklagten sich, wir würden zuviel Reklame für die oder die Partei machen. Es gab die unmöglichsten Stellungnahmen. So schrieb mir einer, dass mein Smoking veraltet sei, er hätte einen zu schmalen Kragen. Ein anderer schrieb, der Kapellmeister würde den Walzer falsch dirigieren.

Wie lange hat denn Rolf Braun seine jährliche Rolle als Sitzungspräsident der Fernsehfastnacht geprobt?

Das Programm wird sehr kurzfristig gemacht. Deshalb habe ich mich auch erst acht bis vierzehn Tage vor der Sitzung auf den Fernsehabend vorbereitet. Zunächst führte ich mir vor Augen, wer mitmacht und was für Vorträge kommen. Vor allem aber beschäftigte ich mich mit den Gästen, mit den Politikern, die kamen …

Wie entstanden denn die Verse zur Begrüßung der Ehrengäste?

Meist erst ein paar Stunden vor der Sendung, wenn ich in der Badewanne saß. Dann überlegte ich mir, wie ich die Leute begrüße. Am schwierigsten war es immer, den Ministerpräsidenten willkommen zu heißen, den habe ich nämlich schon so oft begrüßt. Da war es schwer, immer noch einen neuen Gag zu finden. Am Abend selbst habe ich dann alles auf mich zukommen lassen. Manchmal ist mir blitzschnell auch noch was Neues eingefallen.

Gab es Regeln zur Begrüßung der Ehrengäste?

Da gibt es einen ganz kleinen Fahrplan. Der heißt in etwa: zuerst die Bundesminister, dann die Ministerpräsidenten, schließlich die Oberbürgermeister, mitunter auch noch die Intendanten des Fernsehens. Mir selbst machte man wenig Vorschriften. Wenn ich die ersten vier Ehrengäste pflichtgemäß begrüßt hatte, überließ man es mir, wen ich noch begrüße. Es bestand allerdings die Auflage, dabei möglichst ausgewogen zu sein, also Prominente aller Parteien zu begrüßen.

Und trotzdem konnten Sie es nie allen recht machen?

Ich erinnere mich, dass ich einmal Grüße an Köln und Düsseldorf übermittelte. Kurz darauf kam die telegrapische Beschwerde, es gäbe auch noch Aachen. Ich nahm die Anregung auf und verkündete dem Publikum, dass ich der Einfachheit halber nun den "Deutschen Städtebund" grüße, wo denn alle beheimatet seien. Das nächste Telegramm lautete dann: "Schä-

men Sie sich, es gibt auch noch Dörfer".
Einmal haben Sie auch einen Gast begrüßt, der gar nicht da war?
Sie meinen die Deutsche Weinkönigin? Da hat mich die Regie dazu gedrängt. Dreimal haben die mir einen Zettel auf die Bühne geschickt, dass ich sie endlich begrüßen solle. Ich sah aber, dass ihr Stuhl leer war, folgte aber der Regie. Was sollte ich machen? "Sie kommt noch", habe ich damals gestammelt, "es ist eine Spätlese!"

Immer wieder haben Sie Oberstaufen in ihren Moderationen erwähnt?
Das ist eine lange Geschichte. Nachdem ich bei einer Kur dort tatsächlich rund 12 Kilo abgespeckt hatte, teilte ich diesen Erfolg dem Fernsehpublikum mit. Telegramm und Blumenstrauß der bayrischen Marktgemeinde folgten. Beim nächsten Kuraufenthalt machten mir Bürgermeister und Kurdirektor ihre Aufwartung, überreichten mir einen Bierkrug mit der Bitte, erneut für Oberstaufen zu werben. Daraus wurde ein Running-Gag, zu dem ich mir immer Neues einfallen ließ.

Und dafür haben Sie Jahr für Jahr im Allgäu kostenlos Urlaub gemacht?
Die Kurverwaltung hat mich tatsächlich ein einziges Mal zu sieben Übernachtungen eingeladen, bei der meine Frau und ich aber das Essen selbst zahlten. Dafür hat mir ein anderer Ort in der Region für die Nennung seines Namens 10.000 Mark geboten. Und auch der Kurort Bad Harzburg lockte mit dem Angebot eines jährlichen Urlaubs. Ich habe beides abgelehnt.

Für Ritter-Sport-Schokolade aber haben Sie einmal Werbung gemacht?
Das ist mir damals rausgerutscht. Da habe ich zu einem achtjährigen Kind gesagt, dass ich ihm im Fernsehen, im Gegensatz zu Mainzer Saalveranstaltungen, nichts überreichen dürfe. Dann habe ich meinen Geldbeutel gezückt und ihm zehn Mark in die Hand gedrückt und gesagt "Kauf Dir Ritters Sportschokolade". Gleich darauf liefen die Telefone heiß. Ich zog dann am Bildschirm nach: "Für die 10 Mark, die ich dem Bub vorhin gab, kann er sich selbstverständlich auch Sarotti, Trumpf oder Lohmann kaufen". Zehn Minuten später traf ein Telegramm ein: "Es gibt auch die Firma Gubor!"

Wie haben Sie Ihre Rolle als Sitzungspräsident verstanden?
Ein guter Präsident hat zu überbrücken, an schwachen Stellen das Publikum bei Laune zu halten, Lücken zu füllen und Beulen auszubügeln. Er bestimmt entscheidend den Stil und Ablauf einer Sitzung. Monoton Gästelisten zu verlesen ist stinklangweilig. Von vorbereiteten Zetteln abzulesen kann eine Zumutung sein. Ein närrischer Sitzungspräsident sollte minde-

stens die Kunst der freien Rede beherrschen. Ich kreide niemand an, dass er das eventuell nicht kann, wundere mich allerdings, dass es Leute gibt, die ein solches Amt anstreben und ausüben, ohne die Fähigkeit dazu zu besitzen.

Das Saalpublikum bei "Mainz bleibt Mainz, wie es singt und lacht" ist immer wieder kritisiert worden. Welche Erfahrungen haben Sie damit gemacht?

Das Publikum ist ein Kapitel für sich. Man sagt am Theater "Es gibt kein schlechtes Publikum, es gibt nur schlechte Künstler". Dem möchte ich ganz entschieden widersprechen. Ich habe bekannte Fernsehschaffende stundenlang von oben als Sitzungspräsident beobachten können, die sich nur mit ihrem Make-up beschäftigten. Während sich viele Menschen wirklich köstlich amüsierten, plauderten andere unentwegt mit ihren Nachbarn. Was auf der Bühne los war, interessierte nicht, es sei denn die Kamera kam. Da agierten sie. Ich habe Politiker und auch Politikerinnen in Erinnerung, die sich in geradezu peinlicher Art und Weise produzierten. Anders kann man es leider nicht nennen. Es wäre schön, wenn solche Damen und Herren begeisterungsfähigen Mitbürgern Platz machen würden. Solche durfte ich nämlich auch oft erleben. Wenn aber bereits ein biederer Kreistagsabgeordneter bei der Kartenbestellung die Frage stellt, ob denn auch garantiert sei, dass er ins Bild käme, ist die Schmerzgrenze erreicht.

Die Fernsehsitzung wird von einer Programmkommission zusammengestellt. Wer steckt denn da dahinter?

Das sind zehn Personen. Jeder der vier an der Fernsehsitzung beteiligten Vereine schickt zwei Vertreter in die Kommission. Hinzu kommen zwei Vertreter vom Fernsehen.

Hatte der Sitzungspräsident Braun mehr Einfluss auf die Programmgestaltung als die anderen Fastnachtspräsidenten?

Ein bisschen vielleicht. Aber ich hatte weniger Einfluss als angenommen.

Repräsentieren die vier an der Fernsehfastnacht beteiligten Vereine noch das ganze Spektrum der Mainzer Fastnacht?

Nein. Dazu gibt es zu viele Vereine. Neben den vier an der Fernsehfastnacht beteiligten Vereinen gibt es auch andere Vereine, die sehr gute Leistungen bringen. Irgendwann wird man sicher auch die Fernsehsitzung auf eine breitere Basis stellen müssen...

WOLFGANG BROBEIL. DER MANN MIT DER STOPPUHR

Wolfgang Brobeil gilt als "Vater der Fernsehfastnacht". 1948 hatte er als Sendeleiter beim Hörfunk in Baden-Baden angefangen und sich mit engagierten Reportagen einen Namen gemacht. Sechs Jahre später wechselte er zum Südwestfunk-Fernsehen, wo er für aktuelle Berichte und Dokumentationen zuständig war. Seine Fähigkeiten als Reporter, Moderator und Regisseur nutzte später auch das Zweite Deutsche Fernsehen, das ihm 1962 eine leitende Aufgabe in der Programmdirektion übertrug. Auch beim neuen Arbeitgeber blieb Wolfgang Brobeil der Mainzer Fastnacht treu, kreierte dort die Gemeinschaftssitzung "Mainz bleibt Mainz". Schließlich war er der Fernsehfastnacht so verbunden, dass ihn die beiden Sendeanstalten auch nach Erreichen der Altersgrenze mit der Zusammenstellung der Sitzung "Mainz bleibt Mainz, wie es singt und lacht" betrauten.

Prägende Station in seinem Leben war die Zeit in der Quickborn-Bewegung, einer katholischen Jugendorganisation, die sich der musischen Erziehung verschrieben hatte. Hier reiften seine Anschauungen und Überzeugungen und sein späteres Engagement für die Jugend. So machte sich Brobeil auch in Sachen Fastnacht für die jungen Zuschauer stark. 1971 rückte er die Sendung "Jugend in die Bütt" ins Programm, eine von der Mainzer Kleppergarde zusammen mit dem ZDF organisierte Veranstaltung.

Wolfgang Brobeil fühlte sich als Wegbereiter einer neuen Form närrischer Unterhaltung. "Noch nie ist der Sitzungskarneval so prächtig aufgeblüht und hat ein solches Niveau erreicht wie in den Jahren, als er im Fernsehen übertragen wurde", schrieb er 1971. "Man lese einmal die Vorträge aus der Zeit vor dem Fernsehen. Sie enthielten zwar viele freche Pointen, etwa gegen die französische Besatzungsmacht, aber sie bewegen sich doch meistens auf lokalem Niveau. Auch das Mainzer Publikum ist inzwischen so verwöhnt worden, dass man mit dem lokalen Repertoire allein heute keine Sitzung mehr bestreiten könnte. Wir leben in einem zunehmend optischen Zeitalter", verteidigte er damals den Wandel vom politischen Karneval zum Klamauk. "Heute sind die Shownummern manchmal die besten und witzigsten des ganzen Programms. Der sicherste Weg, den Sitzungskarneval wirklich zu töten, wäre ein Verzicht auf alle modernen Elemente, die nicht nur die junge, sondern auch die ältere Generation schätzen gelernt haben".

Ende 1980, wenige Wochen vor seinem Tod, gab Wolfgang Brobeil eines seiner wenigen Interviews zum Thema Fernsehfastnacht.
Sie haben die Mainzer Fernsehfastnacht aus der Taufe gehoben. Wie kam es überhaupt dazu?

Ablaufprobe: Wolfgang Brobeil und ZDF-Redakteurin Ute Charissé

Wir hatten schon Jahre vorher im Hörfunk Fastnachtssitzungen übertragen. Als dann das Fernsehen kam, hat man sich überlegt, was man alles im Fernsehen bringen kann. Da war mir sehr rasch klar, dass sich die Mainzer Sitzungsfastnacht für eine abendfüllende Fernsehübertragung großartig eignet. Ich bin heute fest davon überzeugt, dass der Rundfunk und das Fernsehen die Leute überall ermuntert haben, Sitzungen zu machen, das Mainzer Modell zu imitieren.

Heute unterscheidet sich die Fernsehfastnacht kaum noch von einer Unterhaltungsschau.

Wir übertragen nur ein vorhandenes Ereignis. Eine Sitzung im Saal, wie sie jedes Jahr in Mainz rund sechs Wochen lang stattfindet. Diese Sitzungen konzentrieren wir, wählen das Beste aus und stellen es neu zusammen. Jede andere Unterhaltungssendung dagegen ist eine völlig neue Schöpfung, meist von vorne bis hinten von einem Autor geschrieben und von einem Regisseur in Szene gesetzt.

Aber Sie haben doch auch Ihre festen Vorstellungen vom Programmablauf.

Ja, natürlich. Jede Fernsehsitzung muss flott und zügig ablaufen. Um festzustellen, welches die besten Vorträge einer Kampagne sind, besuche ich alle Sitzungen, manche sogar zwei- und dreimal. Ich sitze dann im Publikum mit einem Manuskript oder einem Notizbuch, in das ich den Applaus eintrage und immer gleich notiere, was ankommt und was nicht. Damit gehe ich nach der Sitzung zu dem Redner oder bestelle ihn an einem anderen Tag zu mir, und dann gehen wir den Vortrag durch, und er stellt fest: Ja, das ist nicht angekommen". So berate ich die einzelnen Redner.

Viele machen Ihnen den Vorwurf, den Humor mit der Stoppuhr zu messen.

Die Stoppuhr brauche ich einfach, um festzustellen, wie lang die Vorträge sind, ob sie Teile haben, die nicht gut, die entbehrlich, einfach nur Füllsel sind. Um das herauszufinden stoppe ich die Vorträge mit der Uhr. Ich muss sie vor allem deshalb stoppen, weil man an eine Gesamtsendezeit gebunden ist und weil diese gestoppten Zeiten zusammengezählt werden müssen. Dann stellt man fest, wie viel Programm man zuviel hat. Die Maximallänge eines Vortrages für das Fernsehen zum Beispiel beträgt neun bis zehn Minuten. Ich rate den Rednern, ihren Vortrag auf neun anzulegen, dann wird er, rechnet man den Beifall ein, von selbst zehn Minuten.

Andererseits aber raten die Vereinspräsidenten, vor allem den Gesangsgruppen, möglichst lange Potpourris zu machen.

Das bedauere ich sehr. Auch, dass die Sitzungen in Mainz immer länger werden. Für mich ist das sehr unangenehm, dass die Korporationen die Musikgruppen zu langen Auftritten anhalten. Meistens entspringen diese Vorschläge ja einer gewissen Programmnot. Wenn man nicht weiß, was die Büttenredner bringen, ist man froh, wenn wenigstens die vereinseigenen Gesangsgruppen Programmzeiten füllen.

Müssen die Gruppen da nicht zwangsläufig von jedem Programm zwei Fassungen machen: eine für den Verein, eine für das Fernsehen?

Vielleicht kommen wir zwangsläufig dazu ...

... dass alle Aktiven ihr Programm schon mit Blick aufs Fernsehen schreiben?

Das ist gut so. Täten sie's nur noch mehr, dann wäre ich noch glücklicher. Sehen Sie: die Musikgruppen waren ursprünglich reine Gesangsgruppen. Die haben sich hingestellt und ein Lied nach dem anderen 'runtergesungen' – so wie es heute noch die "Hofsänger" machen. Da sagte ich: "Wir haben Fernsehen. Ihr könnt nicht zwanzig Minuten da oben stehen und nur ein Lied nach dem anderen singen. Ihr müsst Bewegung bringen in Eure Gruppen, Szenen, Witze". Manche Gruppen haben das konsequent gemacht und schließlich sogar ihre Kostüme schon mit Blick auf das Fernsehen entworfen.

Mit Blick auf den Zuschauer haben Sie auch traditionelle Elemente der Mainzer Fastnacht aus der Gemeinschaftssitzung verschwinden lassen, das gemeinschaftlich gesungene Lied zum Beispiel.

Das ist ein sehr schöner Brauch. In diesen Liedern steckt oft sehr viel Poesie und Witz. Aber das ist etwas, was im Fernsehen nicht übertragbar ist. Stellen Sie sich ein Saalpublikum vor, das dasitzt und Lieder singt, mehr oder minder schlecht verständlich. Für den Zuschauer am Bildschirm haben die keinen Unterhaltungswert, sind zu langweilig. Deshalb habe ich diese gemeinsamen Lieder immer aus den Sitzungen herausgestrichen.

Daneben gibt es in den Mainzer Sitzungen traditionell die beiden Zeremonienmeister, welche die Redner auf die Bühne begleiten ...

... auch die habe ich gleich von Anfang an weggenommen, um die Fastnacht exportfähig zu machen.

... und das Protokoll?

Da muss man abwägen. Ein Protokoll kann man nur übertragen, wenn es von vorne bis hinten verstanden wird – und witzig ist. Als Pflichtübung so wie bei jeder anderen Sitzung passt es nicht in die Fernsehfastnacht. Auch Eröffnungsspiele nehme ich nur, wenn sie in die Sendung passen.

Ist denn für das Mainzer Schlappmaul, den Dialekt, noch Platz in der Exportfastnacht?

Mundartausdrücke, die draußen am Bildschirm nicht verstanden werden, sollten tunlichst vermieden, mindestens aber erklärt werden. Es gibt ja verschiedene Varianten Mainzer Mundart: eine schwer verständliche, die nur in Rheinhessen und im Rhein-Main-Gebiet verstanden wird. Und eine zum Hochdeutschen hin abgewandelte Mundart, wie sie zum Beispiel der "Bajazz mit der Laterne" gesprochen hat und wie sie die meisten Redner sprechen. Die hat den Vorteil, dass sie auch woanders verstanden wird.

Gibt es Tabu-Themen für die Fernsehfastnachter – etwa die Kirche?

Wir wollen nicht verletzen, nicht beleidigen, auch keine antikirchliche Propaganda zulassen. Aber ich kann mir vorstellen, dass man auch über kirchliche Dinge gute Witze machen kann. Es gibt ja auch sehr viele Pfarrer-Witze, die die Pfarrer untereinander erzählen und die sehr geistreich und lustig sind …

Terrorismus, kann der in der Bütt behandelt werden?

Sehr schwer. Sonst hätten das Thema in den letzten Jahren mehr Redner aufgegriffen. Meiner Ansicht nach aber ist jedes Thema zu behandeln, auch der Terrorismus. Nur fällt den Rednern zum Terrorismus meist kein lustiger Witz ein.

Muss die Fernsehfastnacht also ausgewogen sein?

Sie sollte ausgewogen sein, was das Verhältnis der drei großen Parteien betrifft. Es sollte nicht so sein, dass nur auf einer Partei herumgehackt wird, ganz gleich welcher. Es sollte eine gewisse närrische Souveränität gegenüber allen Parteien unter den Rednern vorhanden sein. Das heißt aber nicht, dass jeder Vortrag in sich ausgewogen sein sollte, dass also soviel Pointen anti-links und soviel anti-rechts hineingemacht werden müssen. Das machen auch die Redner nicht und da habe ich ihnen ja auch bisher davon immer abgeraten. Der einzelne Redner hat das Recht, mehr nach links hin zu kritisieren, der andere mehr nach rechts hin. Das gleicht sich in der gesamten Sendung dann wieder etwas aus.

Zensieren Sie das Programm?

Es gibt eine Geschmackszensur. Wenn ein Redner einen Politiker unfair angreift, ihm Dinge unterschiebt, die einfach nicht stimmen, dann rede ich ihm zu und sage: "Hören Sie, diesen Teil können Sie so nicht bringen, die Behauptungen sind falsch, das grenzt an Verleumdung. Das ist schlechter Geschmack, taktlos". Dann sagt er meistens: "Ja, Sie haben recht, lassen wir das lieber raus". Aber eine politische Pointe, ob sie nun gegen die CDU oder CSU oder gegen die SPD gerichtet ist, habe ich noch nie aus einem Vortrag herausgestrichen.

Die Prominenz im Saal prägt immer mehr das Bild der Fernsehfastnacht. Sind Sie als Programmgestalter die Herren im Frack und die Damen in eleganter Robe nicht manchmal leid?

In den ersten Jahren der Fernsehfastnacht gab es sehr viele Masken und lustige Kostüme zu sehen, bunte Hütchen und Nasen. Die hatten wir immer gut ins Bild gerückt. Wer unbedingt ins Fernsehen kommen will, kann nichts Besseres tun, als sich einen komischen Habitus zuzulegen und damit zeigen, dass er das Ganze als eine närrische Veranstaltung auffasst und sich entsprechend benimmt. Leute, die sich kostümieren, haben die größte Chance, von der Kamera erfasst zu werden.

Ist das Publikum noch das gleiche wie früher?

Die Fernsehfastnacht leidet an ihrem spektakulären und repräsentativen Charakter. Jeder, der eine Karte hat, will damit ins Fernsehen kommen. Dadurch kommen sehr viele Honoratioren. Leute, die auch die nötigen Verbindungen haben, um an die Karten zu kommen, die aber natürlich nicht die spontane Begeisterung mitbringen wie ein normaler Mainzer. So sind die Sitzungen für den Präsidenten und die Aktiven schwerer in Schwung zu bringen. Es liegt ganz in der Hand der vier beteiligten Korporationen, mehr echte Mainzer in die Sitzungen zu bringen.

Jürgen Dietz. "Der Bote vom Bundestag"

Er ist das Aushängeschild politischer Fastnacht, der Vorzeige-Narr des Fernsehens. Kein anderer Mainzer Büttenredner hat so lange in der immer gleichen Rolle Jahr für Jahr ununterbrochen auf der Bühne gestanden. Und wenn die Zeichen nicht trügen, löst Jürgen Dietz, der "Bote vom Bundestag" schon bald den "Bajazz mit der Laterne", Willi Scheu, als erfolgreichsten Mainzer Typenredner ab. Rechnet man seine frühen Fernsehauftritte als Simplicius Simplicissimus (1978), Film-Regisseur (1980), Elektrikerlehrling (1982), Hobbykoch (1983), Croupier (1985) und Märchenerzähler (1986) hinzu, ist Jürgen Dietz schon jetzt neben Jürgen Müller der meistbeschäftigte Fernsehfastnachter.

"Der Spaßvogel", urteilte die "Süddeutsche Zeitung" einst über ihn, "sieht seriös aus. Optisch wirkt Jürgen Dietz wie ein Fremdkörper inmitten der Spaßhütchen-, Plastiknasen- und Ringelhemdenträger. Beinahe zivil kommt einem der Narr vor in seinem dunklen Anzug, mit Lesebrille und Fliege. Die Sprüche des fein gekleideten Büttenredners klingen allerdings weniger zivil: Als vornehmer ‚Bote vom Bundestag' lässt es Jürgen Dietz verbal krachen."

Dietz steht für den politischen Karneval der Gegenwart, für eine Fastnacht, die mehr mit klassischem Kabarett gemeinsam hat als mit Klamauk und Comedy. 1987 hatte sein "Bote vom Bundestag" Premiere, verfeinerte er eine Form politischer Fastnacht, die Männer wie Adolf Gottron, Heinz Heuzeroth oder Hermann Frech bereits erfolgreich erprobt hatten. *"Wer bei der Wahl seine Stimme abgegeben hat"*, trat er damals vor das Millionenpublikum am Bildschirm, *"darf sich nicht wundern, wenn er danach nichts mehr zum Sagen hat."* Anmerkungen in Prosa waren das, Sprach-Spiele voller Hintersinn. *"Autoverkäufer verkaufen Autos, Versicherungsvertreter verkaufen Versicherungen – und Volksvertreter?"*

In Bodenheim feierte Dietz, Jahrgang 1941, und heute Inhaber einer medizintechnischen Firma mit Sitz in Mainz und Erfurt, als Mitglied einer Gesangsgruppe erste Bühnenerfolge. Nur wenig später stieg er dann in die Bütt. *"Damals habe ich einen Zauberer gemacht, einen Maestro der Magie. Das war ein gereimter Vortrag, sozialkritisch, ein Sammelsurium aktueller Themen"*. Während eines Praktikums an den Mainzer Uni-Kliniken begegnete er schließlich Georg Berresheim, der als "Frau Struwwelich" schon damals Fastnachtsgeschichte geschrieben hatte. Berresheim brachte ihn zum MCC, von dem er schließlich den Sprung zum MCV schaffte. Rudi Henkel hatte ihn nach dem Tod von Hermann Frech, einem seiner besten Freunde, für den ältesten Mainzer Karnevalsverein geworben, wo er heute als Redner, Programmgestalter und Vize-Präsident unverzichtbar ist.

"Den Pöbler vom Bundestag" nannte ihn die "Süddeutsche Zeitung" 1998. Denn Jürgen Dietz drückt sich um kein Thema, artikuliert, was das Volk stört. Genauer, was die Zielgruppe der Fernsehfastnacht, die konservativen Traditionalisten, gern anders sähen. Dietz verkörpert wie kein anderer das gesunde Volksempfinden, nicht derb und brutal wie am Stammtisch freilich, sondern im Stil eines Gentleman, als "Bote vom Bundestag" eben.

Als "Simplicius Simplicissimus" standen Sie 1987 erstmals auf der Fernsehbühne.
Das war sehr spannend damals. Eigentlich hätte ich diese Figur auch gerne beibehalten, aber bei einem Besuch mit Johannes Gerster, dem Mainzer CDU-Politiker, im Bonner Bundestag habe ich gesehen, wie wichtig eigentlich die Boten im Parlament sind. Die haben erkennbar ihr Ohr am Puls der Zeit. Ihre Vornehmheit und ihre Steifheit aber, die wollte ich gerne parodieren.

Werden Sie die Figur des Boten irgendwann aufgeben?
Nein, mit dem gehe ich von der närrischen Bühne ab. Der Bekanntheitsgrad der Figur ist in den letzten Jahren stark gestiegen. Man kennt mich inzwischen. Immer wieder sprechen mich Leute an, sind Sie nicht "das Kasperle aus dem Bundestag" oder wie auch immer das heißt. Auf diese Popularität bin ich stolz, die habe ich mir erarbeitet. Fast 20 Jahre ununterbrochen auf der Bühne zu stehen, ohne Pause in immer der gleichen Rolle, das hat noch keiner gebracht in der Fernsehfastnacht.

Sie haben einmal gesagt, Werner Fink sei ihr Vorbild. Was fasziniert Sie an ihm?
Die Doppelsinnigkeit seiner Worte, sein Sprachwitz wie "Man muss mit der Zeit gehen oder man geht mit der Zeit". Diese Feinheit des Humors begeistert mich.

Wenn sie ein Kritiker jetzt Kabarettist nennen würde, könnten Sie das verstehen?
Ich will kein Kabarettist sein und weiß das gut von einem Fassenachter zu trennen. Ein Kabarettist hat 2 Stunden Zeit, verschiedene Ideen abzuhandeln. Als Fassenachter bleiben mir 15 Minuten, um ca.30-40 Themen anzugehen und sie mit einem Gag aufzulösen.

Ihre Verse haben Langzeitwirkung, ihre Pointen sind keine Knaller, hatte eine Zeitung einmal geschrieben, sondern "Roller", das Lachen rollt langsam durch die Reihen. Sie brauchen die volle Aufmerksamkeit des Publikums. Ist die am Ende einer Sitzung überhaupt noch zu finden?
Nein. Bei "Mainz bleibt Mainz, wie es singt und lacht" werde ich künftig

Foto rechts: Jürgen Dietz, der "Bote vom Bundestag"

auch nicht mehr in der Mitte oder am Ende auftreten – dann, wenn wichtige Themen schon mehrmals aufgetaucht sind und auch der Alkohol seine Wirkung zeigt. Bedenken Sie, dass viele Gäste bei den der Sitzung vorausgehenden Empfängen von Stadt, Land oder den Fernsehanstalten schon Alkohol konsumieren. Wenn ich dann vier Stunden später auftrete ist der Aufmerksamkeitsgrad nur noch gering, da ist kaum noch Platz für einen politischen Redner, da gehen die Gags unter. Nach halb zehn Uhr will ich eigentlich nie mehr auf der Bühne stehen.

Gibt es denn Möglichkeiten, die Qualität des Fernsehpublikums im Kurfürstlichen Schloss zu verbessern, etwa indem man die Karten auf dem freien Markt verkauft?

Da habe ich meine Zweifel. Außerdem hätte man dann keine Kontrolle mehr über die Leute, die im Saal sitzen. Da kann leicht die Übersicht in einer Livesendung verloren gehen, da kann es vorkommen, dass Leute auf die Bühne springen. Aber eine gesunde Mischung des Publikums würde mir besser gefallen. Im Moment sind es Blöcke, die reagieren. Sie konnten dieses Jahr genau sehen, wie jede Gruppierung im Saal auf ihre Aktiven auf der Bühne reagiert hat. Das ist für eine homogene Sendung schädlich.

Diese stehenden Ovationen sind ja zu einer Unsitte in der Mainzer Fastnacht geworden ...

Furchtbar, das war einmal ein Leistungsbeweis. Heute ist das schon fast peinlich.

Wie entstehen denn eigentlich ihre Vorträge?

Am ersten Weihnachtsfeiertag ziehe ich mich in mein Zimmer zurück, dann durchlebe ich alle Themen und frage, wie aktuell sind sie noch. Mit Randthemen kann man keine Zuschauer binden. Und weil die Themen fast immer die gleichen sind, haben wir Redner eigentlich immer weniger Stoff. Obwohl die Leute immer sagen, das stimmt nicht. Der Misthaufen bleibt, die Fliegen wechseln, dieses Spiel kennen wir.

Wie ist das Echo nach einer Fernsehsitzung?

Nach jeder Kampagne gibt es 150 bis 200 Briefe, Telefonate und viele, viele Autogrammbitten.

Haben die Leute spezielle Wünsche?

Ich habe viele Angebote, an Fastnacht auch anderswo aufzutreten. Zu Jubiläen aller Art werde ich eingeladen, lehne aber aus zeitlichen Gründen dankend ab.

Verändern sie während der Kampagne ihren Vortrag?

Man läuft Gefahr, alles gut zu finden, wenn man seinen Vortrag schreibt. Ich beginne gewöhnlich mit 50 bis 60 DIN-A4-Seiten, handgeschrieben. Ich arbeite nicht mit PC, ich muss das alles vor mir sehen, ich muss es lesen, vor mir haben. Dann fummele ich kreuz und quer im Text, in Rubriken, die ich mir erarbeite. Zum Schluss bleiben 5 bis 6 maschinengeschriebene DIN-A4-Seiten übrig, die dann auf 3 bis 4 reduziert werden, um den ersten Test zu starten. Und der ist immer in Bingen bei der Herrensitzung. Und dann geht es in Mainz weiter ...

Was bedeutet Ihnen Tradition?

Tradition ist es, althergebrachte Rituale zu pflegen, ihren Sinn beizubehalten, aber sich gleichzeitig dem Modernen, der Änderung, wenn sie Sinn macht, anzupassen. Das eine tun, den Sinn der Fastnacht zu wahren, auf der anderen Seite mit der Zeit zu gehen. Das ist die Kunst.

Ist die Tradition nicht ein Hemmschuh für Neuentwicklungen?

Nein, ich kann damit umgehen. Sonst bräuchten wir ja keinen Rosenmontagszug mehr, keine Narrenkappe. Unsere Wurzeln sind ja schon über hundert Jahre alt.

Die Bütt aber hat offensichtlich ausgedient. In der Fernsehfastnacht sieht man sie kaum noch.

Ich war ja bei den ersten, die sie verlassen haben. Damals hat man gesagt, je größer die Requisiten, je kleiner, je schwächer der Vortrag. Ich habe mit den Requisiten versucht, die Leute schneller zum Thema zu führen. Ich halte aber die Bütt nach wie vor für das wichtigste Requisit, das auch nie von der Bühne verschwinden sollte.

Sie sind beim MCV auch Programmchef, verantwortlich für abendfüllende Prunksitzungen. Was ist bei der Programmzusammenstellung besonders wichtig?

Dass man auf die Ausgewogenheit achtet, auf das Niveau der Beiträge.

Wo macht man das fest?

An den Aussagen, an den Leistungen der Akteure.

Wie viel Ballett und Musik verträgt eine Sitzung? Gibt es dafür einen Schlüssel?

Wir mischen das ganz gut. Wir bringen vorne eine Gesangsgruppe, eröffnen die Sitzung im lustigen Reigen. Dann findet der nächste Redner sein Gehör, dann muss man die Leute mal wieder wecken.

Das Thema Nachwuchs ist am schwierigsten. Wie viel Nachwuchs akzeptiert beispielsweise die Rheingoldhalle?

Höchstens einen. Bei den Preisen dort will das Publikum eine perfekte Show. Das ist eine große Gefahr. Das geht zu Lasten der Tradition ...

Wenn man das Programm der Fernsehfastnacht analysiert, fällt auf, Frauen spielen zumindest in der Bütt kaum eine Rolle. Trauen die sich nicht?

Ich habe viele Vorträge, die von Frauen eingereicht wurden, gelesen. Denen fehlt oft der Mut, gute Begebenheiten dramaturgisch darzustellen.

Vorträge über eine Köchin, die nicht kochen kann, über Frauen, die nicht einparken können, gibt es genug. Wer aber nimmt mal den Werdegang einer Karrierefrau unter die Lupe, solche Vorträge fehlen. Da ist noch viel Nachholbedarf ...

Bei der Jugend ist das Problem, dass man einem Teen oder Twen einen politischen Vortrag nicht abnimmt.

Das ist leider so.

"Mainz bleibt Mainz, wie es singt und lacht" ist immer auch so etwas wie ein "Who's Who" der Republik gewesen. Bundespolitiker waren in den 60er und 70er Jahren Stammgast in Mainz. Heute fehlt den Sitzungen im Fernsehen die Politprominenz?

Ja, wir brauchen die Politiker, über die wir unsere Witze machen. Die Leute wollen doch sehen, wie die reagieren.

Aber die Politiker kommen doch gar nicht mehr, wenn sie wissen, dass sie durch den Kakao gezogen werden. Die haben doch längst auch ihre Informanten, die ihnen sagen, das bringt nichts, die nehmen dich in Mainz nur auf den Arm.

Aber die Politiker täten der Sendung wirklich gut. Dazu Sportler oder Showleute, um die müsste sich das Fernsehen mehr kümmern.

2006 läuft der Vertrag der vier veranstaltenden Karnevalsvereine mit den Fernsehanstalten aus. Welche Wünsche haben Sie dann an die Fernsehfastnacht?

Dass wir einen festen Sitzungspräsidenten bekommen und ein kurzweiliges und abwechslungsreiches Programm mit vielen neuen Elementen. Dann haben wir auch weiterhin Bestand.

Man hat als Außenstehender den Eindruck, die Zusammenarbeit im Programmausschuss, die Abstimmung zwischen Fernsehanstalt und Karnevalsvereinen, sei in den letzten Jahren besser geworden. Oder täuscht das?

Die Sender bestehen immer mehr auf ihrem Recht, eine gute Sendung zu machen. Und die Leute vom Fernsehen sehen vieles anders als wir. Der Sender betrachtet die Reaktion des Publikums als das Maß aller Dinge. Das ist mir zu wenig. In meinem Prosa-Mix packe ich auch "heiße Eisen" an und darauf darf ich keine Lacher erhoffen. Es ist mir auch ein Bedürfnis, für den kleinen Mann Fürsprecher zu sein in seinen Sorgen und Nöten. Dies steht oft im Widerspruch zu platten Witzen, die zweifellos gut ankommen. Ob die Verantwortlichen des Fernsehens den Wurzeln der Fassenacht den Stellenwert einräumen, wage ich zu bezweifeln. Da gibt es die Devise: Wie verkaufe ich das Produkt, was kommt wie an. Bei diesem Spagat zwischen Tradition und Quote nehmen die Regisseure immer größeren Einfluss auf die Programmgestaltung. Ob das zum Guten führt, wird sich erweisen.

Otto Höpfner. Der Buhmann der Fernsehfastnacht

"Ich habe nie vergessen, dass ich bei der Määnzer Fassenacht begonnen habe, auch wenn man mir heute hier und da vorwirft, ich hätte damals nur wegen des schnöden Mammons die Bütt verlassen", verriet Otto Höpfner, der Mainzer Metzgersohn, 1967 in einem Interview. "Sie können durchaus schreiben", diktierte er dem Lokalreporter weiter, "dass ich allzu gern wieder einmal mit der Kapp im Rampenlicht stehen würde". Fünf Jahre später ging Höpfners Wunsch in Erfüllung, allerdings nicht ganz so, wie er es sich damals vorgestellt hatte.

Otto Höpfner als "Schambesje Bohnebeitel"

Als radikaler Reformer der Fernsehfastnacht wurde er zum Buhmann. Zum Hassobjekt gar, weil er altgedienten Bühnenstars wie Ernst Neger oder Willi Scheu den Stuhl vor die Tür stellte und aus der Traditionssitzung eine zeitgemäße One-Man-Show machte. Doch was in Mainz zum Aufstand führte, kam im Rest der Republik weit besser an. "Otto Höpfner führte auf sehr souveräne Weise durchs Programm und zeigte, dass es einer Sendung sehr gut bekommt", schrieb eine Frankfurter Zeitung, "wenn man dem närrischen Volk und dem Narrenrat auch einen professionellen Narren beigesellt".

Höpfner, Jahrgang 1924 und Vater zweier Kinder, gilt als der böse Mann der Mainzer Fastnacht. Als einer, der immer sagte, was er dachte. Viel Ärger brachte ihm das ein, zeitweise gar Auftrittsverbot in der Besatzungszeit. Häufig legte er sich mit den Hierarchen an, mit humorlosen Vereinspräsidenten und neidischen Kollegen.

Als Twen hat er erstmals in der Mainzer Bütt gestanden. Im "Rad", dem ersten Treffpunkt der Nachkriegsfastnachter. Beim "Frankfurter Wecker", einer frühmorgendlichen Rundfunksendung vor Saalpublikum, sammelte er erste Erfahrungen als Moderator. Es war der Beginn einer Karriere, die Höpfner schließlich 1957 mit dem "Blauen Bock" krönte, einer der erfolgreichsten deutschen Unterhaltungssendungen. Fast zehn Jahre agierte er dort als Wirt, plauderte mit den Großen aus Oper und Operette, mit Schlagerstars, Sportlern und Politikern. Zuletzt schlug er sich als Alleinunterhalter durchs Leben, mit Karnevals- und Kabarettprogrammen, als Kommentator bei Kaffeefahrten und Modenschauen.

Höpfner, gelernter Metzger und ausgebildeter Sänger lebt heute im Odenwald. Sein Herz aber hängt noch immer an Mainz und den Mainzern. Vor allem auch an den Bruchweg-Kickern, bei denen er lange Jahre selbst Fußball spielte. So agil, wie der 80jährige heute ist, traut ihm mancher gar eine Rückkehr auf die närrischen Bretter zu, die er 1947 erstmals betreten hatte.

Mit 22 Jahren standen Sie erstmals in der Bütt.

Ich hatte beim MCV ein Lied eingereicht. Da hat der Direktor, den Vereinschef Moerlé hießen sie damals so, gesagt: "Das ist ein so schönes Lied, da machen Sie einfach einen Vortrag draus. Also habe ich einen Vortrag draus gemacht. Als ich dann abends ins "Rad" kam, hat der Moerlé zu mir gesagt: "Bedenken Sie immer, dass Sie ein Anfänger sind." Aber ich hab nicht gedacht, dass ich ein Anfänger bin und gesagt: Euch steck' ich alle in die Tasche. Und tatsächlich, es gab - heute würde man sagen - standing ovations. Damals schrieb die Presse: Er kam, sang und siegte und riss die Männer von ihren Sitzen hoch. Dass sie mich nicht von der Bühne getragen haben, war alles.

Ein Jahr später standen sie wieder in der Bütt, dann nicht mehr im schicken Anzug, sondern als Schulbub mit weißem Blüschen. Als "Schambesje Bohnebeitel" wetterten Sie damals gegen die französischen Besatzer.

Ich war der große, junge böse Mann. Damals habe ich gegen die Franzosen gewettert, weil die uns – aus französischer Sicht mit gutem Recht – klein gehalten haben. Da habe ich eines Tages aus der Bütt zum Gouverneur im Saal gerufen: "Herr Gouveneur, ich habe keine Angst." Ich bin dann kurz danach zum Gouverneur bestellt worden, wo man mich einen Tag festgehalten hat. In jenen Tagen musste man ja jeden Vortrag bei den Franzosen einreichen, die dann einen Haken oder einen Strich an den Vortrag gemacht haben. Das war echte Zensur. Bei mir war dann die Hälfte vom Vortrag weg.

1950 kommentierten Sie zusammen mit Deutschlands bekanntestem Radioreporter Paul Laven den ersten Rosenmontagszug, aus der Sitzungsfastnacht aber haben sie sich zurückgezogen.

Ich hatte nach meinem Ausscheiden aus dem MCV noch viele Angebote. Aber die waren mir alle zu humorlos. Mit denen wollte ich nichts mehr zu tun haben, mit den ganzen Vereinsmeiern, dafür war ich zu lustig.

Wie war das eigentlich in ihrem Elternhaus mit der Fastnacht?

Mein Vater hat mich schon als Schulbub zu den Fastnachtssitzungen mit in die Stadthalle genommen. Damals gab es ja noch keine reservierten Plätze, deshalb stand man stundenlang vor der Halle an. Kinder und Mütter haben da vor allem Schlange gestanden, zum Schluss kamen dann die Väter, die in die Halle reingelassen worden sind. Dann hat man sich gesetzt, eine Flasche Wein bestellt. Wer in Gruppen kam, hat Skat gespielt und auf die ersten leeren Flaschen Wein eine Kerze gesteckt. Ich habe immer für meinen Vater einen Platz frei gehalten.

Ihr Vater hat aber nur Sitzungen besucht, keine Vorträge gemacht?

Nein, der konnte nicht einmal Rembrandt von Händel unterscheiden. Der war künstlerisch unbedarft. Meine Mutter dagegen war etwas musischer...

...und vielleicht der Grundstock für das Talent, das Ihnen schließlich gut dotierte Radio- und Fernsehjobs einbrachte. Und 1972 den Auftrag zur Neugestaltung der Fernsehsitzung.

Ich habe zwei große Fehler in meinem Leben gemacht. Der größte war, dass ich den "Blauen Bock" freiwillig aufgegeben habe. Ich sollte beim ZDF ein Bundesliga-Quiz machen. Aber ich hatte das Kleingedruckte nicht gelesen. Wenn das Bundesliga-Quiz nicht zustande kommt, müssen sie was anderes machen. Nachdem das Bundesliga-Quiz am Einspruch des Fußballbundes gescheitert war, musste ich schließlich dieses blöde Verkehrs-Quiz machen...

...dem dann das "Stelldichein beim Wein" folgte, auch kein Quotenbringer. Dann waren Sie plötzlich von der Bühne verschwunden, bis sie 1972 der Südwestfunk rief, die ebenfalls unter Publikumsschwund leidende Fernsehsitzung neu zu beleben.

Erst war der Wunsch, dass ich den Sitzungspräsidenten machen soll. Da habe ich gesagt, das ist nicht meine Rolle. Da haben die gesagt, du kannst die Sendung reformieren. Mach mal was anderes und krempele das ganze um. Ich habe damals nicht erkannt, dass die nur einen Idioten gesucht haben. Ein Bauernopfer, das dafür sorgt, dass sie künftig nur noch eine Fastnachtssendung machen müssen. Damals hatten ja ZDF und ARD jeweils ihre eigenen Fernsehsitzungen.

Haben Sie das vorher schon gespürt?

Erst hinterher, als es zu spät war. Meine Frau hatte mich allerdings immer gewarnt und gesagt: mach das nicht. Sie hat mir im Beruf nie reingeredet, aber damals schon. Aber ich habe da einige tausend Mark verdient und gedacht, ich könnte anschließend beim Südwestfunk öfter landen. Allerdings wusste ich nicht, was für ein Politikum die Sendung auch war. Das war ja damals eine CDU-Wahlveranstaltung. Ich war nicht gegen die CDU. Aber als alter Fastnachter habe ich mich immer daran gehalten, alle fertig zu machen und nicht nur einen.

Sie hatten damals alle Freiheiten zur Gestaltung der Fernsehsitzung?

Nein, die hatte ich nicht.

Trotzdem haben Sie vieles vom Programm zu verantworten, etwa dass die "Hofsänger" ohne ihr gewohntes Potpourri auftraten.

Ich habe zu den "Hofsängern" gesagt, ihr habt so schlechte Texte, ich mach' euch was Neues. Das wollten die aber nicht und da habe ich das Potpourri auch nicht genommen. Damals waren die "Schoppesänger" eben besser und die hatten auch eine gute Schlussnummer.

"Till" und "Bajazz" wollten Sie auch nicht?

Der Till war nicht gefragt. Und der Scheu hatte einen schlechten Vortrag.

Für Margit Sponheimer haben Sie aber ein eigenes Lied geschrieben?

Ja, eines ihrer besten. Die kam zu mir und sagte, ich habe dieses Jahr kein Lied. Also habe ich ihr schnell eines geschrieben: "Einen Mann soll man verwöhnen".

Ernst Neger war 1972 nicht dabei, statt dessen Tony Marshall.

Damals haben die "Schoppesänger" ein Potpourri gehabt, in dem sie bekannte Schlagersänger wie Roberto Blanco oder Danyel Gérard parodierten, der mit "My Butterfly" gerade einen Ohrwurm hatte. Da habe ich gesagt, da holen wir anschließend die echten Sänger auf die Fastnachtsbühne. Also haben wir die alle eingeladen. Das wäre wirklich ein Gag gewesen, wenn die nach der Parodie leibhaftig auf der Bühne gestanden hätten.

In der Öffentlichkeit sah es so aus, als hätten Sie Ernst Neger durch Tony Marshall ersetzt?

Nein, das war ein Gag mit den Schlagersängern, der vollkommen in die Binsen ging. Danyel Gérard war ja noch nach Mainz gereist, hat sich das ganze angeschaut, aber dann gesagt, in diesem Rahmen trete ich nicht auf. Zum Schluss blieb, wie gesagt, nur das Lieblingskind des Südwestfunks übrig: Tony Marschall.

Wie haben Sie eigentlich die Sendung verarbeitet?

Als die Sitzung gelaufen war, bin ich mit meiner Frau in die Quintinskirche und habe eine Kerze gestiftet. Wir hatten ja gedacht, das war ein gelungener Abend. Im Saal kam ja alles ganz gut an. Aber dann kamen die Querschüsse...

Willi Scheu. Der "Bajazz mit der Laterne"

Ein Vierteljahrhundert war er die wichtigste Symbolfigur der Mainzer Fastnacht. Wie kaum ein anderer Büttenredner verkörperte der Zahnarzt aus Wiesbaden die politisch-literarische Fastnacht. Der "Bajazz mit der Laterne" war gefeiert und umstritten. Denn hin und wieder hatte er das Florett, das er so gern als närrische Waffe focht, mit dem schweren Säbel vertauscht. Es gab Zeiten, so umschrieben es die Chronisten, "in denen die Laterne nicht nach allen Seiten blitzte".

Willi Scheu aber war nicht nur der "Bajazz" der Fernsehfastnacht. Als Chef des Protokolls glänzte er in vielen Damensitzungen, schrieb Lieder, Eröffnungsspiele und eine Fastnachtsposse. Manches Fastnachtsmotto ist ihm zu verdanken und auch die "Mainzer Hofsänger" profitierten von seiner Dichtkunst. Im Vorstand des MCV stellte er die Weichen für viele närrische Abende. Als Mitglied der literarischen Kommission legte er letzte Hand an manche Büttenrede.

1939 stand er zusammen mit Ernst Neger erstmals auf närrischen Brettern. "Können wir etwas gemeinsam machen?", hatte der Dachdeckermeister Neger damals den Zahnarzt Scheu gefragt. So entstand das erste musikalische Duett, das ein Jahr später seine Neuauflage erlebte. Ernst Neger sang, Scheu saß am Klavier. 1950 hielt Willi Scheu seinen ersten politischen Solo-Vortrag "E Bleistift und e Stück Papier!". 40 Verse, in denen er artikulierte, was die Deutschen damals bedrückte. *"Wir wollen nicht Atomgranaten, wir wollen auch kein Bundesheer! Wir wollen die Vereinten Staaten der ganzen Welt, sonst gar nichts mehr ..."*

"Damals habe ich mir Luft gemacht. Die Franzosen, die als Besatzungsmacht in Mainz waren, haben ganz schön geguckt". Ein Jahr später stieg Scheu wieder in die Bütt, im schwarzen Anzug und silberfarbener Krawatte. "Dieser Aufzug wirkt zu hart, zu ernst", mahnte der MCV-Präsident nach dem Auftritt. Im Folgejahr kam Scheu deshalb im neuen Kostüm, der "Bajazz mit der Laterne" war als Bühnenfigur geboren. *"Das Narrenkleid"*, begrüßte er die Narren, *"das ich hier trage, aus bunter Seide und Batist, ist ein Symbol der Fastnachtstage, der Zeit, die nun gekommen ist. Politisch bin ich unentbehrlich, ich weiß, dass ihr die Ohren spitzt, das Pflaster aber ist gefährlich, wenn mir der Schalk im Nacken sitzt. Denn allen wohl und niemand wehe ist die Parole meiner Zeit. Ich trete niemand auf die Zehe und lern' aus der Vergangenheit ..."*

Ein Vierteljahrhundert später nahm Scheu aus Altersgründen Abschied von seiner Rolle als "Bajazz". Wie kaum ein anderer hatte Scheu rhetorisch Maßstäbe

Foto links: Willi Scheu, der "Bajazz mit der Laterne"

gesetzt. 1984, zum 30-jährigen Jubiläum der Fernsehfastnacht, kehrte er noch einmal auf die große Bühne zurück, reimte sich als "Mann aus dem Volk" gekonnt durch den Zeitenlauf.

Kurz vorher war das folgende Interview entstanden.

Welchen Anspruch hatten sie als Büttenredner?

Mein Grundsatz war, nach allen Seiten auszuschlagen, das heißt auch das eigene Nest nicht zu schonen. Es kam mir darauf an, möglichst Florett zu fechten, nicht schwere Säbel. Ich wollte kleine Wunden beibringen, die zwar im Augenblick brennen und schmerzen, aber keine Narben hinterlassen.

Sie haben als "Bajazz" viele tausend Briefe bekommen, haben auch Politiker reagiert?

Den ersten Brief schrieb mir Adenauers Außenminister Heinrich von Brentano. Er bat mich um den ‚schöngeistigen Vortrag' aus der Rundfunksitzung, wollte das Manuskript meiner damaligen Rede. Die zweite große Reaktion gab es einige Jahre später. Da hatte ich in einem Vortrag gesagt, unser Bundeskanzler Adenauer verbringe seinen Urlaub auf dem Schweizer Bürgenstock, obwohl wir doch in Deutschland auch schöne Plätze haben. Da bekam ich vom Kanzleramt sofort einen liebenswürdigen Brief. In dem stand, dass sich der Bundeskanzler entschlossen habe, seinen Urlaub nicht auf dem Bürgenstock, sondern auf der Bühler Höhe im Schwarzwald zu verbringen.

Die größte Reaktion war zur Zeit Ludwig Erhards. Als er als Bundeskanzler zurückgetreten war, habe ich in Mainz einen Vortrag gemacht, der mit den Worten endete: Sagt auch einmal Dankeschön! Ich wollte dem Erhard Dank sagen für das, was er geleistet hatte. Nach der Fernsehsitzung bekam ich von Frau Erhard einen Brief mit violetter Tinte. In dem stand, dass ihr Mann mit großem Interesse meinen Vortrag gehört hätte, dass er dann in ein Nebenzimmer gegangen sei und mit Tränen in den Augen zu seiner Frau gesagt habe: "Muss ein Mainzer Fastnachter kommen, um mir einmal danke schön zu sagen".

Es gab aber auch ganz böse Briefe?

In den letzten Jahren zunehmend, wobei ich nicht weiß, ob das gezielt oder nicht gezielt war. Das ging bis hin zu Morddrohungen. Da stand: "Wir wünschen Ihnen einen langen und grausamen Tod". Da habe ich überlegt, ob das noch Spaß an der Freude ist, ob man als Büttenredner noch weitermachen sollte.

Können Sie sich diese Briefe erklären?

Ich glaube, die Toleranz, die man vom Publikum erwartet, ist nicht mehr da. Es ist eine gewisse Verrohung eingetreten. Angenommen, ich hätte etwas gegen die Roten gesagt und es würde mir ein Roter schreiben, dann hätte ich noch Verständnis dafür. Wenn ihnen aber bereits übel genommen wird, dass sie nichts für die Roten gesagt haben, und sie deshalb schon eine Morddrohung bekommen, dann wird's gefährlich.

Muss der politische Standort des Narren in seinen Vorträgen deutlich werden?

Ja, man sollte seine Persönlichkeit nicht zu kurz kommen lassen. Ich habe da keine Heimlichkeiten. Es schadet nichts, wenn irgendwo durchscheint, wo ich hingehöre, wo ich mich am wohlsten fühle. Ich nehme allerdings nicht für mich in Anspruch, den richtigen Weg zu haben, und ich nehme auch nicht in Anspruch, andere überzeugen zu müssen, dies und das wäre richtig.

Wie unterscheidet sich Kabarett vom politischen Karneval?

Das ist ein großer Unterschied. Das politische Kabarett ficht nicht Florett, sondern Säbel. Mit anderen Worten: Man geht aus dem politischen Kabarett heraus und hat erlebt, gegen was die sind. Das sollte man in Mainz beim Karneval nicht tun. Man sollte in Mainz aus einer Sitzung herauskommen und sagen: Der hat's aber nach allen Seiten schön verteilt. Es ist ja auch was Wunderbares für einen Redner, wenn er auf der Bühne steht und erlebt, wie die Roten sich freuen, wenn die Schwarzen einen drauf bekommen, und wie die Schwarzen sich freuen, wenn die Roten einen draufkriegen.

Woher haben Sie Ihre Themen?

Aus der Zeitung. Da kommt einem das eine oder andere in den Sinn. Dann kommt sehr intensive Nachdenkarbeit. Einen Vortrag mit 70 oder 80 Versen kann man nicht in zwei oder drei Tagen machen. Der Humor ist eine ernste Angelegenheit geworden. Das Kunststück bei einem Vortrag ist, immer beim Thema zu bleiben, nicht vom Hundertsten ins Tausendste zu fallen. Gut finde ich es noch, wenn man zum Schluss des Vortrages auf den Anfang zurückkommen kann.

Wie entstehen Ihre Vorträge?

Ich schreibe mir zunächst alle Begriffe auf, die ich verwenden will. Das Dichten kommt erst an zweiter Stelle. Eine der schärfsten Waffen, die der Redner an Fastnacht hat, ist der Spott. Es ist eine Möglichkeit, etwas zu sagen, was hängen bleibt.

Nimmt man eigentlich einem jugendlichen Redner einen politischen Vortrag ab?

Nein. Das muss schon ein Mann über 30 Jahre sein, der muss selbst im politischen Leben stehen. Er muss zumindest soviel Steuern zahlen, dass es ihm wehtut.

Hat sich eigentlich das Publikum in den Sitzungen verändert?

Früher haben die Leute, wenn ihnen etwas nicht gefallen hat, einfach nicht geklatscht, sind aber sonst brav sitzen geblieben. Wenn heute einer etwas sagt, was nicht der Mehrheit der Zuschauer entspricht, dann hören sie zischende Töne, dann wird gepfiffen. Sie hören auch schon Rufe "Aufhören! Aufhören!"

Gibt es einen Gradmesser für die Güte eines Vortrages?

Wenn es Ihnen gelingt, mit den ersten zwei Zeilen den Saal so ruhig zu bekommen, dass die Bedienung aufhört zu bedienen, dass es am Tisch nur noch heißt: Ruhe, Ruhe, dann haben sie die Spitze dessen erreicht, was ein Redner erreichen kann. Der Vortrag ist dann gut, wenn sie so leise sprechen können, dass jeder zuhört, damit er ja nichts versäumt. Wer vom ersten Augenblick an kreischt und alles hinausposaunt, der kommt nie an, der kann sich ja nicht mehr steigern. Genauso ist es mit den Gesten. Je sparsamer sie mit den Händen, mit dem Kopf oder dem Körper umgehen, um so größer sind die Erfolge. Das Kunststück besteht darin, das, was man sagen will, mit einer kleinen Handbewegung vorweg zu deuten, nicht erst im Augenblick, in dem der Treffer kommt. Das muss man vor dem Spiegel üben. Wir haben das mit vielen neuen Büttenrednern früher so durchexerziert.

Aber die Fastnacht ist doch lebendiger, bunter geworden?

Das ist richtig. Die Zwischennummern von früher – Ballet, Turner oder Liedchen – nehmen heute mehr Platz ein. Heute ist alles auf Schau eingestellt. Ich gebe zu, dass man an einem Fernsehabend nicht nur einen Büttenredner nach dem anderen auf den Bildschirm bringen kann, das ist zu langweilig. Im Fernsehen muss schon was los sein. Aber die Säulen einer Sitzung sind die Vorträge. Zu einer guten Sitzung gehören in den ersten Teil das Protokoll mit drei, vier Vorträgen und in den zweiten Teil noch einmal drei bis vier Vorträge ...

Kann man einen Mainzer Amateur-Fastnachter mit einem Unterhaltungsprofi gleichsetzen?

Nein, da müssen wir hintenrunterfallen. Wenn man uns immer wieder sagt, ihr müsst besser werden – irgendwo hat das dann doch seine Grenze. Ich glaube, das Limit dessen, was wir darstellen können, ist erreicht. Wir können uns nicht mehr steigern.

Ausgewählte Literatur

Bonewitz, Herbert: Typisch Bonewitz, Mainz 1993
Brandt, Dieter: Till, Stuttgart 1988
Braun, Rolf: Wolle mer'n eroilosse, Mainz 1997
Bürgerfest und Zeitkritik (versch. Autoren), Mainz 1987
Glückert, Wilhelm: Das war Seppel Glückert, Mainz 1962
Gottron, Adolf: Fassenacht, Mainz 1951
Grosshennrich, Franz-Josef: Die Mainzer Fastnachtsvereine, Wiesbaden 1980
Hanfgarn, Werner: Fünfundachtzig Mainzer Jahre, Mainz 1983
Keim, Anton Maria: 11 Mal politischer Karneval, Mainz 1966
Keim, Anton Maria: Ludwig Kalisch. Karneval und Revolution, Ingelheim 2003
Lembens, Johanna: Der literarische Ausdruck der Volkskultur im Volksfest am Beispiel der Mainzer Fastnacht, Berlin (Staatsexamensarbeit)
Oelsner, Wolfgang: Fest der Sehnsüchte, Köln 2004
Rost, Klaus: Die programmierte Sitzung: Narren im Fernsehen, Mainz 1978
Schenk, Günter: Ritzamban. Handbuch zur Mainzer Fastnacht, Mainz 1980
Schenk, Günter: Mainz funkt Humor. Fastnacht, Funk und Fernsehen, Mainz 1984
Schenk, Günter: Fassenacht in Mainz, Stuttgart 1986
Schenk, Günter: Mainz Helau! Handbuch zur Mainzer Fastnacht, Ingelheim 2004
Scheu, Willi: Der Mainzer Bajazz spricht, Mainz 1961
Schütz, Friedrich: Das Verhältnis der Behörden zur Mainzer Fastnacht im Vormärz, in: Jahrbuch zur westdeutschen Landeskunde, 1980
Schwedt, Herbert: Analyse eines Stadtfestes. Die Mainzer Fastnacht, Wiesbaden 1977
Schwedt, Herbert: Fastnachtsforschung, Mainz 1978

Günter Schenk

Publizist und Autor mehrerer Bücher zur Geschichte der Mainzer Fastnacht. Unter anderem: "Ritzamban. Handbuch zur Mainzer Fastnacht" (1980), "Mainz funkt Humor. Fastnacht, Funk und Fernsehen" (1984), "Fassenacht in Mainz. Kulturgeschichte eines Volksfestes" (1986), "Wenn die Narren Trauer tragen. Fastnacht, Fasching, Karneval und der Golfkrieg (1991). "Mainz Helau! – Handbuch zur Mainzer Fastnacht (2004). Co-Autor der Fernsehdokumentation "Der Narrheit auf der Spur – wie Eva in die Fastnacht kam" (ZDF 1987). Realisator diverser Fernsehreportagen über närrische Bräuche. Autor zahlreicher Hörfunk-Dokumentationen zur Karnevals-Geschichte. Mitherausgeber einer Schallplattenserie mit historischen Tondokumenten zur Mainzer Fastnacht: "Sie krieh'n uns nit kaputt" (1976), "An mein Volk, das Zores" (1977), "Alle echte Määnzer Buwe" (1978), "Sehn'n se, des is Määnzerisch" (1979) und "Mainz Helau! Handbuch zur Mainzer Fastnacht (2004).

Register

A

Aca & Pella 12, 100, 105, 123
Albrecht, Ernst 128
Altig, Rudi 132
Altmeier, Peter 126
Appelt, Ingo 11

B

Bachmann, Hildegard 12, 100, 107, 123, 158-163
Bajazz (s. auch Scheu, Willy) 6, 21, 22, 23, 24, 25, 27, 28, 37, 40, 51, 53, 62, 65, 71, 77, 119, 122, 136, 149, 167, 185, 196, 199, 200
Bänkelsänger 51, 88
Barnarius, Hans 50
Beck, Kurt 132, 133
Becker, Horst 123
Becker, Jürgen 84, 86
Beckhaus, Peter 101
Belafonte, Harry 105
Berresheim, Georg 19, 35, 55, 120, 187
Betz, Hans-Peter 87, 89, 92, 100, 103,123, 138, 144, 151, 165-169
Blanco, Roberto 196
Blüm, Norbert 131
Bodewig, Kurt 133
Borgner, Harry 93, 94
Bohnebeitel 39, 48, 98, 156
Bonewitz, Herbert 1 19, 21, 24, 37, 47, 50, 53, 60, 61, 62, 65, 67, 71, 77, 78, 88, 119, 120, 121, 130, 136, 150, 168, 170-175
Bote vom Bundestag (s. auch Dietz, Jürgen) 6, 86, 88, 89, 92, 95, 100, 101, 119, 122, 138, 151, 187, 188
Brandt, Dieter (s. auch Till) 24, 26, 33, 48, 55, 80, 81, 82, 84, 85, 87, 88, 119, 127, 129, 136, 149
Braun, Rolf 21, 35, 39, 40, 43, 45, 49, 50, 55, 59, 65, 69, 70, 74, 78, 81, 82, 88, 89, 100, 119, 122, 124, 131, 154, 155, 160, 169, 173, 176, 177-180
Brentano, Heinrich von 35, 126, 200
Brobeil, Wolfgang 19, 36, 38, 45, 64, 67, 74, 126, 137, 142, 181, 182-186

Brückner, Josef 22

C

Carneval-Club Weisenau 98
Charissé, Ute 78, 182
Christo 95
Cocker, Joe 94

D

Degenhardt, Martin 174
Dietz, Jürgen 74, 80, 82, 86, 103, 119, 122, 139, 151, 187, 188-192
Dudek, Günther 106
Dürr, Otto 19, 35, 55, 120

E

Eiskalte Brüder 98
Elsener, Gaby 91, 96
Emrich, Michael 123
Erhard, Ludwig 37, 47, 200

F

Fink, Werner 86, 188
Fischer, Joschka 84, 101
Franck, Lutz 51
Frau Babbisch und Frau Struwwelich 19, 47, 74, 120, 154
Frech, Hermann 32, 71, 76, 187
Fuchs, Jockel 49, 64, 70, 71, 154

G

Gerhard, Wolfgang 132
Gerster, Johannes 188
Glückert, Seppel 15, 16, 56, 149
Gonsbachlerchen 22, 23, 24, 33, 40, 42, 44, 48, 53, 54, 55, 61, 62, 71, 79, 82, 84, 86, 90, 91, 92, 119, 120, 122, 142, 143, 170
Gonsenheimer Carneval Verein (GCV) 48, 67, 165
Görsch, Willi 73, 84, 121
Gottron, Adolf 32, 40, 119, 136, 138, 139, 187
Gottschalk, Thomas 94, 104
Grall, Karl 44
Grönemeyer, Herbert 93
Guckelsberger, Adi 107

H

Halama, Hanns 44, 56, 57
Hämmerle, Toni 23, 37, 50, 118
Hanfgarn, Werner 74
Häußer, Egon 73, 121
Henkel, Rudi 77, 187
Heuzeroth, Heinz 24, 33, 40, 45, 51, 120, 173, 187
Hirschmann, Hans 64
Hof, Peter von 29, 43
Hofmann, Friedrich 95, 100
Hofsänger 6, 8, 18, 19, 22, 23, 25, 27, 33, 38, 44, 49, 61, 62, 74, 76, 79, 84, 86, 89, 100, 103, 108, 119, 120, 122, 142, 143, 154, 155, 184, 196, 199
Holzamer, Karl 38
Honecker, Erich 92, 89
Höpfner, Otto 62, 64, 65, 67, 193-197

J

Jakob, Herbert 35, 51, 55, 59, 120
Jauch, Günther 104, 105, 106
Jokusgarde 177

K

Kalisch, Ludwig 147
Kasteler Carneval Club (KCK) 30, 39, 48, 67, 177
Keim, Anton Maria 58, 99, 146, 148
Kellermeister 39, 46, 48, 84
Kieffer, Harald 106
Kleppergarde 181
Klumb, Thomas 12, 107
Koch, Heinz 44, 46, 69, 133
Köchy, Karl 44
Kohl, Helmut 61, 64, 69, 71, 78, 82, 101, 103, 126, 127, 128, 132, 140, 177
Koop, Klaus 95, 105, 123
Kreiselspatzen 46, 48, 61, 122, 143
Krenz, Egon 89
Küblböck, Daniel 135
Kunz, Jochen 39, 46, 50, 59, 61, 69, 77, 80, 89, 121

L

Lafontaine, Oskar 101
Lamneck, Willy 32
Lau, Dieter 77
Laub, Rainer 89, 138
Leber, Georg 49
Lerchenberger Carneval-Club 98
Lindenberg, Udo 93
Lorenz, Peter 128
Losereith, Ulrike 101
Lübke, Heinrich 37, 137
Ludwig, Joe 22, 50, 54, 74, 77, 78, 120, 137, 166

M

Mainzer Carneval-Club (MCC) 19, 30, 38, 46, 51 54, 55, 64, 67, 82, 84, 88, 119
Mainzer Carneval-Verein (MCV) 19, 38, 46, 51, 54, 55, 64, 67, 81, 82, 119, 191, 194, 195,199
Maler Klecksel 31, 50, 120
Mann, Tobias 12, 100, 101, 105, 106, 123
Marshall, Tony 62, 196
Meller, Heinz 86
Mende, Erich 127
Merkel, Angela 140
Merz, Friedrich 132
Mey, Reinhard 93
Moerlé, Karl 19, 119, 173, 194
Morlock, Martin 25
Mosner, Ernst 57, 119, 136, 173
Mühl, Bernd 51
Müller, Jürgen 39, 46, 50, 51, 59, 61, 69, 103, 121, 187
Müller, Rolli 80
Mundo, Martin 18, 19, 23, 119, 149

N

Neger, Ernst 6, 19, 23, 33, 35, 37, 40, 50, 60, 65, 74, 76, 86, 93, 96, 103, 119, 122, 127, 128, 154, 175, 196, 199
Nolte, Claudia 132
Nothof, Emil 31, 120

O

Oelsner, Wolfgang 12
Olias, Lothar 18

Ott, Karl 42, 43, 46

P
Panitz, Friedel 32, 40, 47, 69, 119
Prinzengarde 48

R
Reichow, Lars 12
Renkes, Werner 107
Rieth,Timo 87, 95
Rost, Klaus 140, 143, 147
Roth, Norbert 80, 89, 92, 95, 100, 106, 107, 123, 133
Rudolph, Wilfried 29, 51

S
Scharfenberg, Horst 29, 62
Scharping, Rudolf 105, 140
Scheu, Willi 48, 60, 62, 69, 71, 74, 81, 119, 136, 175, 193, 199-202
Schier, Heinz 44, 46
Schiller, Karl 49
Schmidt, Harald 96
Schneider , Helge 94
Schnorreswackler 53, 92, 93
Schoppesänger 23, 39, 44, 46, 48, 60, 84, 86, 121, 122, 196
Schröder, Frank 85
Schröder, Gerhard 101, 140
Schuhmacher, Michael 132
Schwedt, Herbert 150
Singende Winzermeister 92
Späth, Lothar 128
Sponheimer, Margit 6, 39, 62, 69, 79, 86, 88, 94, 118, 119, 123, 154, 155, 175, 196
Stelter, Bernd 12
Stolte, Dieter 150
Stoltenberg, Gerhard 128
Strauß, Franz-Josef 49, 65, 69, 78, 124, 137, 140, 177
Süßmuth, Rita 131
Süverkrüp, Dieter 174

T
Thierse, Wolfgang 140
Till 6, 23, 24, 26, 32, 40, 45, 49, 51, 55, 62, 76, 80, 81, 82, 84, 85, 87, 88, 95, 103, 105, 119, 120, 123, 136, 149, 167, 172, 196

Tramps aus de Palz 73

V
Vogel, Bernhard 91

W
Wader, Hannes 174
Waigel, Theo 100
Wehner, Herbert 136, 140
Weizsäcker, Friedrich von 128
Wilbert, Anneliese 59
Wohn, Willy 43, 120
Wright, Jim 24
Wucher, Jakob 19, 23, 119, 173

Z
Zörns, Rudi 53, 59, 61, 69, 71, 77, 121, 173

Günter Schenk:
Mainz Helau! Handbuch zur Mainzer Fastnacht
Alles, was Sie schon immer über die Mainzer Fastnacht wissen wollten: über Zugplakettchen, die Zahl Elf, Schwellköppe, Garden, Prinzenpaare u.v.m. - Günter Schenk, einer der besten Kenner der Mainzer Fastnacht, hat ein unverzichtbares Handbuch geschrieben!
176 Seiten, 105 SW-Abb., Hardcover, 14,90 €,
ISBN 3-937782-07-9

Anton Maria Keim
Ludwig Kalisch. Karneval und Revolution
Ludwig Kalisch (1814-1882) war einer der bedeutendsten Vertreter des Mainzer literarisch-politischen Karnevals. - Keim erzählt seine spannende Geschichte „zwischen jüdischem Stetl und Mainzer Biedermeier, zwischen pfälzischer revolution und französischem Exil, zwischen Heine und Gartenlaube", ergänzt durch Auszüge aus Originaltexten
3-9808383-9-0, Hardcover, 112 S.,
42 S/W-Abb., 12,50 €

HILDEGARD BACHMANN - EXKLUSIV IM LEINPFAD VERLAG!

Hildegard Bachmann: Als ich e Kind noch war - Kindheitserinnerungen in rheinhessischer Mundart.
Ein Erinnerungsbuch für alle, die in den 50er Jahren klein waren!
ISBN 3-9808943-2-0, Hardcover, 92 S., 34 S/W-Fotos, € 11,50
Hildegard Bachmann: E ganz ofach Geschicht
Weihnachtliches uff Rhoihessisch
ISBN 3-9808383-3-1, 98 S., Hardcover, € 9,80
Hildegard Bachmann: Dämmerstindche
ISBN 3-9808383-5-8, 120S., Hardcover, € 12,50
Hildegard Bachmann: Quellkartoffele un Hering
Meenzer Brunnengedichte
ISBN 3-9808383-6-6, 72 S., Broschur, € 7,50
Hildegard Bachmann: Wonn's en Has war, war's en Has
ISBN 3-937782-12-5, 98 S., Hardcover, € 9,90

**Leinpfad-Verlag - der kleine Verlag
mit dem großen regionalen Programm!**
Leinpfad-Verlag, Leinpfad 5, 55218 Ingelheim,
Tel. 06132/8369, Fax: 896951,
www.leinpfad-verlag.de